Das Böse

Die Psychologie der menschlichen Destruktivität

Reinhard Haller

Das Böse

Die Psychologie der menschlichen
Destruktivität

Sämtliche Angaben in diesem Werk erfolgen trotz sorgfältiger Bearbeitung ohne Gewähr. Eine Haftung der Autoren bzw. Herausgeber und des Verlages ist ausgeschlossen.

3. Auflage 2020
© 2019 Ecowin bei Benevento Publishing Salzburg – München,
eine Marke der Red Bull Media House GmbH, Wals bei Salzburg

Alle Rechte vorbehalten, insbesondere das des öffentlichen Vortrags, der Übertragung durch Rundfunk und Fernsehen sowie der Übersetzung, auch einzelner Teile. Kein Teil des Werkes darf in irgendeiner Form (durch Fotografie, Mikrofilm oder andere Verfahren) ohne schriftliche Genehmigung des Verlages reproduziert oder unter Verwendung elektronischer Systeme verarbeitet, vervielfältigt oder verbreitet werden.
Gesetzt aus der Minion Pro, Radikal

Medieninhaber, Verleger und Herausgeber:
Red Bull Media House GmbH
Oberst-Lepperdinger-Straße 11–15
5071 Wals bei Salzburg, Österreich

Satz: MEDIA DESIGN: RIZNER.AT
Umschlaggestaltung: Hauptmann & Kompanie Werbeagentur, Zürich
Printed by GPP Media, Germany
ISBN 978-3-7110-0248-8

Inhalt

Vorwort 7
Das (un)fassbare Böse 13
Die Vermessung des Bösen oder wie böse ist das Böse? 29
Das motivlose Böse oder Mord ohne Motiv 41
Das Böse und die Normalität 45
Die böse Idee 63
Die bösen Gefühle 75
Die böse Lust 93
Der böse Ruhm: School Shootings und Co. 109
Die böse Trias: Amok, Terror, Massaker 121
Das böse Schweigen 129
Der böse Vater 137
Die böse Mutter 151
Die böse Partnerschaft 165
Die bösen Gene 179
Die bösen Hirnzellen 191
Der Code des Bösen 205
Das Böse geht weiter 223
Literatur 229

Vorwort

»*Das Böse bedarf keiner Krankheit, um auf die Welt zu kommen, es bedarf keiner Ungerechtigkeit und auch keiner dunklen Mächte – es bedarf lediglich des Menschen.*«

Hans-Ludwig Kröber

Ich habe lange Zeit im Gefängnis verbracht – wegen Mordes. Weit über ein Jahr meines Lebens war ich mit Personen, denen die Tötung anderer Menschen vorgeworfen wird, in engen Zellen eingeschlossen und habe ihre Geschichten gehört. Nichts ist zwischen uns gestanden, kein Gitter und kein Sicherheitsglas, nur ein Notizblock mit Schreibstift, ein paar Untersuchungsmaterialien – und ein noch nicht begreifbares Verbrechen. Von Angesicht zu Angesicht haben mir Sexualmörder und Serienkiller, Terroristen, Räuber und Kinderschänder, alte NS-Verbrecher und junge Amokläufer von ihren Motiven und Gefühlszuständen, von der Beziehung zum Opfer und vom Tatablauf, von ihrer Lebensgeschichte und ihrer heutigen Sichtweise erzählt. In der nach einer Mischung aus Kernseife, Schweiß, Metall, Gulasch und Exkrementen riechenden Gefängnisluft hat sich zwischen Betroffenheit, Reue, Depression, Kälte, Lügen, Manipulationsversuchen und echter Bereitschaft zur Wahrheitsfindung allmählich die Kontur des Bösen entwickelt.

Mit dem richterlichen Auftrag, die Persönlichkeit der Täter zu beschreiben, ihre Motive zu analysieren und festzustellen, ob sie mit klarem Verstand – das Gesetz spricht dann von bösem Willen – oder krankhafter Absicht gehandelt haben, wollte ich bei über 300 Tötungsdelinquenten die Wurzeln des Bösen suchen. Diese waren in krankhaften Veranlagungen und belastenden Milieueinflüssen, in traumatisierenden Kindheitserlebnissen und sozialen Tragödien, in Prägungen durch schlechte Vorbilder und falsche Freunde, in überkochenden Emotionen und im Druck der delinquenten Gruppe, im Beherrschtsein von totalitären Systemen und in der narzisstischen Selbstüberhöhung, in alkoholischer Enthemmtheit und drogenbedingter Verwirrtheit, vor allem aber in Kränkungserlebnissen zu finden. Was kränkt, macht nicht nur krank, sondern oft auch kriminell.

Die zur bösen Tat führenden Motive waren, zumindest vordergründig, oft erstaunlich banal. Einmal hat der Streit um sieben Euro ein Menschenleben gefordert, ein andermal war die Auseinandersetzung um eine Grenzmarke, um wenige Quadratmeter billigen landwirtschaftlichen Grundes Ursache für ein Massaker. Manchmal entwickelte sich das Böse aus einer jahrelangen Konfliktsituation, dann wieder resultierte es aus den sich aufschaukelnden Emotionen eines Wirtshausstreites. Oft entspringt es momentanen Frustrationen, manchmal folgt es einem umfassenden, bis in alle Einzelheiten durchdachten, grauenhaften Plan. In nicht wenigen Fällen standen hinter dem Bösen fanatische Ideen, psychische Beeinträchtigungen oder wahnhafte Gedanken, sodass man nicht von der bösen, sondern von der kranken Tat sprechen müsste. Manchmal kann man die kalte Planung und die gefühllose Durchführung eines Gewaltverbrechens kaum glauben, oft erschauert man vor den grausig-sadistischen Fantasien, die sich hinter normalen menschlichen Fassaden zeigen. Im Schicksal vieler Täter, die selbst Opfer waren, kann man sehen, wie das Böse aus Bösem hervorgeht und der Kreislauf nie endet. Manchmal kann sich auch der Sachverständige, welcher zu emotionaler Distanz und professioneller Neutralität verpflichtet ist, dem Gefühl des Mitleids oder der Abscheu nicht entziehen, wenn etwa ein Sexualmörder entrüstet berichtet, wie ihn das um sein Leben zitternde kindliche Opfer noch mit Geld »bestechen« wollte.

Die meisten Täter sind bemüht, ihre kriminelle Handlung als etwas Gestörtes und Krankes, als eine nicht zu ihrer Person gehörende Handlung darzustellen und vermuten die Ursachen in unbewussten tiefenpsychologischen Vorgängen oder in den niemandem geheueren »Abgründen der Seele«. Die Schuld wird damit vom eigenen Willen auf dunkle seelische Kräfte, für die man weniger verantwortlich zu sein scheint, geschoben. Typische Begründungen lauten etwa: »Mein Hirn hat falsch getickt«, »In mir muss etwas Krankes abgelaufen sein« oder »Ich war wie ferngesteuert«. Fast immer aber war ich erstaunt, wie normal die Begegnungen mit Menschen, die man als Mörder bezeichnet, verlaufen. Kein Einziger hat das Gespräch verweigert, viele konnten oder wollten sich an die eigentliche Tat nicht erinnern, die meisten haben Teile davon verdrängt. Häufig haben sie abgestritten, beschönigt und gelogen. Alle aber strebten nach einer Erklärung für ihr verbrecherisches Handeln, das ihnen oft genug selbst als fremd und unbegreiflich erschien, und wollten die Ursachen für das Böse finden.

Die Bösen sind nicht nur die anderen und es lebt nicht nur in den als Verbrecher deklarierten Menschen, auch wenn sich diese und ihre böse Tat so ideal für unsere psychischen Projektionen anbieten. Das Böse existiert auch in uns, vielleicht in einem verschatteten Anteil unserer Psyche oder in der Tiefe des Unbewussten, vielleicht in einer Gestalt, die wir selbst gar nicht kennen und, wenn es das Schicksal gut mit uns meint, nie in vollem Umfang kennenlernen. Dass wir aber die Präsenz des Bösen in jedem von uns vermuten oder zumindest erahnen, zeigen die folgenden alltäglichen Abläufe: Wenn in unserer Nähe ein Verbrechen geschieht und der Täter zu unserem entfernten Bekanntenkreis gehört, ist ein eigenartiges, nahezu gesetzmäßiges Reaktionsmuster zu beobachten. Wir können es anfangs nicht glauben, sind bass erstaunt und geben Äußerungen wie: »Das kann nicht wahr sein, von dem hätte ich das nie geglaubt, er war ganz normal, an dem ist mir überhaupt nie etwas aufgefallen« und so weiter von uns. Nach ein, zwei Tagen hat sich unsere Einschätzung etwas geändert: Der Täter sei immer schon ein eigenartiger Mensch gewesen, habe so komisch geschaut und ist uns allen irgendwie unheimlich vorgekommen. Spätestens nach zwei weiteren Tagen hat sich die Meinung, dass man dem Betroffenen seit jeher ein Verbrechen zugetraut habe und die nunmehrige Tat ganz genau zu ihm passe, durchgesetzt.

Dieser regelhafte Wandel der Sichtweise sagt nichts anderes, als dass jeder von uns jedem seiner Mitmenschen alles zutraut, dass er das Böse auch im normalen Mitmenschen vermutet und dies wohl auch in sich selbst befürchtet. Die Angst vor dem eigenen Bösen wird verdrängt, indem dieses in andere hineinprojiziert wird. Wie hat doch der Dichter Max Frisch gesagt: »Wenn Menschen, die eine gleiche Erziehung genossen haben wie ich, die gleichen Worte sprechen wie ich und gleiche Bücher, gleiche Musik, gleiche Gemälde lieben wie ich – wenn diese Menschen keineswegs gesichert sind vor der Möglichkeit, Unmenschen zu werden und Dinge zu tun, die wir den Menschen unserer Zeit, ausgenommen die pathologischen Einzelfälle, vorher nicht hätten zutrauen können, woher nehme ich die Zuversicht, dass ich davor gesichert sei?«

Was meinen wir wohl, wenn wir unserem Gegner im Streit mit den Worten drohen: »Du wirst mich noch kennenlernen«? Wohl jenen Teil unserer Person, den es auch gibt, den wir normalerweise verborgen halten, zu dem wir uns lediglich in höchster Erregung bekennen und den wir selbst dann noch nicht aussprechen: das Böse.

Gerade weil das Böse so bedrückend und bedrohlich, so unbegreiflich und schwer beschreibbar, so weit weg und doch jedem so nah ist, übt es eine starke Faszination aus. Dies hat nicht nur mit Sensationsgier zu tun, sondern mit dem Wunsch, möglichst alle Seiten des Menschen kennenzulernen, den Blick auch auf jene Seite der Seele, die man als deren Abgründe bezeichnet, zu werfen und dem Unbeschreiblichen ein Gesicht, einen Namen zu geben. Bislang Unbekanntes und Unbenanntes zur Sprache zu bringen bedeutet, die Angst davor zurückzudrängen.

Das Antlitz des Bösen unterliegt einem gewissen Wandel, es stirbt aber niemals aus. So gehen Sexualmorde, eine der schlimmsten Kombinationen des Bösen, seit Jahren kontinuierlich zurück, auch wenn die mediale Darstellung einzelner Fälle oft einen anderen Eindruck vermittelt. Andererseits nehmen andere Taten, die ebenso völlig unschuldige Menschen betreffen, wieder in erschreckender Weise zu. Man denke nur an Schul-Amokläufe oder alle jene Verbrechen, die unter dem Begriff der »Familientragödie« zusammengefasst werden. Völlig neue Formen des Bösen zeigen sich in der virtuellen Kriminalität, in der Internet-Pornografie oder in den Betrügereien im großen Netz. Das Böse zeigt sich nicht nur in spektakulären Verbrechen und Gräueltaten, sondern oft in sehr subtiler Form: in Lieblosigkeit und Zurückweisung, in zwischenmenschlicher Kälte und Verachtung, in Mobbing und Unterdrückung, in fehlendem Verständnis und purem Egoismus.

Auch wenn versucht wird, die psychischen Merkmale der Verbrecher genau zu erfassen und die Persönlichkeitszüge nach den gängigen Klassifikationsmustern einzuordnen, die diversen Charaktere zu typologisieren und spezifische Verbrechensmuster zu beschreiben, bleibt manches dunkel. Die zahlreichen wissenschaftlichen Erkenntnisse über Verbrechensursachen und -theorien sind hilfreich, die aktuellen Erkenntnisse der Persönlichkeits- und Hirnforschung liefern zusätzliche Aspekte. Die heutigen Möglichkeiten der Hirnuntersuchung, vom Hirnstrombild bis zur Computertomografie und von der psychodynamischen Untersuchung bis zur Testpsychologie reichend, haben manches erklärt. Dennoch ist immer etwas offen geblieben, ein letzter Rest, den man mit keiner Hypothese begründen und mit keiner Theorie begreifen kann. Dieser Teil hat mit der Freiheit des menschlichen Willens zu tun, jenes Willens, der sich auch zum Guten oder zum Bösen entscheiden kann.

Nichts kann die nicht fassbaren und nicht beschreibbaren Aspekte des Bösen besser erhellen als konkrete Beispiele, als Geschichten von Verbrechen und Erzählungen über böse Taten. Deshalb sollen Ihnen die folgenden Kapitel nicht nur unterschiedliche Theorien über das Böse vermitteln und Erkenntnisse der verschiedensten Wissenschaften, von der Biologie bis zur Theologie und von der Genforschung bis zur Psychiatrie reichend, über dessen Wesen liefern, sondern an individuellen Beispielen das Gegenteil des Guten verdeutlichen.

Das (un)fassbare Böse

»*So ist denn alles, was ihr Sünde, Zerstörung,*
kurz das Böse nennt,
mein eigentliches Element.«
　　　　　　　　　Mephistopheles in Goethes »Faust«

Wir sprechen nicht gerne darüber, über das Böse, wir umschreiben und vermeiden den Ausdruck, halten ihn für dunkel und bedrohlich, für vielschichtig, mehrdeutig, unwissenschaftlich und undefinierbar – und wissen doch, was damit gemeint ist. Das Böse ängstigt und bedrückt uns, es ist unheimlich, unfassbar und sehr oft unaussprechbar. Es fällt uns schwer, das Böse zu benennen, selbst den bloßen Ausdruck nehmen wir kaum in den Mund. Haben Sie sich schon einmal gefragt, weshalb wir in einem Streit bei zunehmendem Ärger und ablehnender Haltung gegenüber unserem Gegner diesen mit den Worten: »Mein lieber Freund« ansprechen und aus welchem Grund wir eine bös gemeinte Drohung in die geradezu gegenteilig klingende Formulierung: »Ich werde dir noch helfen!« kleiden? Vermutlich, weil wir uns schwertun, böse Seiten in uns zu betrachten, böse Absichten als solche kundzutun und das Wort an sich auszusprechen.

Man kann den Begriff des Bösen tatsächlich nur schwer beschreiben und nur unzureichend erklären. Der Ausdruck ist geprägt durch Merkmale wie aggressiv, frevlerisch, infam, amoralisch, krank, gemein, niederträchtig oder teuflisch. Eigenschaften wie Gehässigkeit, Rachsucht, Neid, Missgunst, Arglist, Übelwollen, Hinterhältigkeit oder Verschlagenheit sind in diesem Gedankengebäude des Verwerflichen ebenso enthalten wie alles, was mit Zerstörung, Krankheit, Katastrophe, Verderben und Verbrechen zu tun hat. Das Böse ist – wie der Bochumer Psychiater Prof. Theo R. Payk formuliert – ein mysteriöses Konstrukt, unter dessen Dach sich alle möglichen Varianten des Unguten versammeln. Es ist der Inbegriff des Negativen, des Schlechten und des Zerstörerischen.

Im Gegensatz zum unscharfen Begriff des Hauptwortes wird das Eigenschaftswort »böse« nuanciert eingesetzt. Wir sprechen von bösen Krankheiten und bösem Willen, von bösen Geschichten und bösen Zeiten, von bösem Erwachen und bösen Überraschungen oder bezeichnen ein erkranktes Organ als böse. Reden wir von bösen Jungs und bösen Mädchen, die angeblich zwar nicht in den Himmel, aber sonst überall hinkommen, ist durchaus ein Augenzwinkern dabei.

Mit dem Bösen haben sich Theologen und Philosophen, Soziologen und Biologen, Juristen und Kriminologen beschäftigt. In religiöser Sicht wird unter dem Bösen eine gottfeindliche Haltung verstanden. Nach jüdisch-christlicher Theologie resultiert das Böse aus dem Ungehorsam gegenüber Gott. Es beginnt mit dem gefallenen Engel Luzifer, geht weiter mit dem Sündenfall im Paradies und der Erbschuld aller Menschen und setzt sich im ersten Mordfall, der Geschichte von Kain und Abel, fort. Das Böse wird durch den Satan, den Fürst des Bösen, personifiziert. Als verführerischer Feind des Menschen ist er der Gegenspieler Gottes. Aus biblischer Sicht ist das Böse eine das Leben zerstörende gottfeindliche Haltung, ein Ungehorsam gegen Jahwe, ein destruktiver Trieb oder eine dunkle Macht, wie sie besonders im Markusevangelium dargestellt wird.

Unter den mannigfachen Interpretationen der Philosophie ragen einerseits jene des unabwendbaren Übels, welches man wie eine Naturkatastrophe erdulden muss, andererseits die des selbst herbeigeführten Missbrauchs der menschlichen Freiheit heraus. Nach Augustinus kommt das Böse aus dem freien Willen des Menschen, der durch die Erbsünde Schuld für sein Leiden trage, in die Welt. Immanuel Kant sieht den Ursprung des Bösen in der durch Egoismus, Gier oder Hass geprägten menschlichen Natur. In seinem Werk *Über das radikal Böse in der menschlichen Natur* hält er den Menschen zwar nicht für bösartig, glaubt aber an eine Neigung zum Bösen, die sich überwinden lasse. Den Kant'schen Gedanken, wonach die Wurzel des Bösen in der Freiheit des menschlichen Willens zu suchen sei, bringt der Philosoph Rüdiger Safranski mit den Worten: »Das Böse ist der Preis der Freiheit« auf den Punkt. Das Böse wird als notwendig angesehen, um dessen Gegenstück, das Gute, überhaupt zu erkennen. Ohne das Böse könne das Gute nicht einmal existieren und von ihm gar nicht unterschieden werden. Donatien-Alphonse-François Marquis de Sade, welcher den Menschen in ein kaltes, gleichgültiges Universum mit dem sicheren Tod vor Augen hineingeworfen sieht, kam auf seiner Suche nach dem absolut Bösen zu dem Schluss, dass dieses im Wunsch nach totaler Vernichtung liege. Er möchte die ganze Schöpfung rückgängig machen, um sich von der übermächtigen Natur zu lösen und vom Sein loszukommen. Er strebt nach einem Triumph über die Natur und einem völligen Bruch, nach einer Zerstörung um der Zerstörung willen, welche für ihn das Böse schlechthin ist.

Aus metaphysischer Sicht wird das Böse im Willen zum Bösen gesehen. In der Morallehre gilt es als böse, wenn sich der Mensch unmittelbar durch Triebe und momentane Bedürfnisse leiten lässt: »Das Böse ist jene Schwäche, die den bösen Neigungen nachgibt«. Die psychoanalytischen Theorien sehen die Ursache des Bösen im Todestrieb, während die evolutionsbiologische Forschung die Aggression, das sogenannte Böse, als Voraussetzung der Selbsterhaltung und Fortpflanzung interpretiert.

Mad or bad?

Die Psychiatrie, die sich im Aufgabenbereich der gerichtlichen Begutachtung und der Behandlung von abnormen Verbrechern mehr als jede andere Disziplin mit dem Bösen beschäftigen muss, hat den Begriff lange Zeit peinlich vermieden. Erst in jüngster Zeit ist eine zögerliche Auseinandersetzung mit dem Phänomen zu beobachten. In den letzten Jahren beschäftigt die Frage nach dem Bösen viele Fachdisziplinen und Spezialisten, insbesondere Hirnforscher, die neue, moderne Aspekte des Bösen im Menschen entdecken.

Trotz des schwierigen Umgangs mit dem Phänomen des Bösen hat der Mensch seit jeher ein Bedürfnis, dem Bösen einen Namen, eine Gestalt oder ein Gesicht zu geben. Es wurde in Naturerscheinungen, wilden Tieren und bösen Geistern gesehen, in Dämonen und strafenden Göttern, in Ungeheuern, in Krankheiten und Katastrophen. Das Böse nahm die Gestalt von Monstern, von Herrschern der Finsternis und Göttinnen der Bosheit, von Schlangen und Satyrn, schließlich vom Teufel an. Der Satan, der »Vater der Lüge«, ist jener gefallene Engel, der sich gegen Gott auflehnte und von diesem in die Hölle gestürzt wurde. Luzifer, der Fürst der Hölle und Geist der Finsternis, ist nach traditionellen Vorstellungen rastlos unterwegs, um Böses zu tun. In Gestalt des Mephistopheles lässt ihn Goethe in *Faust* seine zerstörerische Botschaft verkünden: »Ich bin der Geist, der stets verneint! Und das mit Recht; denn alles, was entsteht, ist wert, dass es zugrunde geht«. Im ersten Petrusbrief wird der Diabolus, der »Durcheinanderwerfer«, mit einem brüllenden Löwen, der umhergeht und sucht, wen er verschlingen könne, verglichen. Wenn man der althochdeutschen Wurzel des Bösen folgt, erkennt man die Kraft des Bösen in einer destruktiven Energie, einem Verderben bringenden Potenzial: »bosi« bedeutet dort so viel wie anschwellend, aufgeblasen, erdrückend.

Die zur Massenbewegung ausartende Hexenverfolgung des Mittelalters, die zwischen 1450 und 1750 etwa 70 000 Menschenleben – ganz überwiegend von Frauen – forderte, war trotz all ihrer Machtinteressen auch ein furchtbarer Großversuch zur Inkarnation des Bösen. Durch unvorstellbare Foltermethoden, vom »peinlichen Verhör« bis zu schwersten Sadismen reichend, sollten böse Gedanken und Pläne geoffenbart und die Kooperation mit dem Bösen bewiesen werden. Später sind die bis heute noch nicht verschwundenen Vorstellungen der Besessenheit durch das Böse in den Vordergrund getreten und haben eine Rechtfertigung für den Exorzismus, die rituelle Austreibung böser Geister, mit all seinen Folgen geliefert. Das Hervorrufen von tranceartigen psychischen Ausnahmezuständen hat ihm in Asien, Afrika und Lateinamerika eine große Tradition, etwa im Schamanismus, in der in Ostafrika anzutreffenden Zar-Krankheit oder im haitischen Voodoo-Kult, beschert. Aus psychiatrischer Sicht leiden angeblich vom Teufel besessene Personen an hysterischen Anfällen und Dissoziationen, an Dämmerzuständen, psychotischen Schüben oder Wahnerkrankungen. Nicht selten wird das Gefühl, von bösen Kräften beherrscht und von übernatürlichen Mächten besessen zu sein, durch Autosuggestion, seltener auch durch Fremdsuggestion induziert.

Ab dem 19. Jahrhundert, in dem großes Interesse an psychischen Störungen und kriminellem Verhalten entstanden ist, machte sich ein bis heute anhaltender Trend breit, das Böse über die Schreckensgestalten der Geschichte zu personifizieren. Aus den historischen Beschreibungen lassen sich zum Teil recht genaue Psychogramme der grausamen Eroberer, Führer und Herrscher ableiten, welche bemerkenswerte Parallelen zu den bei sadistischen Mördern und Serientätern beschriebenen psychischen Merkmalen aufweisen. Nach heutiger psychiatrischer Diagnostik würde man bei Zar Iwan IV., »dem Schrecklichen« (1530–1584), wohl eine emotional-instabile, aggressiv-sadistische, paranoid-narzisstische Persönlichkeitsstörung feststellen. Adolf Hitler wäre als nicht geisteskranker, gemütsarmer Soziopath mit dissozialen, narzisstischen und histrionischen Zügen, der später amphetaminsüchtig geworden ist und in den letzten Jahren wahrscheinlich an Parkinson erkrankt ist, zu bezeichnen. Bei dem nach außen hin introvertiert, bedächtig und zum Teil sogar väterlich wirkenden Josef Stalin ließen sich extrem misstrauische, schlau-heimtückische, machthungrige, eitle und wiederum paranoide Charakterzüge beschreiben. Und der äußerst öffentlichkeitsscheue Pol Pot, der 1925 geborene kambodschanische Kommunistenführer, dürfte wohl ein gemütskalter, sadistischer, paranoider, unberechenbarer Psychopath gewesen sein.

Wir tun uns also schwer, das Böse zu erklären, zu beschreiben und zu benennen. Am ehesten gelingt es uns noch, einzelne Taten und Verbrechen als »böse« zu bezeichnen. Darf ich Sie deshalb fragen, was Sie spontan antworten würden, wenn ich Sie um ein Beispiel für eine besonders verwerfliche Tat oder das grausame Verbrechen schlechthin bitte, wenn ich Sie um eine Beschreibung dessen, was für Sie das Böse ist, ersuche? Wahrscheinlich würden Sie spontan eines der großen Menschheitsverbrechen, den Holocaust oder den Massenmord der Roten Khmer, die Gräueltaten des jugoslawischen Bürgerkrieges oder den Völkermord in Ruanda nennen. Vielleicht auch die blutigen Eroberungszüge der spanischen Kolonialisten, welchen nach verschiedenen Schätzungen mindestens 50 Millionen Indios zum Opfer gefallen sind, oder den Völkermord in Armenien und die Deportationen in der Stalin-Ära. Fallen Ihnen als Erstes die grausamen Massen ein, die sich an Verbrennungen und Räderungen ergötzen und in blinder Hysterie Unschuldige lynchen? Andere haben bei der Frage nach dem Bösen primär die sozialen Ungerechtigkeiten im Auge, etwa die ungleiche Verteilung der Lebensmittel, die dazu führt, dass allein mit jenem Teil der Nahrung, der das Übergewicht in der westlichen Welt hervorruft, niemand mehr verhungern müsste?

Für manch einen sind jene Formen von Menschenfolter, wie sie im »Hexenhammer« des Mittelalters oder in modernen Anleitungen heutiger Geheimdienste ausführlich beschrieben werden, ein verdichteter Ausdruck des Bösen. In der »Carolina«, der peinlichen Gerichtsordnung Kaiser Karls V., werden genaue Weisungen zur Durchführung von Vierteilungen, wie sie in Wien noch 1680 vollzogen wurden, gegeben: »Es wird dem Delinquenten von des Scharfrichters Knechten erstlich mit einem großen, dazu bereiteten Messer ... die Brust gleich herunter von vorn aufgeschnitten, die Rippen herumgebrochen und herumgelegt, sodann das Eingeweide samt dem Herzen, Lunge und Leber, auch alles, was im Leibe ist, herausgenommen und in die Erde verscharret, anbei wohl dem armen Sünder vorher aufs Maul geschmissen. Nach diesem wird derselbe auf einen Tisch, Bank oder Klotz gelegt, und ihm mit einem besonderen Beil erstlich der Kopf abgehauen, nach diesem aber der Leib durch sohanes Beil in vier Teile zerhauen, welche sämtlich, neben dem Kopfe ... an den Straßen aufgenagelt werden.«

Vielleicht denken Sie bei der Frage nach Beispielen des Bösen an Verbrechen, die sich außerhalb von Krieg und Diktatur ereignen, etwa an Familientragödien, bei welchen der Verlierer eines Rosenkrieges einen letzten Sieg erringen will und alle übrigen Familienmitglieder niederschlachtet, oder an radikale Jugendbanden, die in rauschenthemmtem Zustand einen Behinderten zu Tode prügeln. Kommen Ihnen die vielen Arten der sogenannten Euthanasie oder die mannigfachen Facetten des Psychoterrors, von den subtilen Formen der Niedertracht bis zum systematischen Mobbing reichend, in den Sinn? Für manche zeigt sich heute das Gesicht des Bösen am klarsten in Massenkündigungen, durch welche die wirtschaftlichen Existenzen ganzer Familien zerstört werden. Die zynische Verwendung des Ausdrucks »Freisetzung« beweist abermals, wie sehr wir das Böse euphemistisch umschreiben.

Bei Kriegen, Massenvernichtungen und anderen bösen Großereignissen wird uns allerdings das individuelle Böse viel zu wenig bewusst. Der Krieg erscheint wie eine Katastrophe, welche die Menschen in ihrer Gesamtheit trifft, etwas Geplantes und von oben Vorgegebenes, bei dem höhere Ziele angestrebt werden, ohne dass das unendliche Leid des Einzelnen zählt. Bei Verbrechen, die tausende Menschenleben fordern, setzt man sich nicht gern mit dem Einzelnen, sei er nun Opfer oder Täter, auseinander. Um das Böse besser fassbar zu machen, ist es hilfreich, dieses anhand einzelner Taten und Schicksale zu betrachten. Darf ich Sie deshalb bitten, an ein einziges Verbrechen zu denken, das Sie als durch und durch böse bezeichnen. Ich nenne Ihnen einige Beispiele:

- Die Tat des Josef F., der seine Tochter 24 Jahre lang in einem dunklen, feuchten Kellerverlies eingesperrt, sie über Jahre vergewaltigt und mit ihr acht Kinder gezeugt hat, welche ebenfalls viele Jahre ihres Lebens im fensterlosen Kerker gefangen gehalten wurden.
- Die Gedanken- und Handlungswelt jenes sadistischen Sexualmörders, welcher wenige Tage nach der Haftentlassung ein Kind grauenhaft ermordete, lachend erzählte, dass dieses mit dem Angebot seines Taschengeldes um sein Leben gebettelt habe und ankündigte, dass er die bevorstehende Haft mit der Vorstellung, eines Tages ein Mädchen »vivisezieren« – das heißt, bei lebendigem Leib Stück für Stück und Schicht für Schicht zerschneiden – zu können, leicht überleben werde.
- Das Inferno des Kriegsheimkehrers Walter Seifert, der im querulativen Kampf um eine Rente einen Flammenwerfer baute, in eine Grundschule eindrang und acht Kinder sowie zwei Lehrerinnen tötete und mehrere Personen lebensgefährlich verletzte. Viele Opfer leiden bis heute an den körperlichen und seelischen Folgen des in ihrer Kindheit, am Beginn des Lebensweges erlittenen Anschlags.
- Das außer Kontrolle geratene Agieren jener 21-jährigen Mutter, die ihr schreiendes Baby nicht beruhigen konnte und dann wiederholt gegen eine Wand schmetterte, sodass es neben zahlreichen Brüchen irreparable Schäden an Hirn und Rückenmark erlitt und für sein Leben lang ein schwerer Pflegefall bleiben wird.

- Das Morden des als »Dr. Tod« berühmt gewordenen Harold Shipman, der als praktischer Arzt in Manchester über 20 Jahre hinweg mindestens 250, möglicherweise sogar mehr als 600 meist hilflose und pflegebedürftige PatientInnen aus Habgier und narzisstischen Größenanwandlungen mit Betäubungsmitteln tötete.
- Den Kannibalismus des Jeffrey Lionel Dahmer, welcher zwischen 1978 und 1981 insgesamt 17 junge, meist homosexuelle Männer in eine Falle lockte, überwältigte und fesselte, sie dann über Stunden und Tage quälte, sie vielfach vergewaltigte, ehe er sie ermordete, sich noch an ihren toten Körpern verging und Teile der Leichen verspeiste.
- Das Schicksal spielende, über Leben und Tod entscheidende Agieren der Nazi-Ärzte, welche die Kinderschar mit völliger Unberührtheit und kaltem Lächeln in zwei Gruppen einteilten: in eine, die direkt in die Gaskammer geführt wurde, und in eine andere, mit deren Mitgliedern entsetzliche medizinische Experimente wie künstliche Infizierung mittels tödlicher Krankheitserreger oder Tötung durch Phenol-Injektionen direkt ins Herz durchgeführt wurden.
- Das tyrannische Horrorwerk des Vietnam-Veteranen Leonard Lake und des Ex-Marineinfanteristen Charles Ng, welche zwischen Juli 1984 und April 1985 in einem abgelegenen Bunker in den Bergen der Sierra Nevada mindestens 25 Frauen folterten, vergewaltigten und ermordeten, dies mit dem Ziel, die meist attraktiven Opfer zu beherrschen, sexuell gefügig zu machen und zu töten.»Wenn du etwas liebst, lass es frei, wenn es nicht zurückkommt, jage es und bringe es um«, war auf einem in der Nähe des Bunkereingangs gefundenen Schild zu lesen, was darauf hinwies, dass sie den Frauen teilweise die Flucht ermöglichten, um sie mit Nachtfernrohr zu verfolgen und mit Präzisionswaffen zu erschießen.

- Das grauenhafte Handeln jenes Mörders, der – ganz seinen perversen Fantasien folgend – seinen gefesselten Opfern den Bauch aufschlitzte, sich durch ihr Körperinneres zum Herzen vorwühlte und es als höchsten Genuss bezeichnete, durch Zusammendrücken des schlagenden Lebensorgans einen Menschen sterben zu lassen.
- Die am 27. Oktober 1553 in Genf auf Geheiß Calvins durchgeführte Verbrennung des »Ketzers« Michel Servet, der auf einem Stapel feuchten Holzes durch ein »langsames Feuer« drei grauenhafte Stunden lang gemartert wurde, bis er endlich den Tod finden konnte. Sein einziges »Verbrechen« bestand darin, dass er in der Frage der Dreifaltigkeit Gottes eine andere Meinung vertrat als die calvinistische Kirche.
- Die Menschenschlachtungen des kanadischen Schweinezüchters Robert Pickton, welcher zwischen 1995 und 2001 in der Nähe von Vancouver 26 Frauen bestialisch tötete, die Leichen mit der Häckselmaschine zerkleinerte und die Leichenteile teilweise an Schweine verfütterte, teilweise mit Schweinefleisch vermischte und Freunden und Bekannten zu essen gab.
- Das von Goldgier und reinem Sadismus getriebene Wüten der Konquistadoren, welche die Schärfe ihrer Schwerter an den Leibern der zutraulich-ahnungslosen Bevölkerung »überprüften«, indem sie den Eingeborenen den Bauch aufschlitzten oder Gliedmaßen Stück für Stück abschnitten und Indiokinder ihren Hunden zum Fraß vorwarfen.
- Den Kindesmord jener hessischen Eltern, die ihre neugeborene Tochter Siri über ein halbes Jahr mit sadistischer Freude folterten, ihr die Knochen brachen, die Lippen mit einer Zange zusammenklemmten, das halb verhungerte Baby mit heißem Wasser überbrühten, ehe sie dem erst acht Monate alten Kind am 2. Mai 2008 den Schädel zertrümmerten.

All diesen Taten ist gemeinsam, dass sie nicht von psychisch kranken Menschen verübt worden sind, dass sie einen beträchtlichen Planungsgrad aufweisen, die Opfer entmenschlicht wurden, extreme Gemütskälte und hochgradiger Sadismus auf Täterseite und schwerwiegendste Folgen für die Opfer zu erkennen sind und dass sie bei jedem normal empfindenden Menschen instinktiv Abscheu und Grauen hervorrufen. Damit sind bereits einige wesentliche Kennzeichen des Bösen beschrieben.

»Das Gute, dieser Satz steht fest, ist stets das Böse, was man lässt«, formulierte Wilhelm Busch in seiner unvergleichlich treffenden und knappen Art. Damit hat er wohl nicht nur unsere Gleichgültigkeit gegenüber Armut und Elend der Mitmenschen gemeint, sondern auch Verhaltensweisen wie jene von gezählten 40 Bergsteigern, die in ihrem ehrgeizigen Ziel, den höchsten Berg der Welt zu bezwingen, den am Rande der Route sterbenden bolivianisch-amerikanischen Arzt Dr. Nils Antezana einfach seinem Schicksal überließen und sich nicht um den Erfrierenden kümmerten.

Das Böse begleitet den Menschen seit Beginn und ist allgegenwärtig, es ist aktuell und zeitlos. Je mehr wir uns aber bemühen, dieses Übel zu verdrängen und zu verschweigen, desto mehr wird es uns ängstigen. Bei unseren Überlegungen zum Bösen müssen wir unterscheiden, ob wir es mit bösen Fantasien, bösen Plänen oder – was maßgebend ist – mit bösen Handlungen zu tun haben. Jeder Mensch hat böse Gedanken und Vorstellungen, entwickelt negative Ideen und spürt in sich aggressive Impulse und Strebungen. Solche interpsychischen Vorgänge sind nicht von vornherein etwas Schlechtes, das heißt, das gedankliche Durchspielen hat oft auch eine entlastende, konfliktbereinigende Funktion. Der Effekt ist ähnlich wie jener der Märchen, welche durch ihre archaischen Bilder, ihre wundersame Symbolsprache und ihre klare Auflösung unsere unbewussten Aggressionen und Ängste besänftigen können. Für die Psychohygiene ist es von größter Wichtigkeit, dass die Gedanken tatsächlich frei sind – wie es in einem Volkslied so schön heißt – und der Mensch nicht durch moralische Vorstellungen vom anständigen Denken dieser inneren Spiel- und Übungswiese beraubt wird. Wenn aus bösen Gedanken böse Pläne mit all ihren schrecklichen Einzelheiten aufgebaut werden, wird der Bereich der persönlichen Freiheit und Verantwortbarkeit zum Teil schon verlassen. Entscheidend ist aber die Tat, also die Frage, ob Vorstellungen, Gedanken und Pläne tatsächlich in Handlungen umgesetzt werden, ob die Grenze von innen nach außen überschritten und der Schritt zur Verwirklichung, zum bösen Werk getan wird. Ganz im Sinn des Bibelwortes, nach welchem man den Menschen an seinen Taten erkennen wird, hängt auch die Verwerflichkeit des Bösen von der Frage der Umsetzung in eine konkrete Handlung ab.

Je mehr der Wille durch tiefgreifende Emotionen, hochgeschaukelte Affekte, dynamischen Druck einer Gruppe oder mitreißenden Sog einer Masse, durch Alkohol- und Drogeneinfluss oder durch psychische Krankheiten beeinträchtigt ist, umso mehr verschiebt sich die Grenze zwischen Bösem und Gestörtem, zwischen freier Entscheidung und krankhaft determiniertem und damit unfreiem Handeln. Je klarer der Verstand, desto größer die Möglichkeit zur bösen Entscheidung. Halten wir also fest: Ein Tatverhalten ist als umso bösartiger zu bezeichnen, je mehr der dahintersteckende Plan in vollsinnigem Zustand entworfen wurde und je weniger der Täter durch emotionale Einflüsse, Berauschungen, psychopathologische Phänomene oder Hirndefekte beeinträchtigt gewesen ist. Der Leitgedanke des Planungsgrades einer Tat zieht sich vom Profiling noch nicht identifizierter Täter bis hin zur Quantifizierung des Bösen, zur Einschätzung des Verwerflichkeitsgrades einer bösen Handlung.

*

Wie schwierig die Unterscheidung zwischen »mad or bad« in der Praxis ist, zeigt sich in einer der kriminalhistorisch bedeutsamsten Kriminaltaten, in jener des Albert Hamilton Fish. Dieses Verbrechen beinhaltet so viel an Sadismus, pathologischer Bösartigkeit und geradezu unglaublicher Perversität, dass man kaum sagen kann, ob der Täter eher als krank denn als kriminell betrachtet werden muss:

Albert Fish wurde 1870 in einer mit psychischen Krankheiten schwer vorbelasteten Familie geboren. Seine Mutter erkrankte an Schizophrenie, ein Bruder war psychisch behindert, ein weiterer Bruder war Alkoholiker und eine Schwester litt unter Wahnideen. Schon im Alter von fünf Jahren verlor Fish seinen Vater und wurde daraufhin von der überforderten Mutter in ein Kinderheim gegeben. Dort wurde er vernachlässigt, verprügelt und auf vielerlei Weise gequält. Fish, der in sich starke homosexuelle Tendenzen spürte, sagte später, dass ihm die Qualen Spaß gemacht und ihn die Übergriffe sexuell erregt hätten. Schon damals habe er seine sadistische und masochistische Veranlagung erkannt. Später fügte er sich selbst Schmerz zu, indem er zum Beispiel verschiedene Nadeln in diverse Körperteile steckte. Wie so viele spätere Serienmörder fiel er in der Kindheit durch extreme Tierquälereien auf. So tränkte er einmal den Schwanz eines Pferdes mit Benzin und zündete diesen an. Als Jugendlicher verehrte er den deutschen Serienmörder Fritz Haarmann, er war von dessen Taten fasziniert und sammelte alles, was er über diesen bekommen konnte.

Albert Fish war vier Mal verheiratet und hatte insgesamt sechs Kinder. Diese zwang er, rohes Fleisch zu essen und ihn mit einem Stock blutig zu schlagen. Nachdem er von seiner ersten Frau verlassen worden war, begann er, sich selbst in obsessiver Weise zu quälen. Er stach sich mit großen Nadeln in der Genital- und Anusregion, führte sich mit Benzin getränkte Baumwollstreifen in den After ein und zündete diese an. Wie die meisten Serienmörder wurde Fish von einer ständigen Unruhe getrieben, welche ihn zu Reisen in insgesamt 23 US-Staaten führte.

Im Alter von 40 Jahren beging er seinen ersten Mord an einem Homosexuellen. In der Folge wurde wiederholt gegen ihn wegen Mordverdachts ermittelt, Fish konnte aber nie überführt werden.

Im Alter von 58 Jahren entführte Fish ein zehnjähriges Mädchen, brachte das Kind in ein leer stehendes Haus, wo er es überwältigte. Er erwürgte das Opfer, schnitt ihm den Kopf ab, kochte verschiedene Körperteile und verzehrte sie über mehrere Tage zur Mahlzeit. In der Folge entführte er mehrere Kinder, schnitt diesen Nase, Ohren und Penis ab, quälte sie zu Tode und aß ihre Innereien. Ab dem 52. Lebensjahr wurde er von religiösen Wahnvorstellungen befallen, glaubte, der Heiland zu sein und die Welt für die Sünden bestrafen zu müssen. Auf der Straße verkündete er:

»Gebenedeit sei, wer kleine Kinder packt, um ihnen mit Steinen den Schädel einzuschlagen.«

Fish wurde 1934 verhaftet. Er wurde überführt, weil er in einem Brief an die Mutter seines Opfers das Töten und Verzehren der Tochter ausführlich geschildert und seine Vorliebe für Menschenfleisch angesprochen hatte. Im Laufe der Ermittlungen konnten ihm zahlreiche Tötungen nachgewiesen werden. Man vermutete, dass er bis zu hundert Personen umgebracht hatte. Trotz mehrerer psychiatrischer Untersuchungen konnte nicht geklärt werden, ob er schuldfähig sei oder nicht. Die Diagnosen lauteten auf Persönlichkeitsstörung, Selbstkastrierung und Kastrierung anderer, Sadismus, Masochismus, aktive und passive Flagellation, Nadelstechen, Urintrinken, Essen der eigenen Exkremente, Pädophilie, Exhibitionismus, Voyeurismus, Fetischismus, Kannibalismus und Nekrophilie.

Das Gericht befand ihn trotz psychiatrischer Zweifel an seinem Verstand als zurechnungsfähig und verurteilte ihn zum Tode. Vor seiner Hinrichtung zeigte sich Fish freudig erregt und meinte, dass er einen so »einzigartigen Schauer«, wie er ihm auf dem elektrischen Stuhl zuteil werde, »bisher noch nicht ausgekostet habe«. Beim ersten Versuch der Hinrichtung auf dem elektrischen Stuhl kam es zu einem Kurzschluss, da Fish 27 Metallnadeln in seinen Unterleib gesteckt hatte. Erst der zweite Versuch tötete den *Marquis de Sade* unter den Serienkillern. Auch wenn seine Verbrechen die Grenzen des Vorstellbaren überschreiten und an grausamer Perversität nicht zu überbieten sind, stellt man sich die Frage, ob jemand, der unter Halluzinationen und Wahnzuständen gelitten hat, tatsächlich auf den obersten Platz der Skala des Bösen gehört.

Zeitlos böse

Das Empfinden der Bevölkerung wertet jene Taten als besonders verwerflich, die zu jeder Zeit und in jeder Kultur als moralisch untragbar und sündhaft gelten. In der Rechtskunde werden Mord, Vergewaltigung, Diebstahl als *delicta mala per se* bezeichnet, das bedeutet, sie werden unabhängig von jeder rechtlichen und religiösen Wertung als böse eingeschätzt. Es muss also etwas geben wie eine genetisch angelegte Unterscheidungsmöglichkeit zwischen Gut und Böse. Dieser »Moralinstinkt« lässt sich aber nicht näher definieren. Ähnlich wie beim Begriff des Bösen weiß jedoch jedermann, was damit gemeint ist: die Einhaltung von bestimmten sozialen Regeln, die für ein Zusammenleben von Menschen unabdingbar sind; die Achtung der Rechte des anderen und die Eindämmung eigener egoistischer Ansprüche; vor allem aber die Verhinderung der Zerstörung menschlichen Lebens. Wissenschaftler aus den Bereichen Biologie, Psychologie und Philosophie, die sich mit der Frage eines angeborenen Moralinstinkts beschäftigen, kamen zu dem Schluss, dass die zentralen Maßstäbe der Moral und anderer Werte global vergleichbar und keine Frage der jeweiligen Kultur seien. Ob das Gewissen tatsächlich in den Genen steckt, ob wir mit einem Sinn für das Gerechte auf die Welt kommen und uns die Unterscheidung zwischen Gut und Böse in die Wiege gelegt wird, wie diese »Vernunft der Natur« angelegt ist, ist allerdings wie so vieles in der Forschung über das Böse noch nicht geklärt.

In diesem Sinne kann das Böse als jener Handlungsteil verstanden werden, der mit freiem Willen unter Umgehung des »Moralinstinkts«

durchgeführt wird und sich in aggressiver Weise gegen die körperliche, psychische oder soziale Integrität anderer richtet. In den folgenden Kapiteln wird der Begriff des Bösen in dieser pragmatischen Festlegung verwendet.

Die Vermessung des Bösen oder wie böse ist das Böse?

*»Im Schlechtesten der Menschen steckt noch so viel Gutes
und im Besten noch so viel Böses,
dass keiner befugt ist, zu urteilen und zu verurteilen.«*
                                                    Robert L. Stevenson

Das Urteil stand fest, ich konnte es an der einheitlichen starr-düsteren Miene der acht Geschworenen lesen, es lautete: lebenslang. Dabei hatte der Prozess noch gar nicht begonnen. Die Grausamkeit des Verbrechens, die Kaltblütigkeit in der Tötung einer jungen Mutter und die berechnende Art des Täters ließen aber keine Alternative zu. Der 28-jährige Mann hatte seine in den frühen Morgenstunden nach Hause kommende Gattin um eine Aussprache gebeten. Dann servierte er ihr einen Kaffee, welchen er zuvor mit einer tödlichen Dosis sogenannter »K.-o.-Tropfen« versetzt hatte. Den schlaffen Körper der bald eingeschlafenen Frau schleppte er in die mit heißem Wasser gefüllte Badewanne, und fügte ihr dort mit einem Fleischermesser mehrere tiefe Schnitte an den Handgelenken, den Ellenbeugen und in der Halsregion zu. Schließlich drückte er den in pochenden Strahlen dunkles Blut auswerfenden Körper unter das Wasser und wartete, bis keine Blasen mehr aufstiegen. Dann setzte er sich neben die einem Bluttrog ähnelnde Badewanne, aus der der Kopf der Leiche allmählich wieder aufstieg, rauchte zwei Zigaretten, habe nach seinen Aussagen mit der Toten Zwiesprache gehalten und ihr immer wieder über die Haare gestrichelt, ehe er zum Telefonhörer griff und seine Tat meldete.

Beim Eintreffen der Beamten bat er diese, so leise wie möglich zu sein, um die zwei im Nebenzimmer friedlich schlafenden Kleinkinder nicht zu wecken. Die Anklage ging von einem mit seltener Brutalität durchgeführten Beziehungsmord aus und stützte sich auf das gerichtsmedizinische Gutachten, das drei unabhängig voneinander jeweils zum Tod führende Ursachen feststellte: Vergiftung, Verbluten und Ertrinken.

Der intellektuell einfach strukturierte, verstockt und unwillig wirkende Angeklagte erzählte beim Prozess zögernd seine Geschichte. Er hatte bald nach seiner Geburt beide Eltern verloren, war dann in verschiedene Heime und zu Pflegeeltern gekommen, sei in der Kindheit viel herumgeschubst und geschlagen worden, habe nie jemanden gehabt, der ihn mochte, sei in der Schule als »Rabenkind« und »Findling« verspottet worden, habe trotz guter Schulleistungen keine Lehre machen dürfen und sei schließlich zur Fremdenlegion gegangen. An dieser Stelle kämpfte der gefühlsmäßig wenig betroffen wirkende, in der Ausdrucksweise unbeholfene Mann sichtlich mit den Tränen, was ihm peinlich zu sein schien.

Obwohl die Geschworenen schon zuvor geäußert hatten, dass sie bei einem solchen Verbrechen nicht wieder rührselige Geschichten von böser Mutter und schlimmer Kindheit hören wollten, schien mir ihre Miene nicht mehr ganz so hart und entschlossen, sondern ein etwas milderes Urteil, vielleicht 25 Jahre, widerzuspiegeln.

Nach mehrmaliger Aufforderung durch den Richter erzählte der Angeklagte über seine Erlebnisse bei der Fremdenlegion, berichtete emotionslos und widerwillig über Gräueltaten, Hinrichtungen und harte Strafen, über eigene Aburteilungen und Todesängste und seine damaligen Träume von einem einfachen Leben in der Heimat, von einer eigenen Familie und von seinem Gefühl unfassbaren Glücks, als er tatsächlich eine Partnerin fand und heiraten konnte. Die Geschworenen zeigten sich jetzt offener, stellten immer mehr Fragen und hatten sichtlich Interesse, sich nicht nur mit der Tat, sondern auch mit dem Schicksal des Täters auseinanderzusetzen. Ihr Gesichtsausdruck schien eine Spur milder, ich las darin 20 Jahre Haft.

Nach der Geburt des zweiten Kindes geriet die Ehe in eine Krise. Seine Frau, die ebenfalls unglücklichen familiären Verhältnissen entstammte, sei nicht mehr bereit gewesen, Tag und Nacht auf die Kinder aufzupassen, und habe gesagt, das Leben bestehe nicht nur aus Windeln und Schnullern. Sie habe ihn zurückgewiesen und laut überlegt, ob sie sich von ihm trennen solle. Die Kinder, so habe sie gesagt, würde sie dann bei ihm zurücklassen. Sie sei manisch geworden, sei jeden Abend ausgegangen, habe sich anfangs mit Freundinnen, später auch mit Freunden getroffen und sei oft erst in den Morgenstunden zurückgekehrt. Häufig sei sie alkoholisiert, manchmal sogar bekifft gewesen. Obwohl er einen 40-Stunden-Job erledigen musste, habe er sich während der Nacht der weinenden Kinder angenommen und versucht, diesen ein so guter Elternteil zu sein, wie er ihn sich selbst als Kind gewünscht hätte. Mehrere Zeugen bestätigten, dass man ihn zuletzt bei den Kindern gesehen habe und er ein liebevoller, fürsorglicher Vater gewesen sei. Mir kam vor, als sei die Haltung der Geschworenen nicht mehr einheitlich, manche blickten zweiflerisch vor sich hin. Zwei junge Männer, die angegeben hatten, Kinder im selben Alter zu haben, schienen dem Angeklagten sogar ein gewisses Verständnis entgegenzubringen. Ich tippte auf die Mindeststrafe für Mord von 15 Jahren.

Dann traten die Zeugen auf: junge, Kaugummi kauende und bis in den Nacken hinauf tätowierte Burschen, die vor dem Richter betont lässig posierten, die Hände in den Hosentaschen hielten und aus ihrem Widerwillen gegen die Fragen keinerlei Hehl machten. Ob sie sich denn tatsächlich mit der Ermordeten öfter getroffen hätten, ob diese wirklich viel getrunken und Drogen genommen hätte, ob sie nie von den Kindern und ihrem Mann erzählt habe und ob – dafür gebe es manche Hinweise – sie tatsächlich sexuelle Kontakte mit ihnen gehabt hätte? Die Antworten lauteten: »Ist das etwa strafbar? Warum nicht, sie hatte ja einen miesen Drecksmann ... Sie hat es ja gewollt ... Sie war steil drauf.«

Die Geschworenen betrachteten nochmals die Fotos vom Tatort und vom Opfer, nahmen noch wahr, dass der Angeklagte auf das Recht des letzten Wortes verzichtete, und zogen sich zurück. Als sie nach auffallend kurzer Beratung ihren Wahrspruch verkündeten, lautete dieser zur allgemeinen Überraschung und zum großen Missfallen der Berufsrichter nicht auf Mord, sondern auf Totschlag, für welchen der Täter zu einer Freiheitsstrafe von acht Jahren verurteilt wurde.

Skala des Bösen

Wie böse war die Tat des unglücklichen Familienvaters nun wirklich? War es ein eiskalter Mord, war es eine primitive Rache oder vielleicht ein Schritt der Verzweiflung? Handelte es sich beim Täter um einen abgebrühten, durch die Fremdenlegion geschulten Killer, um einen im Erwachsenenalter neuerlich traumatisierten Menschen mit tragischer Kindheit oder um einen durch die Eifersucht zermürbten Ehemann, der die ihm widerfahrenen Kränkungen nicht mehr ertragen hat? Ist seine Tat nur ein gemeines, durch und durch böses Verbrechen, oder ist der Täter vielleicht selbst ein kleines Stück zum Opfer geworden? Wie böse ist die böse Tat, wie hätten Sie als Geschworene(r) entschieden?

Nachdem es bereits schwierig ist, das zu beschreiben, was mit dem Ausdruck des Bösen gemeint ist, ist es nahezu unmöglich, das Böse zu quantifizieren und eine böse Tat mit der anderen zu vergleichen. Es gibt dafür keinen Maßstab, die Bösartigkeit ist nicht messbar. Dazu kommt, dass jeder Mensch das Böse anders beurteilt und als Opfer unterschiedlich darauf reagiert. Selbst in der Wertung der Mutter des Bösen, des Krieges, gehen die Meinungen auseinander. Sie reichen vom »präventiven« über den »notwendigen« und »gerechten« bis zum »heiligen« Krieg.

In jüngerer Zeit wurden mit der Entwicklung der »Skala des Bösen« durch den amerikanischen Psychiater Prof. Michael Stone und der »Skala der Verderbtheit« durch dessen Kollegen Dr. Michael Welner aus New York Versuche gemacht, das Böse wissenschaftlich zu messen. Stone entwickelte nach der Auswertung von 279 Fallgeschichten von Ehepartnern, Eltern und Kindern, die ihre Angehörigen umgebracht hatten, eine Messskala, welche er als *Gradations of Evil* bezeichnete. Die Skala ist so aufgebaut, dass jede Stufe jeweils die Verderbtheit der vorhergehenden beinhaltet und ein zusätzliches böses Element enthält. Am unteren Ende dieser 22-stufigen Skala sind jene angesiedelt, die in Notwehr, also völlig ungeplant, töten. An oberster Stelle stehen diejenigen mit hohem Planungsgrad und schwerster Aggressionsausübung, wie sie beim Prototyp des psychopathischen Mörders vorliegen, der nur danach strebt, seine Opfer so intensiv und so lange wie nur irgendwie möglich zu quälen und leiden zu lassen. Der auf einer allgemein verständlichen, heftigen Gemütsbewegung beruhende Totschlag wäre somit als viel weniger böse einzustufen als der auf Gewinn abzielende Mord oder eine Tötung aus »niedrigen Beweggründen«, etwa zur Befriedigung der bösen Lust. Je mehr der Wille durch situative Gegebenheiten, emotionale Erregung oder die enthemmende Wirkung von Alkohol und Drogen eingeschränkt und je nachvollziehbarer der Gefühlszustand des Täters für den Durchschnittsmenschen erlebbar ist, desto geringer ist der Grad des Bösen.

Die Stone-Skala zieht somit einen breiten Bogen aggressiver Handlungen gegen andere Personen und deckt das ganze Spektrum von Notwehr bis zum kalt geplanten und durchgeführten sadistischen Mord ab. Am wenigsten böse sind – dies wurde bereits erwähnt – diejenigen Tötungen, die aus Notwehr oder durch rechtlich-moralische Rechtfertigungen erfolgen. Während die Notwehr nicht mit dem bösen Willen in Verbindung gebracht wird, spielt dieser bei der Notwehrüberschreitung schon eine gewisse Rolle und nimmt in seiner Bedeutung zu, wenn der Täter mehr agiert als reagiert. Bei der mit einem schönfärberischen Ausdruck als Euthanasie bezeichneten Tötung von schwer dementen oder unheilbar kranken Menschen, die mit angeblich freiem Willen um den »Gnadentod« bitten, drückt sich unsere Gesellschaft immer mehr um eine moralische Wertung und will in diesem Zusammenhang nicht über das Böse diskutieren. Die Mitleidstötung hingegen ist nach allgemeinem Verständnis auf der Skala des Bösen weit unten anzusiedeln:

Franziska S. stammte aus einem einfachen, aber herzlichen Elternhaus, hatte die Krankenpflegeschule absolviert und über Jahre hinweg im Pflegedienst gearbeitet. Als die von ihrer Umgebung als still, fleißig, hilfsbereit und genügsam wahrgenommene hübsche Frau von einem höheren Beamten geheiratet wurde, bedeutete dies einen sozialen Aufstieg. An der Seite ihres karrierebewussten Mannes spielte sie die Rolle der Hausfrau und Mutter, die für Kindererziehung und Haushalt zuständig war und ihrem beruflich erfolgreichen Gatten den Rücken freihielt. Die Beziehung galt mit dieser klaren Verteilung der Aufgaben als sehr glücklich.

Als der Mann auf dem Gipfel seiner beruflichen Laufbahn schicksalhaft von einem chronischen neurologischen Leiden, einer sogenannten Amyotrophen Lateralsklerose ereilt wurde, pflegte ihn seine Gattin mit jener Selbstverständlichkeit, mit der sie ihre Rolle immer wahrgenommen hatte, wirkte dabei immer ausgeglichen, ergeben und in höchstem Maße fürsorglich. Sie lehnte jegliche Hilfe durch Pflegedienste ab und versicherte ihren Kindern, dass sie keine besondere Unterstützung brauche und gut mit der Aufgabe zurechtkomme, auch noch zu einem Zeitpunkt, als das Siechtum ihren Gatten zur Bettlägerigkeit zwang und er in immer hilfloserem Zustand Betreuung rund um die Uhr benötigte. Zur Erholung wurde Franziska S. in ein Sanatorium gebracht, wo die Ärzte ein Burn-out-Syndrom feststellten, ihr antidepressive Medikamente verschrieben und Schonung empfahlen. Schon nach wenigen Tagen brach Franziska S. die Behandlung ab und nahm die Pflege ihres Gatten wieder auf. Zwei Wochen später erhielt der Sohn zu später Nachtstunde einen Anruf von seiner Mutter, die ihm mit gebrochener Stimme mitteilte, dass sie den Vater erstickt habe, weil sie sein Leid nicht mehr habe mit ansehen können. Sie kündigte an, sich nun selbst das Leben zu nehmen. Beim Eintreffen der Rettung wurde die Frau in bewusstlosem, blutüberströmtem Zustand neben ihrem toten Mann im Bett liegend vorgefunden. Sie hatte versucht, sich durch einen Stich ins Herz zu suizidieren.

Bei der Tat der Franziska S. handelt es sich um einen typischen erweiterten Suizid oder Mitnahmesuizid, der dann vorliegt, wenn andere Personen ohne deren Bereitschaft und Einverständnis in den Verlauf der suizidalen Handlungen mit einbezogen werden. Das unterscheidet den erweiterten Suizid grundsätzlich von den auf dem gemeinsamen Todeswunsch beruhenden, nach gemeinsamer Planung durchgeführten Sonderformen des Suizids, wie Doppelsuizid oder bestimmte Formen des kollektiven Massensuizids, bei dem alle Beteiligten von sich aus den »Freitod« wünschen.

Etwas unterhalb der Mitte der Skala des Bösen sind jene Taten anzusiedeln, bei denen durch eine böse Tat eine noch schlimmere verhindert oder abgewendet wird. Ein eindrucksvolles, allerdings in anderem Zusammenhang geschriebenes Beispiel ist im Schrifttum des SA-Führers Peter von Heydebreck enthalten. Es erzählt die Geschichte vom Liebesverhältnis eines Offiziers, des Leutnants Bewerkron, mit einer jungen Frau, der roten Marie, welche später als Spionin entlarvt und zum Tode verurteilt wurde. Ihr Geliebter musste die Exekution durchführen:

»Bewerkron schlich sich um die Mitternachtsstunde zu dem kleinen Holzhaus, in dem die Gefangene eingesperrt war. Dem Posten sagte er, dass er noch ein Verhör vornehmen müsse. Und dann stand er der roten Marie im Dämmerlicht der armseligen Stube gegenüber. Sie saß auf einer Pritsche und starrte ihn aus großen Augen wie verzückt an: ›Oh, ich wusste, dass du kommen würdest, oh, nun ist alles gut!‹ Sie zog ihn auf die Pritsche und hüllte ihn ganz ein in ihre Liebkosungen, heißer und heißer. Langsam, ganz langsam fanden sie in die Wirklichkeit zurück.

Jetzt musste der arme Bewerkron sein Herz fest in beide Hände nehmen, wenn er sein barmherziges Werk vollenden wollte. ›Höre‹, sagte er, ohne dass seine Stimme schwankte, ›ich bin gekommen, um dir zu sagen, dass ich dich ganz bestimmt retten werde. Aber vorerst wirst du noch Schweres durchmachen. Man wird dich morgen früh um fünf in den Wald führen und dann soll das – na, das ist dir ja wohl schon gesagt worden. Und nun hör gut zu! Also ich werde das Kommando abgeben. Es lautet: ›Legt – an – – Feuer!‹ Es wird auch geschossen werden, aber dir wird nichts geschehen. Dir wird bestimmt nichts geschehen, daran sollst du, wenn ich später fort bin, immer denken, hörst du?! Meine Leute werden auf das Kommando die Gewehre nach oben reißen und in die Luft schießen. Du verschwindest dann schnell im Busch und bist gerettet.‹ Über der roten Marie lag das Leuchten eines ganz starken Glückes. Sie zog den Kopf des jungen Offiziers an ihre Brust und legte ihre Wange auf sein Haar. Und dann küsste sie ihn zart und vertrauend.

Am nächsten Morgen um halb sechs stand das Kommando auf einer kleinen Waldlichtung. Die Insekten summten und die Vögel sangen und es war eine Lust, zu leben. Am Stamm einer starken Eiche stand die rote Marie. Man hatte ihr weder die Hände gefesselt noch die Augen verbunden. Sie stand da in der Haltung einer Königin und ganz ohne Zeichen von Todesangst. Ihr Blick ruhte leuchtend und unverwandt auf dem sehr blassen Antlitz des Leutnants Bewerkron, der jetzt den Mund öffnete und ganz leise kommandierte: ›Legt – an – – Feuer!w‹ Der Knall der Salve peitschte den Wald. Die rote Marie stand noch einen Augenblick aufrecht am Stamm der Eiche, dann sank ihr Körper langsam zur Seite. Noch während des Falles ruhten ihre Augen gläubig und unverwandt auf dem jungen Offizier …«

Ist, so könnte man mit dem Philosophen Ernst Jünger fragen, der sichere Hieb tatsächlich die Gnade des Henkers?

An derart motivierte Taten schließen in der Skala des Bösen tödliche Aggressionen, die aus emotionaler Erregung oder aus Affekten wie Hass oder Wut resultieren, an. Die in diesem Buch unter den Kapiteln über die bösen Emotionen und die gestörten Beziehungen referierten Beispiele gehören in diese Kategorie. In der Mitte der Stone-Skala werden Taten angesiedelt, die man als »Mord ohne Motiv« bezeichnet. Korrekterweise müsste man von motivisch unklaren Delikten sprechen, da bei fast jeder Tat letztlich doch ein Motiv erfasst werden kann, auch wenn es oft unbewusst und selbst für den Täter lange Zeit unbekannt bleibt. Solche Verbrechen rufen helles Entsetzen hervor, da sie für den Betrachter völlig unbegreiflich sind und man die Motivation des Täters auch nicht in entferntester Weise nachvollziehen kann:

Der 13. Januar 2007 bietet dem Hause der Familie D. im Tessin ein friedliches Bild. Der 17-jährige Sohn Felix, sein Freund Torban, seine Schwester Jana und deren Freundin Aileen essen mit den Eltern zu Abend. Die Stimmung ist gelöst, der Appetit gut, nichts scheint außergewöhnlich. Im Nachhinein fällt den Eltern auf, dass sich die beiden Jungen entgegen ihren sonstigen Gewohnheiten freiwillig zum Küchendienst melden. Niemand ahnte, dass dieser Eifer dazu diente, um an Messer heranzukommen.

Die Jungs ziehen sich in das Zimmer von Felix zurück, sehen sich eine neu erschienene DVD mit dem Film *Final Fantasy VII* an und brechen dann zu einer Bushaltestelle, wo sich die Dorfjugendlichen häufig versammeln, auf. Dort überredet Felix die Freundin seiner Schwester, ihn und Torban zu begleiten. Die beiden Burschen wandern mit Aileen zu einem abgelegenen Haus, zerren das Mädchen unvermittelt in einen Schuppen, wo sie die 15-Jährige fesseln und knebeln. Diese ist nicht einmal sonderlich überrascht, da Felix und sein Freund sie schon früher gefesselt und mit ihr satanische Rituale zelebriert hatten. Mit den Worten: »Du wirst heute noch Leichen sehen« lassen die Jungs die Gefesselte im Schuppen zurück und klingeln an einer

Haustür. Als der Hausherr, der 46-jährige E., die Tür öffnet und die beiden Jungen erkennt, fällt das Codewort »Reno«. Sie ziehen das Messer und wollen E. auf die Knie zwingen. Als sich dieser wehrt, stechen die beiden mit blindem Hass auf ihn ein. Noch während E. im Todeskampf zu Boden sinkt, stürmen die Täter die Treppe hoch und suchen den Sohn der Familie, den ihnen gut bekannten Florian, der sich in Todesangst in einen Raum retten kann. Die beiden Täter stürzen sich auf die in heller Panik aus dem Schlafzimmer kommende Mutter Antje E. und fügen ihr, wie der Gerichtsmediziner später feststellt, 62 Messerstiche zu. Durch die Todesschreie der Frau animiert, tritt ihr Felix ins Gesicht. Während Antje E. stirbt, schickt Felix seinen Freund Torban los, um die Geisel aus dem Schuppen zu holen. Er selbst versucht, in das verbarrikadierte Zimmer, in dem sich Florian aufhält, einzudringen. Als es diesem endlich gelingt, über sein Handy Kontakt mit Polizei und Rettung aufzunehmen, wird ihm zunächst nicht geglaubt. Felix rennt vor dem verrammelten Zimmer im Blutrausch auf und ab, stößt Drohungen aus, spuckt pausenlos herum, wirft sich wiederholt mit großer Wucht gegen den Türstock und hackt mit dem Messer auf die Türe ein.

Zwischenzeitlich hat Torban die zu Tode erschrockene Aileen angeschleppt. Als Felix bemerkt, dass die blutbesudelte Mutter noch schwach atmet, fordert er Aileen auf, ihm jetzt genau zuzusehen. Er geht auf die Sterbende los, sticht ihr heftig in den Kopf und fragt die schockierte Aileen: »Glaubst du es jetzt?«

Als die Polizeibeamten eintreffen, nimmt Felix Aileen als Geisel. Beim Versuch, mit dem Auto der Getöteten zu flüchten, prallen sie in ein anderes Fahrzeug. Die drei Halbwüchsigen bleiben über eine Stunde im verschlossenen Pkw sitzen. Sobald sich ein Beamter nähert, hält Felix der Geisel das Messer an die Kehle und sticht zur Untermauerung seiner Absichten immer wieder in die Sitzpolster, die Fensterscheiben und die Deckenverkleidung. Die beiden Täter hören sich im Radio Musik von N-Joy an, zeigen eine lockere Stimmung und unterhalten sich darüber, wie leicht es sich anfühlt, einen anderen Menschen abzustechen. Felix gesteht der starr dasitzenden Aileen seine Liebe und versucht sie zu küssen, fragt den Freund, ob er bereit ist, mit ihm zu sterben und will sich die Klinge selbst in die Brust stoßen. In der immer aussichtsloseren Lage entschließen sich die Mörder, das Messer durchs Fenster zu werfen, und verlassen mit erhobenen Händen den Pkw.

In einem *Zeit*-Artikel wurde eindrucksvoll die Situation der nichts ahnenden Eltern, die ihre Kinder nach bestem Wissen und Gewissen erzogen hatten, beschrieben. In jenem Moment, als der Vater die unfassbare Wahrheit über die Tat seines Sohnes erfahren musste, habe er nur noch eine einzige Hoffnung gehabt, nämlich, dass dieser verrückt geworden und über Nacht an einer akuten Psychose erkrankt sei. Der Wunsch wurde nicht erfüllt, das psychiatrische Urteil lautete auf »nicht behindert, nicht berauscht und nicht geisteskrank«.

*

Die bösesten Taten sind jene, die genau geplant, mit eiskalter Berechnung durchgeführt werden und auf einen qualvollen Tod des Opfers zielen. Es gibt in der Kriminalgeschichte einige Verbrechen, die von jedermann als besonders böse empfunden werden. Denken Sie an die grauenhaften Morde des Edmund Kemper, die grausamen Menschenzerstückelungen des Jeffrey Dahmer oder das Verbrechen des Sektenführers Charles Manson. Dieser ließ mit der Absicht, einen Rassenkrieg auszulösen, in der Nacht zum 8. August 1969 durch Mitglieder seiner »Satansfamilie« sieben Menschen, darunter die im achten Monat schwangere Schauspielerin Sharon Tate, regelrecht massakrieren.

Trotz der mit amerikanischem Pragmatismus erfolgten Graduierung des Bösen werden wir böse Taten niemals wirklich quantifizieren können. Neben den religiösen, moralisch-ethischen und gesetzlichen

Maßstäben bleibt die subjektive Wertung stets ein entscheidendes Kriterium. Aus der sogenannten Life-Event-Forschung, die den Einfluss von Lebensereignissen und Schicksalsschlägen auf die psychische Befindlichkeit misst, ist folgendes Beispiel berühmt geworden: Zwei alte Frauen werden von einem Schicksalsschlag getroffen. Die eine findet ihren Mann leblos im Bett, die andere ihren Kanarienvogel tot im Käfig liegend. Diejenige, die ihr Haustier verloren hat, verfällt in eine schwere Depression, während die andere den Verlust des Gatten ohne Probleme verarbeitet.

Der letzte, noch nicht abgeschlossene Versuch, das Böse zu messen, ist eine Untersuchung der Einstellung der Bevölkerung zum Bösen durch den New Yorker Psychiater Dr. Michael Welner. Dieser führt über Jahre hinweg eine Befragung im Internet durch, in welcher die User die Frage beantworten sollen, welche Verhaltensweisen sie für verwerflich halten und wie sie diese gewichten würden. In der Depravity-Scale spiegelt sich nicht nur der aktuelle Moralinstinkt, sondern auch der Zeitgeist der Bevölkerung wider. Wir dürfen gespannt sein, welches Gesicht des Bösen das Empfinden der Bevölkerung zeichnen wird.

Das motivlose Böse oder Mord ohne Motiv?

»Man nennt aber einen Menschen böse, nicht darum, weil er Handlungen ausübt, welche böse (gesetzwidrig) sind; sondern weil diese so beschaffen sind, dass sie auf böse Maximen in ihm schließen lassen.«

Immanuel Kant

Eine der spannendsten, bis heute heiß umstrittenen Fragen ist jene, ob es den Mord oder überhaupt das Verbrechen ohne Motiv gibt. Literaten und Philosophen haben sich mit dieser Frage viel mehr beschäftigt als Kriminologen und Psychiater, etwa Friedrich Nietzsche in *Der Wanderer und sein Schatten* (1880) oder Max Frisch in *Graf Öderland* (1951, 1975). Die Hauptfigur in Albert Camus' Roman *Der Fremde* tötet ohne jegliches Motiv einen Mann. Camus sieht in dessen Verbrechen einen Aufschrei gegen die Leere des Lebens. Die Kulturschaffenden rücken die Sinnlosigkeit des Daseins und das überhandnehmende Gefühl der Entfremdung in den Mittelpunkt. Wenn das Leben keinen Sinn hat, braucht das Verbrechen keine Erklärung – es geschieht einfach. Der englische Dichter Samuel Taylor Coleridge hat in seinem Roman *The Rime of the Ancient Mariner* eine solche Einstellung zum Verbrechen auf grandiose Weise beschrieben. Ein alter Seefahrer erschießt mutwillig einen edlen Albatros. Die Hauptsünde sieht der Autor nicht im Verbrechen, sondern in der zugrunde liegenden inneren Leere.

Bei berühmten Kriminalfällen wurde von fehlendem Motiv gesprochen. Das Bedürfnis nach einem Motiv ist aber bei allen Akteuren eines Kriminalfalles extrem hoch. Der Täter sagt: »Das war ich nicht, ich hatte ja kein Motiv«. Die Kriminalisten folgen dem Grundsatz: »Keine Tat ohne Motiv«. Die Anklage braucht unbedingt ein Motiv und die Verteidigung führt die angebliche Motivlosigkeit als De- oder Exkulpationsgrund an. Die Medien wollen ein Motiv, ganz nach dem Grundsatz: »Motive liefern die schönsten Storys«. Selbst die Öffentlichkeit giert geradezu nach den Motiven der Täter. Als etwa vor Jahren ein Kriminalfilm mit dem Titel *Mord ohne Motiv* angekündigt wurde, lautete der Kommentar: »Man will uns natürlich bluffen, wir werden darauf nicht hereinfallen, ein motivloses Verbrechen gibt es nicht«.

Tatsächlich wird in der Diskussion häufig das Motiv mit der Ursache verwechselt. Auch müsste es korrekt lauten, dass manche Taten nicht motivlos sind, sondern kein Motiv erkennen lassen. Bei genauer Analyse motivisch unklarer Delikte findet man jedoch fast immer Ursachen, wenngleich diese oft trivial anmuten oder diagnostisch nicht zu fassen sind. Oft lassen sich bei den Tätern symptomarme Störungen wie Borderline oder wahnhafte Entwicklungen feststellen, immer häufiger auch narzisstische Spannungszustände. Manchmal handelt es sich um sogenannte Prodromal- bzw. Initialdelikte, also um Verbrechen, bei denen die Tat der psychischen Krankheit wie ein Wetterleuchten vorausgeht oder deren erstes und bislang einziges Symptom ist. In ganz seltenen Fällen findet man Dämmerzustände in Form eines *dreamy states* oder sogenannte »limbische psychotische Triggerreaktionen«, bei denen die Täter psychisch völlig normal wirken und eine komplexe Tat im Zustand der Zurechnungsunfähigkeit begehen.

Tatsache ist, dass in jüngster Zeit die Straftaten immer motivarmer werden. Selbst bei grauenhaften Verbrechen findet man oft nur geringfügige Ursachen und bagatellhafte Motive. Dies wird mit der erhöhten Kränkbarkeit der sich nach außen »cool« gebenden Gesellschaft und mit erheblichen Aggressionsstau gerade bei jungen Erwachsenen erklärt. Vielleicht, so ist zu befürchten, liegt das Motiv der unerklärlichen Gewalttätigkeit heutiger Jugendlicher im übersteigerten *Sensation Seeking*, im suchtartigen Streben nach Abwechslung und neuen Erlebnissen, was nichts anderes heißt, als dass das Böse dazu dient, ein optimaleres Erregungsniveau zu erreichen oder – anders gesagt – das Leben und die Wirklichkeit durch eine außergewöhnliche Tat überhaupt einmal zu spüren.

Das Böse und die Normalität

»*Es gibt die Ungeheuer, aber sie sind zu wenig,
als dass sie wirklich gefährlich werden können.
Wer gefährlicher ist, das sind die normalen Menschen.*«
Primo Levi, Holocaust-Überlebender

Stellen Sie sich vor, Sie erhalten die Einladung, an einem wissenschaftlichen Experiment mitzuwirken. Man versichert Ihnen, dass alles mit sauberen Dingen zugehe, dass Ihnen dabei nichts wehtut und Sie keinerlei Schaden erleiden, dass das Ganze rechtlich abgesichert und, es sei besonders betont, hoch wissenschaftlich sei. Selbstverständlich erhalten Sie ein angemessenes Honorar. Das Ganze interessiert Sie, Sie fühlen sich geehrt, Ihre Neugier ist geweckt. Eigentlich wollten Sie schon immer bei so etwas dabei sein, wollten wissen, wie es bei den Experimenten, von denen man so viel liest, in Wirklichkeit zugeht. Nun wollen Sie sich gerne testen lassen und Ihr Können demonstrieren.

Das Institut, in welchem das Experiment durchgeführt wird, ist sehr seriös. Es handelt sich ja um eine hoch angesehene Universität. Sie werden freundlich empfangen und in einen klinisch sauberen Raum, den sie »Labor« nennen, zur Instruktion begleitet. Die Wissenschaftler, die das Experiment genau geplant haben, machen einen sehr kompetenten und absolut sicheren Eindruck, schließlich sind sie alle ja Experten ersten Ranges. Diese bedanken sich für Ihre Bereitschaft, sich bei einem wissenschaftlichen Versuch, der für den Fortschritt wichtig sei und sicher auch internationale Beachtung finden werde, zur Verfügung zu stellen. Man erklärt Ihnen, dass es um den Zusammenhang von Bestrafung und Lernerfolg gehe. Man wolle beweisen, dass Schüler bessere Leistungen erbringen, wenn sie bei Fehlern unmittelbar bestraft werden. Sie seien nun, so sagt der Versuchsleiter, als »Lehrer« eingeteilt und müssten einen »Schüler« korrigieren. Dieser habe einfache Aufgaben zu lösen, nämlich Wortpaare richtig zusammenzusetzen. Wenn ihm dabei ein Fehler passiere, müssen Sie ihm einen Stromschlag verabreichen. Dieser werde bei jedem Fehler ein wenig, konkret um 15 Volt, erhöht, damit der Lerneffekt verbessert werde. Die Auswirkung von dosierten Stromreizen sei im Übrigen bei jedem Menschen etwas anders, der eine sei empfindlich, der andere spüre nichts, der Dritte stecke selbst stärkere Reize weg. Sie fühlen sich geehrt, der Gruppe der Lehrer zugeteilt zu werden, die Rolle des Schülers wäre nach Ihrem Empfinden für Sie nicht ganz adäquat.

Wichtig sei, und das mögen Sie nicht falsch verstehen, dass Sie sich genau an die Anordnungen des wissenschaftlichen Versuchsleiters halten. Dieser gebe Ihnen vor, wie Sie die Elektroreize einsetzen und mit welcher Stärke Sie diese – auch das sei wissenschaftlich exakt berechnet – zum Einsatz bringen müssen.

Sie werden wie die anderen Teilnehmer an Ihren Laborplatz geführt. Dieser ist zweckdienlich eingerichtet, weist eine technische Ausstattung mit vielen Kabeln und einem Computer-Bildschirm auf und erweckt geradezu einen klinisch sauberen Eindruck. Sie sitzen vor einer Glaswand, hinter der zwischenzeitlich der »Schüler« auf einem bequemen Stuhl Platz genommen hat. Er grüßt Sie durch die Glaswand freundlich und signalisiert: »Wir werden es schon richtig schaffen.« Man erklärt Ihnen, dass die Versuchsperson nun »verkabelt« werde, und macht Sie selbst mit Ihrem Gerät vertraut. Dabei ist Ihnen ein wenig mulmig, Sie hätten sich eigentlich nicht darauf einlassen sollen, wären lieber gar nicht hier, geben diese Schwäche aber keinesfalls zu und sehen, wie eifrig die anderen bei der Sache sind. Es dauert noch drei Minuten bis zum Beginn des Experiments, Sie haben alles verstanden und sind bereit. Das Ganze dient ja einer guten Sache, dem Fortschritt der Wissenschaft, und die Experten wissen ja, was sie tun.

Das Experiment startet, es läuft wie am Schnürchen, der Schüler löst seine Aufgaben einwandfrei. Als ihm dann endlich ein erster Fehler unterläuft, verabreichen Sie – gespannt, was jetzt passiert – den ersten Elektroreiz. Sie sehen, dass dieser bei der Versuchsperson noch nicht viel auslöst. Diese lächelt beinahe entschuldigend zurück und winkt Ihnen zu. Der Versuchsleiter fordert Sie auf, die Stromdosis laut Skala zu steigern, was Sie selbstverständlich sofort befolgen. Die Reaktion Ihrer Versuchsperson ist beim zweiten Mal nicht mehr so fröhlich, diese scheint unangenehm berührt. Kurz schießt Ihnen der Gedanke ein, dass der sogenannte Elektroreiz eigentlich ein Stromstoß ist. Der Versuchsleiter fordert Sie mit ruhiger Stimme auf, die Dosis zu erhöhen, und sagt: »Bitte, fahren Sie fort.« Sie blicken etwas verunsichert auf die anderen Lehrer und sehen, dass diese ohne jegliche Irritation mitmachen, da können Sie sich ja kaum entziehen. Der Versuchsleiter kennt seinen Plan genau, er weiß sicher, was er tut. Befriedigt stellen Sie fest, dass Sie eine gut geeignete Versuchsperson sind und die an Sie gerichteten Erwartungen erfüllen.

Der Schüler hinter der Glasscheibe zuckt beim nächsten Stromstoß, es sind 75 Volt, zusammen, was Sie kurzfristig irritiert. Der Versuchsleiter versichert, dass die Schüler auch völlig freiwillig mitmachen und zudem für das bisschen Schmerz eine recht hohe Bezahlung erhalten. Sie zaudern etwas. »Das Experiment erfordert, dass Sie weitermachen!«, hören Sie die Stimme des wissenschaftlichen Leiters. Das zerstreut Ihre Bedenken. Der Schüler arbeitet nun fehlerlos, Ihre Dressur hat anscheinend besten Erfolg.

Unvermittelt macht er einen wirklich unnötigen, völlig überflüssigen Fehler. Sie ärgern sich. Jetzt hat er einen ordentlichen Stromstoß verdient, es geschieht ihm recht. Es stört Sie nicht sonderlich, dass der Schüler laut aufschreit, warum hat er sich auch so dumm angestellt. Beim nächsten Fehler denken Sie an das fette Honorar. Schemenhaft nehmen Sie wahr, dass der Schüler unwillig ist und am liebsten aufhören möchte. Später wollen Sie Ihren Freunden erzählen, dass das Ganze »irgendwie gruselig und irgendwie lustig« gewesen sei. Als die Versuchsperson beim nächsten, stärkeren Stromstoß – immerhin sind es jetzt 150 Volt – aufspringt und brüllt, sie wolle am Experiment nicht mehr teilnehmen, blicken Sie verunsichert auf die anderen Lehrer, die noch recht sicher zu sein scheinen, also werden Sie auch nicht ausscheren. Zudem hören Sie die jetzt unerbittlich klingenden Worte des Versuchsleiters: »Sie müssen unbedingt weitermachen!«

Der nächste Schrei des Schülers ist markerschütternd. Er fleht Sie durch die Scheibe an, um Himmels willen aufzuhören, das Experiment müsse beendet werden. Ein paar sogenannte Lehrer hätten, so werden Sie später erzählen, in dieser Situation sogar weiche Knie bekommen und mittendrin aufgehört. Nicht aber Sie, im Gegenteil, Sie haben geradezu gespannt auf den nächsten Fehler gewartet. Sie sind nun bei der Stromspannung von 200 Volt angelangt. Als Sie sehen, wie die Versuchsperson zusammenzuckt und dann mit Händen und Füßen krampft, die Zähne zusammenbeißt und ein rot-blaues Gesicht bekommt, fällt Ihnen plötzlich das Wort »Elektroschock« ein und Sie müssen an Jack Nicholson und – wie heißt der Film, ach ja – *Einer flog über das Kuckucksnest* denken.

Jetzt haben Sie ein ungutes Gefühl, mit Psychiatrie und Zwangsbehandlung wollen Sie nichts zu tun haben. Sie spüren in sich leichte Übelkeit und wollen hinaus. Während des Aufstehens beruhigt Sie der Versuchsleiter und sagt, das Experiment sei gleich zu Ende, und fügt sanft hinzu, dass das Honorar nur jenen Kandidaten, welche bis zum Schluss mitgemacht hätten, ausbezahlt werde. Sie lassen sich wieder auf Ihren Sitz fallen, blicken widerwillig auf das erschöpft und mitgenommen wirkende Gegenüber hinter der Glaswand. Der letzte Elektroreiz hat es in sich gehabt, das ist fast an die Grenzen gegangen. Aber jetzt kann man doch nicht mehr aussteigen, das hieße, ein Weichei zu sein und sich für ein »richtiges Experiment« zu schwach zu fühlen.

Welche Blamage, dass Sie sich bewusst angemeldet und entschlossen einen Vertrag unterzeichnet haben. Außerdem, Sie haben nichts zu verantworten, das ist Sache der Wissenschaftler.

Auf der Skala mit den Stromdosierungen ist eine Linie eingezeichnet, neben der die Worte »300 Volt, Lebensgefahr« stehen. Der Versuchsleiter sagt, man sei nun bald am Ende. Zum Experiment gehöre auch, die Wirkung sehr hoher Dosen zu prüfen. Er fordert Sie auf, eine Stromstärke knapp bei der roten Linie zu wählen und auf den Knopf zu drücken. Sie tun dies widerwillig, blicken aber nicht mehr hin, Sie wollen nicht sehen, was dieser Stromstoß bei der Versuchsperson auslöst. Als Sie es dann nach einiger Zeit doch wagen, hinzusehen, bemerken Sie erleichtert, dass sich diese noch bewegt, also noch lebt. Der Schüler schreit und bettelt nicht, er ist ganz still, er sieht also auch ein, dass das Experiment so sein muss. Es ist Gott sei Dank nichts passiert, der Versuchsleiter hatte recht. Nun weist der darauf hin, dass man das Experiment noch zum Abschluss bringen müsse und der letzte Stromstoß von 330 Volt, er liegt oberhalb der roten Linie, kurz zu verabreichen sei. Es komme jetzt der Höhepunkt, um den es eigentlich gehe. Sie nehmen wahr, dass mehrere Lehrerkollegen aufspringen und sich weigern, den Knopf noch einmal zu drücken, einige verlassen unter Protest oder schweigend das Labor. Der Versuchsleiter ersucht sie, zu bleiben. Jetzt seien schon einige Teilnehmer gegangen, bitte nicht auch noch Sie, sonst können wir das ganze Experiment vergessen. Sie fühlen sich miserabel, sind voll Angst und Depression, möchten in Ohnmacht fallen, hören aber wie durch einen Schleier die unerbittlichen Worte: »Sie haben keine Wahl, Sie müssen weitermachen!« Was tun Sie jetzt? Drücken Sie nun, so frage ich Sie, ein letztes Mal?

*

Die bedrückende Antwort lautet, dass es etwa zwei Drittel von uns tun würden. In seinem berühmten Experiment zur Gehorsamkeitsbereitschaft wies der amerikanische Psychologe Stanley Milgram nach, dass 65 Prozent der Versuchspersonen bereit sind, unter autoritären Bedingungen selbst Tötungsbefehle auszuführen. Dabei handelt es sich nicht um selbstunsichere, unreife, psychopathische oder sadistische Menschen, sondern um normale Durchschnittsbürger. Wenn sich der Mensch unterordnen lässt und die Macht autorisiert ist, wird jegliches kritische, autonome Denken ausgeschaltet. Das eigene Verhalten wird unwichtig, man ist nur Teil eines Ganzen, das Handeln dient einem höheren Zweck, der unter allen Umständen zu erfüllen ist, auch wenn dahinter das Böse in seiner reinsten Form steht. Milgram kommentierte die Ergebnisse seines Experiments, bei dem die »Schüler« professionelle Schauspieler waren, die ihre Schmerzen und Zuckungen den nichts ahnenden »Lehrern« nur vorgespielt hatten, im *Harper's Magazine* 1974 folgendermaßen:

»Die rechtlichen und philosophischen Aspekte von Gehorsam sind von enormer Bedeutung, sie sagen aber sehr wenig über das Verhalten der meisten Menschen in konkreten Situationen aus. Ich habe ein einfaches Experiment an der Yale-Universität durchgeführt, um herauszufinden, wie viel Schmerz ein gewöhnlicher Mitbürger einem anderen zufügen würde, einfach weil ihn ein Wissenschaftler dazu aufforderte. Starre Autorität stand gegen die stärksten moralischen Grundsätze der Teilnehmer, andere Menschen nicht zu verletzen, und obwohl den Testpersonen die Schmerzensschreie der Opfer in den Ohren klangen, gewann in der Mehrzahl der Fälle die Autorität. Die extreme Bereitschaft von erwachsenen Menschen, einer Autorität fast beliebig weit zu folgen, ist das Hauptergebnis der Studie, und eine Tatsache, die dringendster Erklärung bedarf.«

Das Milgram-Experiment wurde kurze Zeit später vom amerikanischen Psychologen Philip Zimbardo an der Stanford University auf erschreckende Weise bestätigt. Er teilte in einer künstlich geschaffenen Gefangenenhaus-Situation 24 Freiwilligen nach dem Zufallsprinzip die Rolle der »Wärter« oder der »Gefangenen« zu. Die Wärter, welche in einer erstaunlich kurzen Zeit immer aggressiver und brutaler wurden, nützten ihre Machtbefugnis rücksichtslos bis zu sadistischen Quälereien aus. Sie misshandelten die »Gefangenen« in einem so bedrohlichen Ausmaß, dass der auf zwei Wochen angesetzte Versuch nach sechs Tagen beendet werden musste. Die Häftlinge versanken innerhalb kurzer Zeit in der von extremer Feindseligkeit und Aggressivität geprägten Atmosphäre in Hilflosigkeit, Selbstentwertung und Depressionen. Zimbardo sah mit den Ergebnissen seines Versuches, den er später als »Luzifer-Experiment« bezeichnete, Milgrams Ergebnisse bestätigt und resümierte: »Am dramatischsten und qualvollsten war für uns die Beobachtung, mit welcher Leichtigkeit sadistische Verhaltensweisen bei Individuen hervorgerufen werden konnten, die keine sadistischen Typen waren«.

Milgram und Zimbardo haben damit bewiesen, dass das Konzept der Banalität des Bösen von Hannah Arendt, der berühmten Philosophin und Holocaust-Forscherin, der Wahrheit sehr nahe kommt. Mit der Untersuchung wurde gezeigt, dass ganz gewöhnliche Menschen, die gegenüber den Opfern keinerlei persönliche Feindschaft empfinden und nur ihre von einer Autorität vorgegebene Aufgabe erfüllen, zu Handlungen in einem Vernichtungsprozess veranlasst werden können. Eine nicht zu unterschätzende Rolle spielt, wie bei vielen bösen Taten, die Verstärkung durch den finanziellen Anreiz. Allein durch die äußeren Umstände lässt sich das in jedem Menschen schlummernde Böse wecken.

Man hat sich aus Furcht vor dem eigenen Bösen immer wieder gefragt, ob jeder Mensch unter bestimmten Bedingungen zum Verbrecher werden könne und ob ganz normale Menschen zu bösen Taten fähig seien. Ist das Böse, so fragen wir uns, nur den Persönlichkeitsgestörten, den Sadisten und den Psychopathen vorbehalten oder steckt es in jedem von uns? So hat man darüber spekuliert, ob die Massenmörder der NS-Zeit, der Stalin-Diktatur oder des Pol-Pot-Regimes psychisch abnorm gewesen seien oder nicht. Die erstaunliche Antwort ist, dass nach allen wissenschaftlichen Untersuchungen nur fünf bis zehn Prozent der Massenmörder psychisch gestört sind. Bei dieser kleinen Gruppe handelt es sich um sadistische, narzisstische oder emotional instabile Persönlichkeiten, die unter dem Schutz einer Autorität oder dem Schirm eines Krieges die ganze Bösartigkeit ihres Charakters ausleben. Der Rest der Täter sind ganz normale Menschen, Personen wie Sie und ich.

Die Untersuchungen der Hauptkriegsverbrecher vor dem Nürnberger Tribunal brachten entgegen den Erwartungen keine besondere Psychopathologie, keine Hinweise auf psychische Krankheit oder Persönlichkeitsstörungen zutage, sondern höchstnormale Befunde. Als die anonymisierten Psychotests der NS-Verbrecher von erfahrenen Psychologen ausgewertet und diese nach ihrer Einschätzung der getesteten Charaktere gefragt wurden, reichten die Vorstellungen von Bürgerrechtlern bis zu Intellektuellen. Einer der Gutachter äußerte sogar die Meinung, bei den getesteten Personen müsse es sich um Psychologen handeln. Als einzige Auffälligkeit wurde eine geringe Fähigkeit, sich in andere hineinzufühlen, erfasst. Die Psychologen widersprachen sogar der These von Hannah Arendt, wonach es sich bei den Massenmördern um Alltags-Charaktere und »Jedermänner« handle. Das Persönlichkeitsprofil sei nicht nur nicht abnorm, sondern zeige – ganz im Gegenteil – ein hohes Maß an Kreativität und Fantasiebegabung.

Das Paradebeispiel für den erschreckend normalen, keineswegs perversen oder sadistischen Massenmörder ist Adolf Eichmann, der laut Einschätzung der Psychologen in der Einstellung zu Mutter und Vater, zu Frau und Kindern, zu Geschwistern und Freunden »nicht nur normal, sondern höchst vorbildlich« gewesen sei. Otto Adolf Eichmann, geboren 1906 in Solingen, aufgewachsen in Linz, hingerichtet 1962 in Ramla, Israel, war als SS-Obersturmbannführer Leiter des für die Organisation der Vertreibung und Vernichtung der Juden zuständigen Referats des Reichssicherheitshauptamtes und somit

(mit)verantwortlich für die Ermordung von sechs Millionen Menschen. Er war kein Psychopath und kein Monster. Das wirklich Beunruhigende an seinem Persönlichkeitsbefund war die Unauffälligkeit. Der Gutachter Adolf Eichmanns stellte fest, dass dieser normal sei: »Normaler jedenfalls als ich es bin, nachdem ich ihn untersucht habe.«

Hannah Arendt sieht die Einzigartigkeit des Holocaust in der ausschließlich bürokratischen Natur des Vorganges und im Fehlen jeglicher moralischen Dimension. Die erschütternde Maschinerie des Tötens wurde durch die Banalität des Bösen motiviert und aufrechterhalten. Aus dem Eichmann-Prozess hat sie die Erkenntnis gewonnen, dass die NS-Täter keine Unmenschen im Sinne von schweren Psychopathen und keine »Nichtpersonen«, also Wesen ohne menschliche Eigenschaften, waren. Sie kam zu dem Schluss: »Eichmann hat sich nie vorgestellt, was er eigentlich anstellt. Seine Handlungen und Entscheidungen waren banal, gedankenlos, vordergründig und ohne teuflischdämonische Tiefe«. Eine solche Realitätsferne und Unbetroffenheit, wie sie bei Eichmann zu sehen waren, können mehr Unheil anrichten als alle die den Menschen vielleicht innewohnenden Triebe zusammen.

Auch der Chef der Geheimpolizei der Roten Khmer, Kang Keng Iev, genannt Duch, wird als »das genaue Abbild der Banalität und Unschuld des Bösen« beschrieben. In einem vom italienischen Journalisten Valerio Pellizzari geführten Interview sagte der 66-jährige frühere Mathematiklehrer, der später zum Christentum übergetreten ist, zu dem von ihm eingerichteten Gefängnis S-21: »Ich und alle anderen, die an diesem Ort arbeiteten, wussten, dass jeder, der dorthin kam, psychologisch zerstört und durch ständige Arbeit eliminiert werden musste und keinen Ausweg bekommen durfte. Keine Antwort konnte den Tod verhindern. Niemand, der zu uns kam, hatte eine Chance, sich zu retten«. Duch schilderte seine Arbeit als bürokratisch: »Jeden Tag musste ich die Geständnisse lesen und überprüfen. Ich las von sieben Uhr morgens bis Mitternacht. Ich hatte keine Alternative, hatte gehorcht, war wie jeder andere in der Maschinerie, wurde in die Ecke gedrängt. Pol Pot, der Bruder Nummer eins, sagte, man solle immer misstrauisch sein, etwas fürchten. Und so kamen die üblichen Anordnungen: Vernehmt sie noch einmal und vernehmt sie besser ... Wir sahen überall Feinde, Feinde, Feinde«.

Als sein Cousin eingeliefert wurde, habe er dessen unter Folter erreichtes Geständnis heruntergespielt, was das Misstrauen der Vorgesetzten hervorrief. Obwohl Duch wusste, dass er ein guter Mensch war, tat er so, also ob er sein mit Gewalt erpresstes Geständnis glaubte, und ließ seinen Cousin erschlagen.

*

Wie kann es sein, dass der freundliche ältere Herr in unserer Straße als Lagerkommandant in einem Konzentrationslager tausende Menschen in den Tod geschickt hat? Wie ist es möglich, dass ein netter Kollege im Krieg an Gräueltaten beteiligt gewesen ist, wie kann ein Sexualmörder völlig unauffällig unter uns leben? Wie kann ein KZ-Kommandant an einem Tag Hunderte von Menschen in einen qualvollen Tod schicken und manche eigenhändig umbringen, um anschließend mit seiner Familie friedlich die Kerzen auf dem Weihnachtsbaum zu entzünden? Wie kann hinter einer fröhlichen Ausflugsgruppe junger Burschen und Mädchen, die miteinander lachen und singen, das Todeskommando von Auschwitz stecken? Wie können, so fragen wir uns, das Gute und das Böse, das Normale und das Abartige in einer Person vereint sein und in so unmittelbarer Form nebeneinander existieren?

Die psychiatrische Antwort lautet, dass in jedem Menschen das Gute und das Böse vorhanden ist und je nach Veranlagung, Erziehungseinflüssen, Lebenserfahrungen und äußeren Umständen in der einen oder anderen Form manifest werden kann. Sofern psychische Krankheiten keine Rolle spielen, muss der Mensch die Fähigkeit zur Spaltung in »ganz gut« und »ganz böse«, in »normal« und »abnorm« besitzen und imstande sein, mit diesem unmittelbaren Nebeneinander zu leben.

Es erübrigt sich deshalb die Frage nach einer eindeutigen Unterscheidung in gute und böse Menschen.

Würden Sie, verehrte Leserinnen und Leser, für sich und Ihr Verhalten garantieren, wenn Sie extrem begeistert oder bedrückt, wenn Sie erregt oder eifersüchtig, berauscht oder vom Sog der Masse mitgerissen sind? Sind Sie sicher, dass Sie sich in einem totalitären System der Pflichterfüllung widersetzen oder einen Befehl verweigern könnten, wenn dies Ihre Freiheit oder Ihr Leben in Gefahr bringt?

Der französische Schriftsteller Julien Green, der seinem Wunsch entsprechend in der Pfarrkirche St. Egid in Klagenfurt beerdigt ist, hat in der selbst verfassten Grabinschrift dieses Nebeneinander von Gut und Böse, eingebunden in den christlich-religiösen Kontext, in grandioser Weise vielleicht besser als jeder Psychologe beschrieben:

»Und wäre ich mutterseelenallein auf dieser Welt gewesen, Gott hätte seinen einzigen Sohn herabgesandt, damit er gekreuzigt werde, damit er mich erlöse.

Eine befremdliche Anmaßung, wirst du sagen.

Und dennoch: Ein solcher Gedanke muss schon so manchem Christgläubigen durch den Kopf gegangen sein.

Aber wer, fragst du, wäre dann über ihn zu Gericht gesessen, hätte ihn geschlagen, ihn ans Kreuz geheftet?

Such' nicht lange: Ich selber hätte das getan. Alles hätte ich getan. Jeder von uns kann dasselbe von sich behaupten. So wie wir sind und aus welchem Winkel der Welt wir auch stammen mögen.

Hat man keinen Juden zur Hand, damit er ihm ins Antlitz speie: Ich bin bereit.

Braucht es einen römischen Beamten, um ihn zu verhöhnen, einen Soldaten, um ihn zu verspotten, einen Henker, um ihn ans Holz zu schlagen, auf dass er dort hängen bliebe, bis ans Ende der Zeiten: Immer wäre ich es selber, ich wäre dazu imstande, all das zu verüben.

Und der Jünger, der ihn lieb hat? Das ist das Schmerzlichste an der Geschichte und zugleich das große Geheimnis: Du weißt es recht gut: Auch diesen Jünger, den findest du in mir.«

*

Ich erzähle Ihnen eine oder eigentlich zwei Geschichten, wie sie sich in ähnlicher Form hunderte Male abgespielt haben. Die Textpassage über Srebrenica auf der nächsten Seite (11. Juli 1995) wurde mit Erlaubnis des Autors aus Felix Mitterers Drama *Der Patriot* übernommen und leicht abgeändert.

10. Juli 1995, ein Ort in Mitteleuropa:
Der Montagmorgen hätte friedlicher nicht sein können. Die Morgensonne verlieh dem mittelalterlichen Städtchen das Flair eines Urlaubsortes, das Gezwitscher der Vögel untermalte das Erwachen der Bürger, der wolkenlose Himmel versprach einen schönen Tag und ließ die noch bevorstehende Tagesarbeit leicht erscheinen. Der kleine Goran wurde von seinem Vater zum Kindergarten gebracht. Dies erfüllte ihn mit Stolz und gab ihm das Gefühl, schon bald ein richtiger Mann zu sein, ein Mann wie sein Vater: groß gewachsen und kräftig, trotz seiner Jugendlichkeit sicher im Auftreten, in allen Situationen gelassen, jemand, der alles kann, der in der Firma als Facharbeiter sehr geschätzt wird, der ein beliebtes Mitglied im Fußballverein ist, der sich mit starker Hand um das Geschick der Familie kümmert und der seinen Sohn noch nie geschlagen hat, noch nicht einmal grob zu ihm gewesen ist. Beim Kindergarteneingang umarmt der Vater seinen Jungen, streichelt ihm mit seiner rechten Hand, an deren Rücken die Tätowierung eines kleinen Krebses zu sehen ist, über den Kopf und sagt: »Ich bin die nächsten Tage nicht da, ich fahre heute hinab in meine Heimat. Aber am Donnerstag, da bringe ich dich wieder zum Kindergarten.« – »Was machst du in Jugoslawien? Bleib doch hier,

hier ist es viel schöner!«, bittet Goran. Der von anderen Kindern inzwischen umringte Junge hört noch, wie sein Vater leise antwortet: »Ich muss meinen Leuten dort helfen, das ist sehr wichtig ...«

11. Juli 1995, UNO-Schutzzone Srebrenica, Bosnien:
Die serbischen Soldaten trennen die Frauen von ihren Männern und Söhnen. Die niederländischen UNO-Soldaten sehen hilflos zu. Ihr Kommandant sitzt währenddessen auf der Toilette, denn er hat Durchfall. Die Frauen schreien, weinen, klammern sich an die Hände ihrer Männer. 2300 Frauen und Kinder sowie die Männer werden in separaten Bussen weggebracht. Die Busse mit den Frauen bleiben immer wieder stehen, junge Frauen werden von Soldaten herausgezerrt, keiner hat sie jemals wieder gesehen.

Ein junger Serbe steigt zu. Er hat einen harten Ausdruck im Gesicht (am rechten Handrücken ist ein kleiner Krebs eintätowiert). Er stinkt nach Alkohol und Zigaretten, er flucht. Unvermittelt zückt er ein langes Messer und hält es in die Luft. Plötzlich beugt er sich vor und zieht mit einer Bewegung die Klinge durch die Kehle eines Babys, das im Arm seiner Mutter schläft. Blut spritzt ans Fenster und auf den Sitz. Schreie füllen den Bus. Der Mann brüllt die Frau an und drückt ihren Kopf nieder:

»Trink, du muslimische Hure, trink das Blut deines Bastards!«

13. Juli 1995, der genannte Ort in Mitteleuropa:
Goran wird von seinem Vater, der gestern Nacht wohlgemut vom Urlaub in seiner Heimat zurückgekehrt ist, wieder zum Kindergarten gebracht. »Was hast du dort gemacht?«, fragt Goran.

»Dinge, die du nicht tun darfst: geraucht, getrunken und mit meinen Freunden Spaß gehabt.« Auf dem Weg sehen sie einen Freund des Jungen, der sich allein auf den Weg gemacht hat. »Darf er mit uns mitfahren?«, fragt Goran. »Ja«, antwortet der Vater, »nehmen wir ihn mit, einem Kind kann doch so viel passieren ...«

Mord ohne Schuldgefühl

Die amerikanische Soziologin Troy Duster fand bei Untersuchungen von Vietnam-Kriegsverbrechern Vorbedingungen für den Mord ohne Schuldgefühle heraus. Die allgemeinste Bedingung ist es, den Opfern jeglichen menschlichen Status abzusprechen. Sie werden als minderwertige Rasse, Brut, unnütze Esser, Volksschädlinge, lebensunwerte Existenzen oder – je nach Zielgruppe – als Niggers und Japs bezeichnet. Die Entmenschlichung benützt Ausdrücke wie Rassenschande, Volkshygiene oder Säuberung. Die nächste Bedingung ist es, das Unglück der eigenen Person oder einer Gesellschaft auf das Opfer beziehungsweise auf eine Minderheit zu projizieren. Während es früher Juden und Zigeuner waren, sind es heute Ausländer, Flüchtlinge und Asylwerber. Die dritte Bedingung ist die Entwicklung einer Gruppenmoral, wie sie bei Gangs, Terrororganisationen, jugendlichen Banden, aber auch im Pflegekorps oder in totalitären Systemen gesehen wird. Obwohl diese Gruppenmoral von den Gesetzen der jeweiligen Gesellschaft abweicht, ist sie für die Mitglieder verbindlich. Diejenigen, die sich nicht daran halten, müssen mit Sanktionen bis hin zum Fememord rechnen. Die vierte Bedingung ist die Heimlichkeit, mit welcher die Taten verübt werden. Dies setzt aber oft eine stille Duldung durch die Öffentlichkeit voraus, man denke etwa an den Einsatz der Folter in Guantánamo. Die fünfte Bedingung ist die Existenz einer Zielpopulation, die sechste jene der Motivation, die oft in primitiven Reflexen oder in bösen Ideologien liegt.

Der Zusammenhang zwischen dem Bösen und der Normalität bezieht sich aber nicht nur auf die Frage, wie aus ganz normalen Männern Massenmörder und aus unauffälligen Menschen Schwerverbrecher werden können, sondern wie weit das Böse seinen Schrecken verliert und zur Banalität wird, wie weit sich unsere Hemmschwelle senken lässt und das böse Handeln als normal erlebt wird. Dieser Schritt ist der gefährlichste, da es dann keine Hemmschwelle, keinen

Moralinstinkt und kein Gewissen mehr gibt. Die böse Arbeit wird zur Routine, das Verbrechen zur Normalität. Ein Augenzeuge eines der größten Massaker der Nazis hat dies beschrieben: »Ich ging um den Erdhügel herum und stand vor dem riesigen Grab. Dicht aneinandergepresst lagen die Menschen so aufeinander, dass nur die Köpfe zu sehen waren. Von fast allen Köpfen rann Blut über die Schultern. Ein Teil der Erschossenen bewegte sich noch. Einige hoben ihre Arme und drehten den Kopf, um zu zeigen, dass sie noch lebten. Die Grube war bereits dreiviertel voll. Nach meiner Schätzung lagen darin bereits ungefähr 1000 Menschen. Ich schaute mich nach dem Schützen um. Dieser, ein SS-Mann, saß am Rande der Schmalseite der Grube auf dem Erdboden, ließ die Beine in die Grube herabhängen, hatte auf seinen Knien eine Maschinenpistole liegen und rauchte ein Zigarette«. Man stelle sich das Leid, den Schmerz und die Panik der Opfer vor – und der Täter raucht gemütlich eine Zigarette.

Es ist erstaunlich, wie rasch sich der Mensch an diese Normalität des Bösen gewöhnt. Denken wir an die hoch angesehene Arbeit der Henker, denen es nur noch um die möglichst kunstvolle Ausübung ihrer Tätigkeit gegangen ist, denken wir an das sogenannte Kriegshandwerk oder an das ihm zuletzt geradezu langweilig gewordene Agieren eines Serientäters. Der polnische Schriftsteller und Überlebende des Konzentrationslagers Sachsenhausen Andrzej Szczypiorski hat dies in ungemein verdichteter Form dargestellt: »Ich habe Menschen kennengelernt, die arbeitsam und opferbereit andere Menschen umbrachten, uneigennützig, pflichtbewusst und pünktlich ihre Nächsten denunzierten, diese redlich und fleißig folterten und dabei eine vorbildliche Sauberkeit und Sorgfalt an den Tag legten«.

*

Es gibt ein Verbrechen, das aus allen Kategorien herausfällt und die Dimensionen des Vorstellbaren übersteigt. Es ist das Inzestdrama von

Amstetten, die Tat des Josef F. Dieser lockte seine damals 18-jährige Tochter E. am 28. August 1984 in den Keller, wo er sie fesselte, betäubte und in einem Verlies einsperrte. Dort wurde die von Josef F. als abgängig gemeldete Tochter, die sich angeblich einer Sekte angeschlossen hatte, wie eine Sklavin gehalten und in den folgenden Jahren vielfach vergewaltigt. Josef F. zeugte mit ihr sieben Kinder, von denen eines durch Fehlgeburt verstarb und ein 1996 geborener Zwilling von ihm laut Gerichtsurteil ermordet worden ist. Drei Kinder, die nach seiner Version von der Tochter vor ihrer Elternwohnung abgelegt worden seien, wurden von Josef F. heraufgenommen und wohnten seit dem Säuglingsalter als Pflege- beziehungsweise Adoptivkinder bei ihm und seiner nichts ahnenden Frau. Die Tochter E. und drei der Kinder wurden bis zur Befreiung am 26. April 2008 im Kerker belassen.

Man tut sich schwer, bei Kriminaltaten Superlative zu verwenden. Denn Ausdrücke wie größtes Verbrechen, unglaubliche Horrorgeschichte oder monströses Drama bedeuten immer auch eine Potenzierung des Bösen und des menschlichen Leids. Je schwerer und perfider ein Verbrechen ist, desto größer werden zwangsläufig die Traumatisierungen der Opfer sein, auch wenn man Opferschicksale nicht abwiegen und individuelles Leid nicht vergleichen kann. Allein die Vorstellung der grauenhaften Qualen, der zermürbenden Ängste und des unermesslichen Leidens der Opfer ist schwer erträglich. Trotzdem fällt es nicht leicht, beim Drama von Amstetten auf Beschreibungen wie »absolut einmalig« oder »noch nie da gewesen« zu verzichten. Der Fall ist so unfassbar, dass jeder Produzent oder Verleger eine ihm angebotene Kriminalgeschichte mit einem solchen Plot wegen maßloser Übertreibung und völliger Realitätsfremde zurückweisen würde. In dieser Tat kombinieren sich mehrere Verbrechen, von denen schon jedes einzelne Entsetzen hervorruft. Da ist der Inzest, der zur Zeugung von sieben Kindern mit der eigenen Tochter geführt hat, da sind die unzähligen Vergewaltigungen und Einschüchterungen, da ist die Einkerkerung von sieben Menschen über einen unvorstellbar langen Zeitraum, da ist all das, was sich hinter dem kaum mehr bewussten Rechtsbegriff der Sklaverei verbirgt, und da ist ein Kind ermordet worden. Am erschreckendsten ist aber wohl die Tatsache, dass sich ein in der Gesellschaft angepasst und weitgehend unauffällig lebender Mensch ein unterirdisches Reich geschaffen, dort seine inzestuösen Gelüste über 24 Jahre ausgelebt und mit absolutem Herrschaftsanspruch über das Schicksal anderer bestimmt hat. Josef F. hat vieles von dem, was die Psychoanalyse an unbewussten Begierden, an sadistischen Trieben und verdrängten Inzestwünschen vermutet oder was von tiefenpsychologisch orientierten Philosophen allenfalls im Bereich der »Männerfantasien« geortet wird, rücksichtslos in die Realität umgesetzt. Er hat ein perfektes Doppelleben inszeniert, hat die Rolle des guten Opas offensichtlich genauso überzeugend gelebt wie jene des gemütlosen Tyrannen und hat unter einer lichten Oberwelt ein Reich des Höllenkerkers geschaffen. Auf beängstigend klare Weise demonstriert uns Josef F., dass sich die menschlichen Wesen nicht in Gut oder Böse unterteilen lassen, sondern diese gegensätzlichen Kräfte nebeneinander in ein und derselben Person existieren.

Inzest, Vergewaltigung und Freiheitsberaubung hat es immer schon gegeben und wir müssen mit der traurigen Gewissheit leben, dass die Dunkelziffer dieser Taten sehr hoch, bei über 90 Prozent, liegt. Zwar gibt es noch schlimmere Verbrechen als jene des Josef F., denken wir an die Gräueltaten der Kriege, an Massenvernichtung und Völkermord. Was seine Taten aber unvergleichlich macht, ist die erschreckende Radikalität, mit welcher der Inzest aus seiner Tabuisierung und Verdrängung herausgeholt wurde, die ungemein lange Dauer des Verbrechens und die Erkenntnis, dass sich dieses nicht in einer unzivilisierten Kultur, in einem abgelegenen Tal, einem einsamen Gehöft oder in einem abgeschotteten System, sondern mitten in einer europäischen Stadt, mitten in unserer Gesellschaft ereignet hat. Das Drama von Amstetten lehrt mehr als alle anderen Verbrechen: Das Böse lebt mitten unter uns.

Die böse Idee

»*An sich ist nichts weder gut noch böse,*
das Denken macht es erst dazu.«

William Shakespeare

Am warmen Spätsommerabend des 3. September 1913 saß der Hauptlehrer Wagner mit seiner Familie und einer verwitweten Nachbarin friedlich im Garten seines Hauses. Die Gespräche bewegten sich um die Kinder, die Schule und den Unterricht. Wagner war gefasst und freundlich wie immer. Niemand konnte auch nur im Entferntesten ahnen, welch furchtbare Gedanken im Hirn des Mannes vor sich gingen. Gegen 21.00 Uhr verabschiedete sich Wagner von der Nachbarin und ging mit seinen Angehörigen zu Bett.

In derselben Nacht ermordete er beim Einbruch der Morgendämmerung seine Frau und seine vier Kinder. Er benutzte ein langes, schon seit Jahren in seinem Besitz befindliches Dolchmesser sowie einen Totschläger. Wörtlich hieß es im Polizeibericht:

»Morgens kurz vor der Tat richtete er sich im Bett auf, machte seine Frau durch Schläge mit dem Totschläger auf den Kopf bewusstlos und tötete sie sodann durch zahlreiche tiefe Stiche in Hals und Brust, die zu einer Durchschneidung der großen Halsblutgefäße und zu einer schweren Verletzung des Herzbeutels, des Herzens und der Lunge führten. Nach dem Ergebnis der gerichtlichen Obduktion der Leiche muss der Tod wohl sehr rasch eingetreten sein. Aus dem Umstande, dass die Getötete auch an Armen und am linken Daumen Verletzungen hatte, ist zu schließen, dass sie Abwehrbewegungen ausgeführt hat;

ob mit oder ohne Bewusstsein, war nicht festzustellen. Wagner selbst versichert, dass sie gestorben sei, ohne zum Bewusstsein gekommen zu sein. Die Lage, in der die Leiche gefunden wurde (das linke Bein hing über den Bettrand heraus), gestattet kein sicheres Urteil darüber, ob etwa irgendein Kampf stattgefunden hat. Doch liegt für mich kein Grund vor, den Angaben Wagners irgend zu misstrauen. Nur mit Nachthemd und Socken bekleidet, ging er sodann – ich folge hier immer seiner eigenen Schilderung – mit dem Dolche in der Hand zunächst in das Schlafzimmer seiner beiden Knaben Robert und Richard, die er durch mehrere schwere Lungen-, Herz- und Halswunden tötete. Aus dem Obduktionsprotokoll geht hervor, dass auch hier ein rasches Ende durch Verbluten eingetreten sein muss. Dann ging er durch die Küche hindurch in das Schlafzimmer seiner beiden Töchter Klara und Elsa und tötete auch diese durch Stiche in das Herz und den Hals, die den raschen Tod unzweifelhaft zur Folge hatten. Ob die in den Akten sich findende Annahme, dass die ältere Tochter Klara Wagner beim Empfang der schweren Wunden bei Bewusstsein war, zutrifft, mag dahingestellt bleiben. Auch ein in tiefem Schlaf Befindlicher macht Abwehrbewegungen, wenn man ihm plötzlich starken Schmerz zufügt. Die anfängliche Äußerung Wagners, er habe auch bei den Kindern oder einem der Kinder vor dem Dolch den Totschläger zur Betäubung angewandt, hat er später selbst als unsicher bezeichnet; bestimmt wisse er nur, dass er seine Frau vor dem Totstechen betäubt habe, um ihr jeden Widerstand unmöglich zu machen. Den Leichnamen zog Wagner die Bettdecke (er hatte sämtliche Familienmitglieder in ihrem Bett liegend während ihres Schlafes ermordet) über Gesicht und Körper«.

Dies war aber nur der erste Teil der Bluttat, die in die Kriminal- und Psychiatriegeschichte eingehen sollte. Wagner warf nach dem Massaker das blutige Nachthemd in sein eigenes Bett, wusch und kleidete sich, holte sich drei Schusswaffen, 500 Patronen und zwei Eisenkolben, legte vor die Korridortür seiner Wohnung eine Schiefertafel mit der Aufschrift »Ausflug nach Ludwigsburg« und machte sich mit Fahrrad und Zug nach Mühlhausen auf, wo er gegen 23.00 Uhr ankam. Dort legte er mit seinem Feuerzeug an vier Stellen Brand, wartete, bis die ersten Personen vor die Häuser flüchteten, schritt voll bewaffnet durch die Hauptstraße und schoss wahllos auf alle sichtbaren Personen männlichen Geschlechts, »meist aus der Entfernung weniger Meter, gleichgültig, ob sie ihm auf der Straße in den Weg liefen oder am Fenster ihrer Wohnung sichtbar wurden«. Er tötete acht Menschen, verwundete zwölf schwer und erschoss in seinem Blutrausch auch zwei Stück Vieh, ehe er von zwei beherzten Männern niedergeschlagen und so schwer verletzt wurde, dass ihm der linke Unterarm amputiert werden musste. Er gab zu verstehen, dass er die Absicht gehabt habe, sich selbst zu töten, was ihm nun leider unmöglich geworden sei. Es sei ihm recht, wenn er geköpft werde, weil er nicht mehr leben wolle.

Als Beweggrund seines Handelns nannte er bei der Vernehmung am 6. September gegenüber dem Richter eine zwölf Jahre zurückliegende sittliche Verfehlung, nämlich Unzucht mit Tieren. Dieser sodomistische Fehltritt habe ihm schwere Gewissensbisse bereitet. Aus Äußerungen und Anspielungen der Bürger in Mühlhausen habe er schließen müssen, dass sie um seine sittlichen Verfehlungen wissen. Die Schadenfreude, die sie dabei an den Tag gelegt hätten, habe ihn sehr erbittert, und so habe er beschlossen, Selbstmord zu begehen und seine Familie mitzunehmen, um sie vor der Schande zu bewahren. Aber auch an Mühlhausen, wo ihm seine Verfehlungen passiert und von den Einwohnern vorgehalten worden seien, wollte er sich rächen. In seinen späteren autobiografischen Texten stand als zentraler Satz: »Dass ich mich des Geständnisses gleich entledige: Ich bin Sodomit … es ist glücklich heraus, aber viel mehr will ich dazu nicht sagen; eure Lüsternheit wiegt auch keine Minute Selbstverachtung auf«. Die Untersuchungen konnten keinerlei Hinweise finden, dass sich Wagner vor Jahren tatsächlich einmal an einer Kuh vergangen hätte, jedenfalls war keinem Menschen etwas davon bekannt geworden.

Wagner wurde von zwei berühmten Psychiatern, Prof. Robert Gaupp aus Tübingen und Prof. Robert Wollenberg aus Straßburg, begutachtet. Beide Experten diagnostizierten einen Verfolgungswahn und erklärten Wagner für schuldunfähig, was ihnen heftige Kritik einbrachte. In einem Zeitungsartikel wurde Gaupp gar als »psychiatrisches Rindvieh« beschimpft. Das Strafverfahren wurde eingestellt und Wagner in die Heil- und Pflegeanstalt Winnental eingeliefert, wo er bis zu seinem Tod am 27. April 1938 in einer Einzelzelle blieb. Er führte dort umfangreiche Korrespondenzen durch, schrieb eine Reihe von Dramen, beteiligte sich an Literaturpreisen und empfing Besuche. Besonders häufig kam Prof. Gaupp, der großes Interesse an »Wagner und seiner Psychose« fand und auf dessen Fall seine berühmt gewordene Lehre vom Wahn aufbaute.

*

Die Idee, welche den Hauptlehrer Wagner zu seiner Tat getrieben hat, muss korrekterweise als krank und nicht als böse bezeichnet werden. Wenn wir von der Psychopathologie des Bösen sprechen, dürfen wir aber die »Bösartigkeit« mancher Symptome nicht unberücksichtigt lassen. Ähnlich wie bei einer malignen Erkrankung im körperlichen Bereich können auch psychische Störungen von bösartiger Natur sein, was aber nichts mit moralischer Wertung zu tun hat, sondern den Krankheitscharakter der psychischen Symptomatik anspricht. Psychiatrische Erkrankungen können einen guten, also in der Ausheilung mündenden Verlauf nehmen oder in bösartiger Form zur Katastrophe, Chronifizierung oder gar zum Tod führen. Die Symptome können eher harmlos und »benigne« oder schwerwiegend und »bösartig« sein. Eigenartigerweise fällt es uns weit weniger schwer, von einer bösartigen körperlichen als einer derart beschriebenen psychischen Erkrankung zu sprechen.

Wir können zwischen bösen, fanatischen und kranken Ideen unterscheiden. Bei bösen Ideen setzen wir ein hohes Maß an freiem

Willen voraus, das heißt, die Idee ist trotz ihrer Verwerflichkeit nicht Folge von krankhaften Gedankengängen oder von schweren emotionalen Einflüssen. Vielmehr entspringt sie einer normalen Psyche und unserem freien Denken und wird somit zur Grundlage dessen, was im Strafrecht als »böser Wille« bezeichnet wird. Bei kranken Ideen, wie sie Wagners Bluttat zugrunde liegt, ist hingegen keine freie Willensbildung mehr möglich. Der Betroffene ist seiner pathologischen Vorstellung mehr oder minder hilflos ausgeliefert und kann sich nicht mehr frei entscheiden. Während beim Fanatismus noch eine gewisse Korrektur und Selbststeuerung möglich ist, dominiert der Wahn das Denken, Fühlen und Wollen in absoluter Weise. Diese schwerwiegende, auch als Paranoia bezeichnete Erkrankung führt zu einer Fehlbeurteilung der Wirklichkeit, welche mit absoluter Gewissheit verteidigt wird. Die wahnhafte Idee kann vom Betroffenen nicht korrigiert werden, selbst wenn sie klare Widersprüche zur objektiven Realität aufweist und mit dem Urteil gesunder Mitmenschen nicht in Übereinstimmung zu bringen ist. Charakteristisch am Wahn ist die unerschütterliche Überzeugung, an der ohne ausreichende Begründung festgehalten wird. Der Wahnkranke weiß, dass es so und nicht anders ist. Seine Begründung lautet: »Es ist so, es gibt überhaupt keinen Zweifel«.

Wahnhaft zu empfinden und zu denken heißt, Dinge ohne jeglichen Anlass miteinander in Beziehung setzen. Wagner interpretierte das ganz normale Sprechen und Lachen der Mitbürger als Wissen und Tuscheln über sein Geheimnis. Diesen Gedanken behält der in seinem Denken tatsächlich »Verrückte« mit nicht korrigierbarer Gewissheit bei. Oft wird das Böse zum Inhalt dieses bösartigen Symptoms, etwa beim Verschuldungs-, Versündigungs- oder Besessenheitswahn. Ähnlich einer Krebserkrankung wuchert der Wahngedanke immer hemmungsloser, nimmt den Organismus der Seele weitgehend gefangen und beherrscht die Ideen, Vorstellungen und schließlich auch das Handeln der erkrankten Person. In »wahnhafter Wehrlosigkeit«

ist diese der Paranoia ausgeliefert, sie kann gar nicht mehr anders handeln, sie ist nicht mehr zurechnungsfähig.

Die gerichtspsychiatrischen Gutachter diskutieren oft über den Einfluss von wahnhaften Gedanken auf die freie Willensbildung. Manche meinen, dass allein das Handeln unter dem Einfluss einer kranken Idee noch keinen Entschuldigungsgrund darstelle. Worin liegt der Unterschied zwischen der moralischen Verantwortlichkeit zweier Täter, von denen der eine jemanden aus begründeter Eifersucht tötet und der andere sich den Betrug nur einbildet, ihn also lediglich »wähnt«? In beiden Fällen hätten sie das Verbotene des Tötungsaktes erkannt. Vor allem amerikanische Psychiater argumentieren damit, dass allein ein krankes Motiv noch keine Schuldunfähigkeit rechtfertige, da ja dann die allgemeine Rechtsordnung zugunsten privater Moralvorstellungen aufgegeben würde. In der europäischen Psychiatrie geht man hingegen von der Annahme einer »wahnhaften Wehrlosigkeit« aus, das heißt, man unterstellt einem von Wahngedanken beherrschten Menschen, dass er weder in seiner Willensbildung noch in seiner Selbstkontrolle wirklich frei sei, sondern nicht anders handeln könne.

In der wahnhaften Welt zeigen sich oft dämonische Urbilder – sogenannte Archetypen –, beispielsweise Teufel, Geister, Zauberer und Hexen, welche den Erkrankten durch Gedankenbefehle oder negative Energien beeinflussen. Je mehr Gegenbeweise von der gesunden Umgebung erbracht werden, desto mehr klammert sich der Wahnkranke an seine Idee. Er zieht sich mehr und mehr in seine wahnhafte Wirklichkeit, seine Wahnwelt zurück, wodurch er als eigenbrötlerisch und verschroben, als irgendwie unheimlicher Sonderling erscheint:

Ein 38-jähriger Mann, wegen Drogenproblemen und Schizophrenie in Frührente und sozial völlig isoliert lebend, fühlte sich in seinem nach außen abgeschotteten Wohnhaus von übernatürlichen Kräften beeinträchtigt und von ihm gegen seinen Willen zugesendeten Gedanken bedrängt. Sein Denken werde durch Strahlen gelenkt, sein Gehirn durch Wellen zermartert. Diese Symptome interpretiert er als das böse Werk seines weit entfernt wohnenden Bruders, der ihn gedanklich beeinflusse und ihm seine Lebensenergie raube. Im Verhör gab er an, in »reiner Notwehr« zur Waffe gegriffen, seinem Bruder aufgelauert und ihn aus nächster Nähe erschossen zu haben. Bei der Untersuchung saß keinesfalls ein hassvoller Mann vor mir, sondern das, was man als »Häufchen Elend« bezeichnet: ein gebrochener, leidender Mann, der seine Tat als Notwehr, als einzige Chance gegen eine bedrückende Macht sah. Er wurde in eine Anstalt für psychisch kranke Rechtsbrecher eingewiesen. Trotz umfassender psychiatrischer Behandlung entwickelte er seine Wahnidee weiter: Er spüre ganz deutlich, wie ihm sein geistiges Potenzial und die Lebenskraft nun vom Sohn des Getöteten entzogen werden.

Ein schreckliches Verbrechen steht in unserer emotionalen und rationalen Bewertung im Spannungsfeld zwischen den beiden Polen »krank« und »böse«. Verunsichert und wohl auch verängstigt fragen wir, ob der Plan zu einem grauenhaften Verbrechen tatsächlich einem gesunden Hirn entspringen kann, ob solche Ideen nicht Ausfluss einer krankhaften Geistesaktivität sein müssen und ob Krankheit tatsächlich so Schreckliches hervorbringen kann. Reflexartig sprechen wir bei vielen kalten Verbrechen von irren Straftätern, geisteskranken Mördern und seelenlosen Psychopathen. Wir glauben, die Motive für die Verbrechen in perversen Fantasien und abartigen Persönlichkeitszügen zu finden und vermuten den eigentlichen Ursprung der bösen Ideen in den Abgründen der Seele und in den dunklen Geheimnissen des Unterbewusstseins.

Ein bekannter deutscher Psychiater eröffnete seine Ausführungen über die Psyche eines von ihm begutachteten Serientäters mit der Feststellung, dass er bei diesem keine psychische Krankheit und keine schwerwiegende Charakterabnormität habe finden können, und schloss daran die Frage an: »Ich weiß nicht, ist das ganz furchtbar oder ganz wunderbar«. Er wollte damit wohl zweierlei zum Ausdruck bringen, nämlich, dass auch mit normalem menschlichen Verstand böse Taten ausgedacht, geplant und durchgeführt werden können und dass man den psychisch Kranken mit der Zuschiebung des Bösen Unrecht tun, ihr Leiden kriminalisieren und sie weiter stigmatisieren würde.

Die Idee als geistige Vorstellung bündelt unsere Aufmerksamkeit und setzt ihre Kraft in alle Richtungen frei. Ideen für das Gute wie für das Böse entfalten eine enorme Wirkung. Die Idee ist ein Einfall oder Gedanke, eine Vorstellung oder eine Absicht, die allem Handeln zugrunde liegt. Ideen können Kraft und Stärke spenden, sie können aber auch zur Grundlage von Verbrechen und zum Ursprung des Bösen werden. Frei nach Hegel könnte man sagen, dass die Idee ein grundlegender Prozess des sich entfaltenden Bösen ist. Am Anfang vieler böser Taten, der meisten Verbrechen und jeder kriegerischen Auseinandersetzung steht eine Idee, die zunächst als edel und gerecht empfunden wird, die Menschen oft begeistert, dann überwertigen Charakter annimmt und schließlich fanatisch wird.

Eine derartige fixe Idee liegt dann vor, wenn jemand von einer bestimmten Vorstellung geleitet ist. Das Denken des Betroffenen kreist ständig um diese dominierende Überzeugung, er ist davon besetzt und beginnt, für seine Vorstellung zu kämpfen. Berechtigte Einwände werden nicht mehr beachtet, konträre Ansichten nicht gewürdigt, Widerspruch wird als feindselig erlebt. Hinter dem missionarischen Eifer werden alltägliche Aufgaben unwichtig, die Idee beherrscht das Leben und das Verhalten des Betroffenen, welcher dadurch etwas eigentümlich wird. Im Unterschied zum Wahn fehlt aber die Überzeugung der absoluten Gewissheit, auch bleibt die Realitätskontrolle lange erhalten.

Der als »Axtmörder« bekannt gewordene 39-jährige Reinhard S. entwickelte, nachdem er bei Aktiengeschäften das gesamte Familienvermögen verloren hatte, die überwertige Idee, dass er seinen Angehörigen etwas Gutes tue, wenn er sie von der Schmach befreie. Deren Tötung sei ein respektvoller Akt, eine Tat aus »reiner Liebe«. In jahrelanger Beschäftigung mit nihilistisch-philosophischem Gedankengut hatte er sich zur Erkenntnis durchgerungen, dass es »kein Leid gibt, wenn alles zerstört ist«, dass »den Menschen alles erspart bleibt, wenn der Tod kommt«, und dass der Mensch »nur vor der Geburt und nach dem Tod völlig leidfrei« sei. In der festen Überzeugung, eine gute Tat zu begehen, erschlug er mit einer Axt seine geliebte Tochter, seine Frau, seine hunderte Kilometer entfernt wohnenden Eltern und den Schwiegervater. Bei den Fragen nach seinen Motiven bezog er sich auf das Gedankengut des Philosophen Émile Cioran (1911–1995), eines der radikalsten Kulturkritiker der Nachkriegszeit. Dessen vom Nihilismus geprägte Weltsicht macht das Bewusstsein der Endlichkeit für die Angst vor dem Tode verantwortlich. Deshalb müsse der Mensch ein Überbewusstsein entwickeln, das ihn aus der tödlichen Gefangennahme durch das Bewusstsein befreie. Das Überbewusstsein lag für Reinhard S., in dessen psychischem Befund sich nicht die geringsten Hinweise für eine schizophrene oder manisch-depressive Krankheit fanden, in der Meinung, dass er Wertewelt und Schicksal seiner Lieben zu bestimmen hätte. Seine böse Idee kann wohl als Überkompensation seines Schamgefühls und seiner Unfähigkeit, zu seinem Versagen zu stehen, interpretiert werden. Die fanatische Idee ist an ganz bestimmte Persönlichkeitszüge gebunden.

Das lateinische Wort *fanaticus* bedeutet wie das französische *fanatique* so viel wie »göttlich inspiriert«. Tatsächlich glauben die meisten fanatischen Menschen, im Besitz einer höheren, besseren und auf jeden Fall richtigen Idee zu sein. Der fanatische Mensch ist von einem Gedanken, einer Vorstellung oder Überzeugung geradezu besessen. Es genügt ihm aber nicht, seine Vorstellungen für absolut wahr zu halten, sondern er zeigt sich gegenüber allen Menschen, die seine Ansicht bezweifeln oder relativieren wollen, völlig intolerant. Mit missionarischem Eifer versucht er, Andersdenkende zu überzeugen, verteidigt seine Idee kämpferisch und ist keinem vernünftigen Argument zugänglich. Bernhard Verbeek meint in seinem Werk *Die Wurzeln der Kriege*: »Die subjektive moralische Gutheit fanatisierter Menschen kennt offenbar keine Grenzen«. Der Ausdruck »Kampffanatiker« beschreibt diesen Persönlichkeitstypus sehr treffend. Obwohl er in anderen Bereichen durchaus vernünftig denken und urteilen kann, ist seine fanatische Vorstellung jedem kritischen Reflexionsvermögen entzogen. Fanatische Ideen findet man in politischen und religiösen Fragestellungen, in extremistischen Ideologien, in Fundamentalismus und Rassismus. Charles Manson, dessen vor 50 Jahren verübte bestialische Morde noch heute die Öffentlichkeit berühren, hatte die fanatische Idee entwickelt, dass die schwarze Rasse die weiße auslöschen solle. Weshalb er mit seinen Killern auszog, »um zu zeigen, wie man Weiße tötet«. Fanatismus ist viel mehr als überschwängliche Begeisterung, wie sie etwa jedem Sport- oder Popfan eigen ist. Die fanatische Idee ist emotional hochgradig besetzt und nimmt immer weitere Teile des Denkens, Fühlens und Handelns in Besitz. Bereits Voltaire hat die Gefährlichkeit fanatischer Ideen erkannt, wenn er sagt: »Bedenkt, dass Fanatiker gefährlicher sind als Schurken. Einen Besessenen kann man niemals zur Vernunft bringen, einen Schurken wohl!«

Ein berühmtes literarisches Beispiel von einer ausufernden Idee, die zur Grundlage zahlreicher Verbrechen wird, ist die Geschichte des Pferdehändlers Hans Kohlhase aus Cölln an der Spree. Als ihm auf einer Reise zur Leipziger Messe im Jahr 1532 zwei Pferde als Pfand für die Durchreise abgenommen wurden, versuchte er vergeblich, gegen dieses Unrecht juristisch vorzugehen. Er entschloss sich nach langem Kampf, auf gewaltsamem Weg zu seinem Recht zu kommen, erklärte 1534 die Fehde und brannte in Wittenberg mehrere Häuser nieder. Er beging im Kampf um sein Recht weitere Verbrechen, wurde ergriffen und am 22. Mai 1540 in Berlin öffentlich gerädert. Die Novelle von Kleist rückt das Problem der Wiederherstellung verletzten Rechts durch offenkundige Rechtsbrüche, also die Bekämpfung des Bösen durch Böses in den Mittelpunkt. In Anlehnung an die Kleist'sche Erzählung wird heute in der Psychiatrie von einem »Kohlhaas-Syndrom« gesprochen, wenn jemand gegen eine tatsächliche oder vermeintliche

Benachteiligung mit immer drastischeren Mitteln vorgeht und schließlich im Querulantentum endet.

Diktaturen und Kriege sind ohne Ideologie, ohne fanatische und böse Ideen nicht möglich. Dazu könnten unzählige historische Beispiele angeführt werden, etwa die Kreuzzüge, denen der Gedanke zugrunde lag, das Heilige Land aus den Händen der Sarazenen zu befreien. Der Rassenwahn der Nazis leitet sich von Lombrosos Idee vom geborenen Verbrecher und den gesunden Arten ab. Der Ausdruck »Rassenwahn« ist allerdings gründlich falsch, weil es sich bei der NS-Ideologie um kein pathologisches und somit nicht zu verantwortendes Gedankengut, sondern um Ideen, die von gesunden Gehirnen hervorgebracht worden sind, handelt. Dieser Gedanke scheint uns jedoch kaum erträglich.

Doch wir brauchen in der Geschichte nicht weit zurückzugehen. Auch die jüngste Zeit liefert uns Beispiele, wie sich Ideen auswirken und wie sich das Böse entwickelt. Ich nenne das Stichwort *killing fields*. Die böse Idee des 1998 verstorbenen Schlächters Pol Pot bestand darin, Kambodscha über Nacht in einen Bauernstaat zu verwandeln. Die uralte Kulturnation sollte gewaltsam auf die »Stunde null« zurückgedreht werden, um dort anschließend ein agrarisches Utopia zu schaffen – eine Gesellschaft ohne Intellektuelle, Bürgertum oder Technik, ausgerichtet nur an den Grundbedürfnissen. Zusammen mit dem 2006 verschiedenen »einbeinigen Schlächter« Ta Mok und einer kleinen Gruppe von fanatisierten Ideologen wollte der als »Bruder Nummer eins« bezeichnete Diktator seine wahnwitzige Vorstellung in die Realität umsetzen. In den vier Jahren ihrer von 1975 bis 1979 dauernden Herrschaft rotteten die Roten Khmer ein Viertel der kambodschanischen Bevölkerung aus. Allein im berüchtigten S-21-Foltergefängnis verloren 14 000 Menschen ihr Leben. Umgebracht wurden vor allem Professoren, Ärzte, Mönche und Lehrer. Wenn jemand Brillenträger war, bedeutete dies ein sicheres Todesurteil. Die Opfer wurden fotografiert und dann mit Eisenstangen oder Spitzhacken erschlagen, oft zuvor aufs Grausamste gequält. »Sie haben mich jeden Tag geschlagen und mir Elektroschocks versetzt, haben mich ins Wasser gepresst, bis ich das Bewusstsein verlor«, sagt einer der Überlebenden, der heute 68-jährige Bou Meng, vor dem UNO-Tribunal. Den Gefangenen wurden die Finger- und Zehennägel ausgerissen, es wurden ihnen Plastiktüten über den Kopf gezogen. Babys und Kleinkinder wurden von brutalen Wärtern an den Füßen gepackt, an Bäumen erschlagen. Schätzungsweise bis zu zwei Millionen Menschen verloren durch Exekution, Hungertod und Krankheit ihr Leben für eine durch und durch böse Idee.

*

Wie sehr normale, fanatische und kranke Ideen ineinander übergehen, zeigt uns das anfangs zitierte Beispiel des Hauptlehrers Ernst Wagner, zu dem wir am Schluss zurückkehren. Wagner, der sich übrigens später als Nationalsozialist der ersten Stunde bezeichnete, hatte schon 1909, als er noch nicht von der Wahnerkrankung erfasst war, einen schrecklichen Gedanken von sich gegeben. Es fällt nicht leicht, zu unterscheiden, ob das zugrunde liegende Denken normal, fanatisch oder krank war, wenn der spätere Massenmörder schreibt: »Wir schiffen zu sehr in übel riechenden Niederungen und müssen jetzt endlich den Ballast auswerfen, um in reiner gesunder Region zu schweben. Ich habe ein scharfes Auge für alles Kranke und Schwache, bestellt mich zum Exekutor ... 25 Mio. Deutsche nehme ich auf mein Gewissen und soll es nicht um ein Gramm schwerer belastet sein als zuvor.«

Die bösen Gefühle

*»Emotionen sind kein Luxus,
sondern ein komplexes Hilfsmittel im Daseinskampf.«*
António R. Damásio

Der bereits Verwesungsspuren aufweisende, in einer verwahrlosten Wohnung aufgefundene männliche Leichnam war übel zugerichtet. Die Gerichtsmediziner zählten 63 Stichverletzungen, davon sieben im Gesicht, und acht lange, tiefe Schnittwunden. Die Tathandlung mit einem einschneidigen Messer musste mit großer Kraft und Wucht erfolgt sein, da das linke Schläfenbein, der zweite Brustbeinwirbel sowie das linke Schulterblatt mit der Klinge durchstoßen worden waren. Noch nach dem bereits eingetretenen Tod wurden mehrere Stiche gegen den Kopf des Opfers und in beide Augenhöhlen geführt. Schließlich wurde dem Toten das komplette Genitale abgetrennt und auf das Gesicht gelegt.

In Anbetracht der brutalen Verstümmelung des Körpers vermuteten die Kripobeamten einen starken Mann als Täter. Sie dachten an einen Sadisten, einen homosexuellen Sexualmörder, jedenfalls an einen starken, dem Opfer körperlich überlegenen Mann. Groß war dann das Erstaunen, als sie die Täterschaft überführten. Vor ihnen stand eine zarte Person, ein schlankes, blasses, 18-jähriges Mädchen, ein zitterndes Kind, wie die Ermittler meinten. Es handelte sich um Sabine K., die Freundin des Toten, die ihnen bei der Einvernahme ihre Geschichte erzählte:

Sie habe Patrick, so hieß der Getötete, vor zwei Jahren kennengelernt. Er habe ihr am Anfang sehr gefallen, sei anders gewesen als die anderen, habe erwachsener und erfahrener gewirkt. Besonders imponiert habe ihr seine betont außenseiterische Rolle und sein überlegen wirkendes Auftreten – etwa, wie er seine Arbeitslosigkeit und seine vielen Schulden locker und lässig genommen habe. In der Gruppe sei er sehr stark und dominant aufgetreten, habe sich als »überzeugter Skinhead« gegeben. Sie habe sich gefreut, dass er sich für sie interessiert und sich in sie verliebt habe, und sei stolz auf ihn gewesen: »Es hat mir getaugt, dass er so auf männlich tat …«

Bald nachdem sie mit Patrick zusammengezogen sei, habe sie seine andere Seite kennengelernt. Er habe an ihr herumgestänkert und ihr Vorwürfe wegen ihrer früheren Freundschaften gemacht, habe kein gutes Haar mehr an ihr gelassen, sie als »Schlampe« und »Drecksau« bezeichnet und gedroht, ihr »den Schädel einzuschlagen«, habe sie erniedrigt und gedemütigt. Sein Verhalten sei sehr wechselnd gewesen, er habe lieb und nett sein können, dann sei seine Stimmung ohne Anlass plötzlich umgeschlagen.

Sie habe sadistische Veranlagungen entdeckt. Er habe sich im Internet immer Bilder von Tierquälereien und Menschenfolter oder sadistische Pornoszenen angesehen. In alkoholisiertem Zustand habe er mit Bier und Wein nach ihr geschüttet, ihr Dosen nachgeworfen, sie mit Handschellen fesseln wollen und gedroht, ihr sämtliche Haare abzuschneiden. Er sei zunehmend eifersüchtiger geworden, habe jeden Bekannten, mit dem sie gesprochen habe, beschimpft und sogar körperlich attackiert. Aus reiner Eifersucht habe er ihr untersagt, eine Lehre zu machen und ihr angekündigt, sie stattdessen auf den Strich zu schicken.

Vor einiger Zeit habe er einem Plüschtier, einem Hasen, an den sie sich so oft geschmiegt habe, den Kopf ausgerissen und einen Bleistift ins Auge gesteckt, habe dabei gelacht und gefragt, mit wem sie denn jetzt kuscheln werde. Er habe ihren Hund getreten und geschlagen und gesagt, dieser sei »gleich ungezogen« wie sie selbst. Immer häufiger habe er seine Wut an einem Meerschweinchen, das sie ihm geschenkt habe, ausgelassen. Er habe das Tier gegen die Wand geworfen und dieses zuletzt, nur um ihr wehzutun, absichtlich erfrieren lassen.

In den letzten Monaten habe sie versucht, von Patrick wegzukommen und mit ihm Schluss zu machen, habe dies aber nicht geschafft. Da sie keinen Ausweg mehr gesehen habe, habe sie sich erstmals eine Schnittwunde am Handgelenk zugefügt, habe dies mit einem Messer, das ihr Patrick geschenkt habe – mit der späteren Tatwaffe – gemacht. In der Folge habe sie sich in ihrer Verzweiflung öfter selbst verletzt und sich insgesamt zehn große und drei kleinere Verletzungen zugefügt. Einmal habe sie ärztliche Hilfe in Anspruch nehmen müssen, weil sich eine Narbe entzündet habe. Im Krankenhaus habe sie angegeben, dass sie sich mit dem Handrasenmäher verletzt habe, dies habe man ihr aber offensichtlich nicht geglaubt. Trotzdem sei es im Krankenblatt so festgehalten worden, weil Patrick ihre Version bestätigt habe. Man habe ihr geraten, psychologische Hilfe in Anspruch zu nehmen, was sie aber nicht getan habe.

Sie könne nicht genau sagen, was sie so an Patrick gebunden habe: Auf der einen Seite habe sie sich beschützt gefühlt und sei stolz auf ihn gewesen, auf der anderen Seite habe er ihr Angst eingeflößt und sie zutiefst verletzt. Ihr Verhältnis sei so zwiespältig gewesen. Er habe ihr gefallen und gleichzeitig habe sie ihn abgelehnt: »Er konnte so lieb sein, aber er war auch so pervers.«

In den letzten Wochen habe sie das Gefühl gehabt, als ob Patrick von ihr weg wolle, was sie aus seinem immer aggressiveren ablehnenden Verhalten schloss. Er habe nur noch mit ihr schlafen wollen und sich sonst nicht mehr für sie interessiert. Ihre immer häufigeren Weigerungen hätten ihn zusätzlich verärgert. Sie habe sich vor ihm geekelt, gleichzeitig aber das Gefühl gehabt, ihn durch ihre Verweigerung endgültig zu vertreiben. Patrick habe sie angeschrien, wenn es so weitergehe, werde er verschwinden: »Du bist eh für nichts mehr zu gebrauchen!« Wiederholt habe er angedeutet, dass eine andere Frau im Spiel sei.

Zum konkreten Tatablauf führte Sabine K. aus, dass sie sich »Gott sei Dank« nicht mehr an alles erinnern könne. Sie habe sich während des Vorfalls nicht berauscht oder benommen gefühlt, sei aber etwas »schwindelig« gewesen. In der Stunde vor dem fatalen Zusammentreffen habe sie über die entwürdigende Unterdrückung, die sie sich gefallen lasse, und ihre Unfähigkeit zur Beendigung der Beziehung gegrübelt. Sie habe aber noch in keiner Weise daran gedacht, Patrick etwas anzutun. Als dieser gekommen sei, habe er mit ihr schlafen wollen. Sie habe sich dagegen gewehrt, er habe sie niedergedrückt, woraufhin sie geschrien habe: »Hör auf!« Sie habe sich sehr erregt gefühlt, alles sei in ihr hochgekommen, sie habe ein Hitzegefühl im Kopf und heftigen Herzschlag verspürt, habe gezittert und nicht mehr richtig gewusst, was sie tue. Sie habe nur noch gedacht: »Sabine, du musst endlich frei sein, du musst wieder leben können!«

Während sich Patrick, der inzwischen von ihr abgelassen habe, mit seinem Handy beschäftigte, habe sie aus dem Rucksack jenes Taschenmesser, das sie von ihm geschenkt bekommen habe, herausgeholt, habe es geöffnet und dann auf ihn eingestochen. Sie könne nicht sagen, wie oft sie zugestoßen habe, sie wolle dies auch gar nicht wissen. Sie habe nur den Gedanken gehabt, sich befreien zu müssen. Vielleicht hätten auch – dies wolle sie nicht bestreiten – Rachegefühle eine Rolle gespielt. Patrick habe ja ihr ganzes Leben zerstört, habe sie hilflos und verzweifelt gemacht und ihr die Zukunft, das hoffnungsvolle Leben, gestohlen. Sie könne beim besten Willen nicht sagen, weshalb sie auf den bereits leblosen Körper und die Augen eingestochen und warum sie das Genitale weggeschnitten habe. Dies müsse mit dem Ekel, den sie bei seinen sexuellen Annäherungen so oft ertragen musste, zu tun haben. »Er hat sich beim Sex so pervers verhalten und war überhaupt so sadistisch veranlagt ...«

In der psychiatrischen Untersuchung wurden bei Sabine K. lediglich Hinweise für einen unreifen Charakter, für eine labile Stimmung sowie Neigungen zu »kopflosen Aggressionsausbrüchen« gefunden.

In der testpsychologischen Untersuchung zeigten sich frustrationsintolerante, reizbar-empfindliche und misstrauische Charakterzüge, ferner ein Hang zu Verstimmungszuständen sowie impulsive Tendenzen. Eine schwerere psychische Störung war nicht festzustellen.

Zur Beziehungsstruktur, welche eine maßgebende Grundlage der zur Tat führenden emotionalen Entwicklung ist und die Heftigkeit der Gemütserregung mit erklären kann, war Folgendes zu erheben:

Sabine K. hat in ihrer Partnerschaft mit Patrick eindeutig eine »negative Identität« aufgebaut, indem sie sich mit diesem als gesellschaftliche Außenseiterin solidarisiert hat. Sie hat das Außenseiterische am Verhalten ihres Partners gesucht und sich damit identifiziert. Dies ist wohl als Gegenreaktion auf das äußerlich intakte, gutbürgerliche Milieu, in welchem sie aufgewachsen ist, auf die wohlhabende Situation ihrer Familie und auf die dort vorgelebten Ideale (»gescheit, hübsch, lieb«, wie dies von ihrer Mutter ausgedrückt wird) zu interpretieren. In tiefenpsychologischer Ausdeutung könnte man auch sagen, dass sie nicht nur die andere Seite des Lebens kennen oder jemanden, dem es auch äußerlich schlecht geht, retten wollte, sondern dass das Nichteingehen auf die Erwartungen ihrer Herkunftsfamilie vielleicht eine gewisse Genugtuung bedeutet hat.

Ein anderer Aspekt liegt in der Identifikation mit einem reiferen und betont männlich-aggressiv auftretenden Partner, welcher ihr über den teilweisen Verlust der Vatergestalt, die ihr Sicherheit und Geborgenheit sowie Orientierung vermitteln sollte, hinweggeholfen hat. Auch das bei ihr angesprochene Gefühl, den Partner »retten« zu müssen, ist nicht zu unterschätzen.

Im weiteren Verlauf der Beziehung hat sich dann aber wohl das eingestellt, was man als anal-sadistische Kollusion bezeichnet: Es wurden sowohl in der Person der Sabine K. als auch jener ihres Partners unbewusste Übertragungs- und Beziehungsmuster mit gegenseitig ergänzendem Charakter angerührt. Diese bestanden bei Sabine im Wunsch der intensiven Bindung, nach männlicher Stärke und Sicherheit, bei Patrick im zwanghaften Verlangen, seine Geliebte zu unterwerfen und zu beherrschen. Nach den Schilderungen der Beschuldigten hat Patrick viele Verhaltensweisen gezeigt, durch die er seine Lebensgefährtin abstoßen musste. Gleichzeitig hat er mit aller Macht versucht, sie zu halten oder bei Absetzversuchen wieder zurückzuführen. Bei Sabine kam es in spiegelbildlicher Art zu einem Konflikt zwischen der Bindung an Patrick und dem Wunsch, sich von diesem abzusetzen. Das Leben in dieser ständigen Spannung mündete in eine ausweglos scheinende Situation. Sabine K. wurde von Eifersucht, Rache- und Befreiungswünschen gleichermaßen gepeinigt und war dadurch einem Zermürbungsprozess ausgesetzt. Dieser nahm ihr nicht nur Lebensfreude und Selbstwertgefühl, sondern unterminierte ihre Kräfte zur Selbst- und Impulskontrolle.

Als Sabine K. dann feststellen musste, dass Patrick sich möglicherweise einer anderen Freundin zuwenden wollte, reagierte sie tief gekränkt und verfiel in einen Zustand, der mit anschwellender Tatbereitschaft verbunden war.

*

Die Bedeutung von Emotionen und Affekten für das menschliche Verhalten wurde lange Zeit unterschätzt. Verstand und Intelligenz galten als höchste Stufe der menschlichen Entwicklung, während Gefühle als unbestimmt, unbeschreibbar und unkalkulierbar abgetan worden sind. Diese auch in der kriminologischen Wissenschaft verbreitete Meinung hat sich in den letzten Jahren völlig geändert. Man hat erkannt, dass Emotionen das Wesen des Menschen ganz entscheidend bestimmen, dass sie überlebenswichtig sind und dass es auch so etwas wie eine emotionale Intelligenz gibt. Die Wissenschaft geht davon aus, dass verschiedene Grundgefühle – etwa Freude, Trauer, Angst oder Scham – angeboren sind und jedes Gefühl von festgelegten Schaltkreisen des Gehirns gesteuert wird. Sie vermitteln uns den jeweils für das Überleben benötigten Modus, etwa den »Angstmodus« bei Konfrontation mit einer Gefahr und den »Glücksmodus« beim Gedanken an einen geliebten Menschen. Jedes Ereignis, jede Erinnerung, jede Vorstellung hat irgendeine emotionale Bedeutung. Wenn jemand durch Erkrankungen des Gehirns oder schwere Gemütsstörungen von seiner Gefühlswelt abgeschnitten ist, so ist er vom menschlichen Leben abgetrennt.

Die amerikanischen Psychologen Arnold A. und Clifford N. Lazarus beschreiben das Wesen von Gefühlen, Emotionen und Affekten wie folgt: »Von allen Lebewesen auf der Erde ist der Mensch das emotionalste. Aus unserer Sprache, unseren Aktionen (Gestik, Bewegungen und Körperhaltungen) und auch aus unserem Gesicht sind häufig unsere Emotionen abzulesen. Wir drücken Ärger, Angst, Schreck, Scham, Freude, Liebe und Trauer aus, aber auch subtilere Emotionen wie Schuld, Neid, Eifersucht, Stolz, Erleichterung, Hoffnung, Dankbarkeit oder Mitleid. Alles Wichtige, was uns passiert, ruft Emotionen hervor. Warum muss das so sein? Von der Geburt bis zum Tod kämpfen wir mit den verschiedenen Anforderungen unserer physischen und sozialen Umgebung. Die vielfältigen Emotionen, die der Mensch ausdrückt, reflektieren die vielfältigen physischen und sozialen Probleme, mit denen wir zurechtkommen müssen. Emotionen und Intelligenz gehen Hand in Hand. Aus diesem Grund ist der Mensch ein hochintelligentes Wesen und auch so emotional ...

Unser bemerkenswerter Verstand ist in der Lage, subtile, abstrakte und komplizierte persönliche Bedeutungen zu fühlen in Situationen, in denen wir entscheiden müssen, ob wir in Gefahr oder in Sicherheit sind oder ob wir aus der Situation einen Nutzen ziehen können. Unsere Emotionen sind eng verbunden mit unserem Kampf um Anpassung an Lebensverhältnisse in einer Welt, die Anpassungsfehler selten verzeiht.

Wenngleich der berühmte Schweizer Psychiater Eugen Bleuler gesagt hat: »Was Affektivität ist, wissen wir nicht« und der Berliner

Forensiker Hans-Ludwig Kröber meint: »Was ein Affektdelikt ist? – Niemand kann das definieren«, spielen Emotionen, also unsere Grundgefühle und Affekte – unsere Gefühlsäußerungen, in der Entstehung des Bösen eine außerordentlich wichtige Rolle. Denn sie entscheiden darüber, ob wir etwas als lustvoll oder widerwärtig erleben, als richtig oder falsch klassifizieren, als gut oder böse bewerten. Sie bestimmen unsere Grundeinstellung gegenüber Personen und Handlungen, sie lenken unser Wollen und sie haben höchsten Einfluss auf unser Verhalten. Die Emotionen, deren Ursprung in einem der ältesten Teile unseres Gehirns, dem limbischen System, gelegen ist, nehmen nicht nur in der Verhaltenssteuerung eine Schlüsselstellung ein. Sie sind für unser Menschsein so wichtig, dass sie vom reinen Verstand gar nicht getrennt werden können. Bereits Nietzsche hat dies in einer Zeit lange vor der hochwissenschaftlichen Hirnforschung erkannt, wenn er sagt: »Hinter den Gefühlen stehen die Urteile und Wertschätzungen.«

Der komplexe Prozess der Emotionen, der auf verschiedenen physiologischen und psychischen Funktionen abläuft, beeinflusst das Verhalten der Menschen besonders bei Belastungen. Die in solchen Stresssituationen auftretenden Gefühle werden in solche aggressiver und in solche abwehrender Natur eingeteilt. Als sthenische Affekte, die den Organismus in Kampfbereitschaft versetzen, werden Zorn, Wut und Eifersucht bezeichnet. Asthenische Affekte, welche die körperlichen und psychischen Aktivitäten hemmen, umfassen Furcht, Traurigkeit und Schrecken. Bei jeder Aggressionstat sind Affekte in mehr oder minder starker Form beteiligt. Lediglich völlig gemütsarme oder psychisch schwer kranke Menschen können eine andere Person unter Umständen ohne wesentliche Gemütsbewegung töten; vielleicht auch kalte Profikiller, denen es nur um die exakte Ausführung eines »technischen« Auftrages geht.

Aggressionshandlungen, speziell Tötungsdelikte, werden nahezu durchgehend von heftigen affektiven Reaktionen begleitet oder getragen. Besonders ausgeprägt sind Gefühle des Ärgers, der Enttäuschung oder des Hasses bei Beziehungsdelikten, da hier neben den eher oberflächlich anzusiedelnden Emotionen der Kränkung auch tiefere psychologische Schichten mit narzisstischen Ängsten erfasst werden. Zudem ist in der Regel eine lange Vorgeschichte, welche zu einem allmählichen Affektstau und in weiterer Folge auch zu einer Unterminierung der Widerstandskräfte führt, auszumachen. Bei der eigentlichen Tat, welche nicht wie ein Blitz aus heiterem Himmel eintritt, wirken somit vorbahnende emotionale Kräfte und ein erregender Anlass – gewöhnlich ein Streit – zusammen und führen zu einer eruptiven Entladung, welche in Form eines Kontrollverlusts dann kurzfristig einen eigendynamischen, zerstörerischen Verlauf nimmt. Treffend wird als Vergleich für diese Gemütsverfassung der von Kränkungen volle Eimer, den ein letzter Tropfen zum Überlaufen bringt, angeführt.

In der Tatentwicklung und im Tatablauf der Sabine K. sind viele Komponenten eines solchen Gefühlsablaufes erkennbar: Als vorbestehende Bedingung ist ihre verstimmbare, unreife Persönlichkeitsstruktur zu nennen, welche das Aufkommen von selbst- und fremdaggressiven Impulsen und deren Durchbrechen in emotional belastenden Situationen begünstigt. Als belastende Faktoren in der Vergangenheit erwiesen sich die konflikthaften Auseinandersetzungen und Handgreiflichkeiten zwischen den Eltern, welche sie als Kind mit ansehen musste, ferner der Verlust der Vatergestalt und die Überidentifikation mit der Mutter. In den mit tätlicher Aggression besetzten Zwistigkeiten der Eltern war sie hin- und hergerissen, hat aber letztlich wohl Partei für die von ihr sehr idealisierte Mutter ergriffen. Das Bild einer von ihrem Partner geschlagenen Frau hat sich bereits damals bei ihr als unerträglich eingeprägt und eine entsprechende Vulnerabilität in diesem Bereich ausgelöst. Die starke Identifizierung der Mutter war mit der tief verankerten Furcht verbunden, selbst eines Tages Opfer eines gewalttätigen Partners sein zu müssen. Auch in diesem Problembereich war sie somit seit Kindheitstagen übersensibel.

Als Sabine den Vater, zu dem immer ein gutes Verhältnis bestand, verloren hat, ist in ihr wohl der Wunsch nach einem starken, mächtigen Partner erwacht. Aus Partnerschafts- und Familienanalysen ist das Phänomen bekannt, dass Mädchen, die in der Kindheit unter einem gewalttätigen Vater leiden oder dessen aggressives Verhalten miterleben müssen, später einen ebenfalls derart agierenden Freund, Lebensgefährten oder Mann suchen. Im psychoanalytischen Gedankengut wird dies mit dem Abwehrmechanismus der »Identifikation mit dem Aggressor« begründet: Die auf belastenden Erinnerungen oder Erlebnissen beruhende Angst vor einem gewalttätigen Partner wird durch eine Flucht nach vorne bekämpft, durch welche die eigene Angst überwunden werden soll.

Die sich zuspitzenden Probleme im Partnerschaftsverhältnis zwischen Sabine und Patrick sind als tatanbahnender Faktor zu sehen. Sabine hat unter dem lieblosen, unberechenbaren und demütigenden Verhalten ihres Partners sehr gelitten, sah sich von ihm mit Vorwürfen, Eifersuchtsreaktionen und Entwertungen konfrontiert, musste dessen sadistische Symbolhandlungen ertragen und erlebte sich durch ihn auch beruflich in eine unerfüllte Position gedrängt. Als sie nach langem, aufopferungsvollem Erdulden dieser Belastungen nun erfahren musste, dass Patrick von ihr wegstrebte und eine andere Partnerschaft eingehen wollte, war sie doppelt enttäuscht. Das ständige Hin und Her zwischen Unentschlossenheit, Hoffnung, Ablösungswünschen und dem Gefühl, nicht loszukommen, hat einen Zermürbungsprozess ausgelöst und eine resignativ-depressive Verstimmung hervorgerufen, die durch hinzukommende psychosomatische Reaktionen wie Kopfschmerzen und Schlafstörungen verschärft worden ist.

Die Brisanz dieser Situation wurde durch sadistische Symbolhandlungen wie »Köpfen« des Plüschtiers, Quälen der Hausratte und letale Vernachlässigung des Meerschweinchens forciert. Letzter Auslöser war dann das Verlangen von Patrick, mit ihr trotz der ständigen Entwertung ihrer Person und trotz seiner Abkehr noch geschlechtlich zu verkehren.

Im Laufe des Aggressionsaktes ist Sabine in das hineingeraten, was man im laienhaften Sinne als »Blutrausch«, fachlich als »Overkill« bezeichnet. In dieser Situation war sie hoch erregt und bezüglich ihres Handlungsziels völlig eingeengt. Da die Serie der Messerstiche nicht einmal vor dem bereits toten Opfer haltmachte, muss man von einem lang dauernden, intensiven Affekt, einem nicht sofort abklingenden Hass ausgehen. Dieser erreichte in der Kastration des Leichnams und im Ausstechen der Augen seinen Gipfel und Abschluss.

Die letztgenannten Manipulationen sind nicht als sadistisches Agieren einer bösartigen Narzisstin, sondern als Symbolhandlungen einer sich von der »männlichen Unterjochung« befreienden, den Sieg über den Geschlechtskampf – als welcher die Tat unter Berücksichtigung archaischer und feministischer Überlegungen auch gesehen werden kann – davontragenden Frau zu interpretieren. Das Abschneiden des Genitales ist als Rache für oft erduldeten sexuellen Ekel zu betrachten. Die Entmannung war ein Triumph über das Männliche, das sie – nicht nur bei Patrick, sondern auch beim Vater – geliebt und gehasst hat. Ebenso hat das Ausstechen der Augen des Getöteten, welches an ritualisierte Handlungen bei Naturvölkern und Totenschändungen im Krieg erinnert, hohe Symbolkraft. Das Auge steht für Strenge, Kontrolle, bindendes Fixieren, Erwartung oder für völliges Durchschauen. Für Sabine K. symbolisierte das Auge wohl jenen Teil in der Persönlichkeit ihres Partners, welcher es ihr unmöglich machte, sich zu lösen und ihre eigenen Vorstellungen zu verwirklichen. Vielleicht wollte sie alles vernichten, was sie für ihren Abstieg verantwortlich machte, vielleicht jenen Teil ihres Lebens, der ihr die Jugend zerstört hat, ausradieren. Sie wollte wohl die Erinnerung an Demütigung und Ekel aus ihrem Gedächtnis löschen und wieder so werden, wie sie früher in den Augen ihrer Eltern gewesen ist: jung, hübsch und lieb.

*

Affekte können aber nicht nur abrupt, mit unkontrollierter Heftigkeit und elementarer Wucht, sondern auch »protrahiert«, also verzögert manifest werden. Im Gegensatz zu den als heiß und überkochend erscheinenden akuten Gefühlswallungen wirken die verzögerten wie eine »kalte Wut«. In diesem Fall kann der von quälender Eifersucht oder bohrenden Rachegedanken Betroffene die negativen Gefühle längere Zeit unterdrücken und den Ausbruch verhindern. Dies gibt ihm aber auch Zeit für eine genauere Planung und damit eine weniger blinde Tatdurchführung. Die Aggressivität kann dann viel konkreter ausgerichtet werden. Während der akute Affekt mit einem Sturm vergleichbar ist, der alles hinwegfegt und eine Spur blinder Zerstörung hinterlässt, entspricht die verzögerte Form einer Zeitbombe, deren Einsatz überlegter vorgenommen wird. Wenn es zu einem nicht genau fixierten Zeitpunkt, oft aus einem geringfügigen Anlass, zur Detonation kommt, ist die Wirkung bei erhöhter Treffsicherheit gleich verheerend. Meist sind die Folgen der bösen Kombination aus tödlicher Planung und zerstörerischer Entladung sogar noch schlimmer. Ich nenne Ihnen ein paar Beispiele:

- Der 32-jährige Wolfgang M. wurde von seiner Lebensgefährtin verlassen. In schwerer Eifersucht spionierte er ihr nach und stellte fest, dass sie in die Wohnung eines anderen Mannes gezogen war. Wochen später beschaffte er sich einen Arbeitsanzug und einen Werkzeugkoffer und läutete unter dem Vorwand, im Auftrag des Vermieters eine Reparatur durchführen zu müssen, an der Tür des Nebenbuhlers. Als dieser im Morgenmantel am Eingang erschien, schlug er ihm mit mehreren Hammerhieben den Schädel ein. Er verantwortete sich damit, dass er den neuen Freund seiner Frau nur einmal sehen wollte, bei dessen Anblick aber einen blinden Hass aufkommen spürte und sich gegen die Gewalt der negativen Gefühle nicht mehr habe wehren können. Die Gutachter waren sich nicht einig, ob der Affekt zu einer Aufhebung oder Einschränkung der Schuldfähigkeit geführt oder überhaupt keinen nennenswerten Einfluss auf sein Steuerungsvermögen gehabt habe. Das Gericht war sich nicht klar, ob dem Beschuldigten Mord oder Totschlag zur Last gelegt werden könnte, verurteilte ihn schlussendlich aber unter Beachtung einer allgemein begreiflichen heftigen Gemütsbewegung zu sieben Jahren Haft. Wie man sieht, gibt es für die Urteilenden einen enormen Ermessensspielraum, wenn bei einem Verbrechen starke Emotionen und Affekte im Spiel sind.

- Der 21-jährige Michael F. verliebte sich in die Frau seines Bruders, welcher beruflich viel unterwegs war und nur die Wochenenden zu Hause verbrachte. Zwischen den beiden entwickelte sich eine leidenschaftliche Liebesbeziehung, welche ein abruptes Ende fand, als die Frau von ihrem Gatten schwanger wurde. Nachdem sie dies ihrem heimlichen Liebhaber mitgeteilt hatte, wurde sie von diesem nach einer Aussprache mit dem Messer attackiert und tödlich verletzt. Der Täter schlitzte der bereits toten Frau den Unterleib auf, holte die Leibesfrucht heraus und warf diese aus dem Fenster. Seine Verantwortung mit einem Blackout infolge eines lang hingezogenen Affekts wurde vom Gericht nicht anerkannt. Das Urteil lautete auf lebenslange Haft und Einweisung in eine Anstalt für persönlichkeitsgestörte Rechtsbrecher.
- Der 37-jährige Peter H. wartete ein halbes Jahr nach der Scheidung vor dem Arbeitsplatz seiner ehemaligen Gattin. Er war mit Fesselwerkzeug, einem Hammer, zwei Messern und einem langen Stück Stacheldraht ausgestattet. Als seine geschiedene Frau nach der Nachtschicht das Fabrikgebäude verließ, schlug er sie von hinten mit dem Hammer nieder, wickelte den Stacheldraht um ihren Hals und erdrosselte sie. Der Version der Verteidigung, dass der Angeklagte beim Anblick seiner

Exfrau durch die zermürbende Kraft seiner Gefühle einen »Nervenzusammenbruch« erlitten habe und deswegen nicht schuldfähig sei, konnte das Gericht nicht folgen und verurteilte ihn zu lebenslanger Haft.

Alle drei Beispiele belegen die große, aber nicht ausschließliche Bedeutung von akuten, heftigen Gemütsbewegungen bei schrecklichen Aggressionsdelikten. Es liegt auf der Hand, dass ein derartiges Tatverhalten nicht nur durch Emotionen und Affekte hervorgerufen wird, sondern auch andere Faktoren eine bedeutsame Rolle spielen. Gefühlswallungen können manches, aber nicht alles entschuldigen, es gibt im vielwurzeligen Motivbündel einer Gewalttat neben Enttäuschung, Eifersucht, Zorn und Wut – auch das Böse.

Mehr noch als akute Emotionen können längerfristige Gefühlseinstellungen und Entwicklungen bösartige Verhaltensweisen auslösen. Während dies bei Neid, Eifersucht, Hass, Wut und Rache gut nachvollziehbar ist, wird die kriminogene Potenz eines scheinbar unbedeutenden, alltäglichen Gefühls maßlos unterschätzt, nämlich jenes von Kränkung und Gekränktheit.

*

Die unterschiedlichsten Formen der Kränkungen, von Beschämungen und Entwertungen bis zu Beleidigungen und Demütigungen reichend, zählen zu den wichtigsten, jedoch am wenigsten beachteten Auslösern von bösem Denken und Verhalten. Zwar sind Kränkungen eher ein sozialer Prozess und eine sich zwischen kränkender und gekränkter Person abspielende Interaktion als ein reines Gefühl, doch liefern sie den emotionalen Hintergrund für viele böse Taten. Kränkungen werden in Psychotherapie, Kriminologie und Wissenschaft stiefmütterlich behandelt. Es gibt nicht einmal eine allgemein anerkannte Definition oder eine eigene medizinische Diagnose. Da es sich bei Kränkungsauslösern objektiv meist um Kleinigkeiten handelt, wird deren subjektive, oft lebensbestimmende Bedeutung für den Einzelnen übersehen, was Verdrängung und Tabuisierung zur Folge hat. Kränkungen als nachhaltige Erschütterungen des Selbst und seiner Werte, wie eine Definition lauten könnte, zielen immer auf das innerste Ich ab und lösen stets die menschliche Urangst vor Liebesmangel und Liebesverlust aus. Da die Gekränkten ihr Problem aus Scham oft nicht zur Sprache bringen, entwickelt sich ein innerer Zermürbungsprozess. Dieser kann – nach außen unbemerkt – zu Depressionen und psychosomatischen Leiden, zu Sucht und Verbitterung, aber auch zu Rachegedanken und Hass führen. Gleich dem in der Chaostheorie beschriebenen Modell des Flügelschlages eines Falters in Amazonien, der Wochen später einen Wirbelsturm in Texas auslösen kann, bilden Kränkungen die Wurzeln von Zwietracht, von schweren Verbrechen, von Amok und Terror:

Am 24. März 2015 brachte der damals 27-jährige Andreas L. als Co-Pilot einen Airbus A320 in den französischen Alpen bewusst zum Absturz, indem er das mit weiteren 149 Personen besetzte Flugzeug gezielt gegen einen Berg flog. Die Ermittlungen ergaben, dass Andreas L. in den letzten Jahren wegen Sehstörungen, Angst vor Erblindung sowie Depressivität insgesamt 41 Ärzte aufgesucht hatte und ihm verschiedenste Medikamente, großteils Psychopharmaka, verschrieben wurden. Er wurde zum Teil als psychisch labil und nicht flugtauglich beurteilt und öfters krankgeschrieben. Wie sehr er sich im Vorfeld mit Suizidgedanken beschäftigt hatte, brachte die Überprüfung seines Tablet-PCs zutage. Er hatte sich ausführlich über Selbsttötung informiert und nach Valium, Zyankali und tödlichen Medikamentencocktails gesucht. In seinem Leichnam wurden Reste von antidepressiven und schlafanstoßenden Medikamenten gefunden. Da davon auszugehen ist, dass Depressionen und Angststörungen zwar mit einem erhöhten Suizidrisiko verbunden sind, jenes der Fremdgefährdung aber reduzieren, ist das Hauptmotiv für diese Tragödie wohl im »Fanal eines Gekränkten« zu suchen. Offensichtlich versuchte Andreas L. aus Angst um seinen geliebten Job, seine Probleme zu verheimlichen. So auf sich allein gestellt, dürfte er in seiner depressiven Gestimmtheit nicht nur Aggressionsgefühle gegenüber seinem Dienstgeber, sondern auch gegen die als kalt und mitleidslos erlebte Umwelt, die er in den Passagieren präsentiert sah, entwickelt haben.

Bei großen Untersuchungen von Amokläufern und Massakristen konnten oft keine schwerwiegenden Motive, sondern allenfalls geringfügig wirkende Auslöser ermittelt werden. Durchgehend fand sich aber in den Untersuchungen bei den nach außen meist »cool« wirkenden Tätern eine nicht erkannte Gekränktheit.

Beleidigungen, welche nichts anderes sind als die gesellschaftlich anerkannte Form von Kränkungen, sind in Ländern mit noch hochstehendem Ehrbegriff eine der Hauptursachen von sogenannten Ehrenmorden und Blutrache. In diesen sich manchmal über Generationen hinziehenden Verbrechen wird die ganze destruktive Macht der Kränkung ersichtlich. Fast immer liegt der Anfang in einer Beleidigung der Familie, in unbedeutenden Auseinandersetzungen, in einer kleinen Ungerechtigkeit oder in einem nichtigen Konflikt. Hinter den Rachegedanken stehen immer Verletzungen des Gerechtigkeitsgefühls und empfundene Angriffe auf den Selbstwert. Wie dramatisch die Auswirkungen dieser scheinbaren Bagatellauslöser sind, zeigt eine Schätzung der UNO, nach welcher weltweit noch mehr als 10 000 Ehrenmorde verübt werden und die Blutrache jährlich über 5000 Todesopfer fordert.

Noch dramatischer präsentiert sich die Kränkung als Wurzel von kriegerischen Auseinandersetzungen. Nach der in letzter Zeit besonders von der deutschen Forscherin Evelin Gerda Lindner forcierten Demütigungshypothese lassen sich zahlreiche große Kriege, so der Erste und Zweite Weltkrieg, durch diese erzwungene Erniedrigung mit Verletzung von Stolz, Ehre und Würde der späteren Täter erklären.

So ist es wohl nicht weit hergeholt, wenn man als wesentlichen Auslöser des Ersten Weltkrieges die Beleidigung sieht, welche dem mächtigen Habsburger Reich durch das Attentat auf den Thronfolger im kleinen Serbien widerfahren ist. Ebenso ist ersichtlich, dass Adolf Hitler in der Kriegspropaganda die ihm aus eigenem Erleben bestens bekannten Demütigungsgefühle bei den Massen angesprochen und dadurch ein wesentliches Motiv für das größte Verbrechen der Menschheit geliefert hat. Demütigungen als folgenschwerste Form der Kränkung sind seit jeher fester Bestandteil von Machtausübung, Unterdrückung, Sklaverei, von Kriegsführung, Verbrechen – und des Bösen.

Die böse Lust

*»Kein jemals begangener Akt der Grausamkeit,
dem nicht eine verborgene Schwäche zugrunde liegt«*

Alfred Adler

Die Katze lag fast verhungert im Stiegenhaus. Auf Drängen der Nachbarn wurde in der Wohnung ihrer Besitzerin, einer bekannten Prostituierten, Nachschau gehalten. Die Polizeibeamten konnten die Frau, welche sonst regelmäßigen Kontakt mit den Anwohnern unterhielt und jetzt schon seit über einer Woche nicht mehr gesehen worden war, nicht finden. Die zahlreichen Befragungen führten zu einem Verdächtigen. Die Spur ließ sich bis zu einem Stammfreier, dem 48-jährigen Ernst K., zurückverfolgen. Bei der Untersuchung seiner Wohnung konnten diverse Utensilien für perverse Sexspiele, Pornofilme und vereinzelte Blutspuren gefunden werden. Nach längerem Abstreiten legte Ernst K. plötzlich entschlossen ein Geständnis ab.

Er habe vor einer Woche die ihm bestens bekannte und vertraute Prostituierte aufgesucht und mit in seine Wohnung genommen. Seinen fetischistischen und masochistischen Tendenzen folgend, habe er sich Frauenkleidung angezogen und die Prostituierte gebeten, ihn streng zu fesseln und zu schlagen. Als es nach längerem Bemühen fast zum Höhepunkt gekommen sei, habe die Prostituierte eine abfällige Bemerkung gemacht. Sie habe gemeint, dass er »es« ohnehin nicht schaffen werde und sie nicht so viel Zeit habe. Damit habe sie auf seine Erektions- und Orgasmusprobleme angespielt. Dies habe ihn gedemütigt und gekränkt, er habe in sich eine kalte Wut, einen immer mächtiger anschwellenden Hass gespürt. Zwischenzeitlich von den Fesseln befreit, habe er der Prostituierten mehrmals ins Gesicht geschlagen, sie gewürgt und dann mit einem Lederband erdrosselt.

Den Leichnam habe er in ein Leintuch gewickelt, diesen in den Nachtstunden in den Keller transportiert und überlegt, wie er ihn »entsorgen« könne. Mit einer Handkreissäge habe er der Toten Arme und Beine abgetrennt, die Leichenteile in Müllsäcke verpackt und sei schlafen gegangen. In der Früh habe er die Säcke in eine Kiste gelegt, diese auf einen Handschubkarren gehoben und sich auf den Weg gemacht. Er durchschritt, so ergab die Rekonstruktion, mehrere belebte Straßen und durchquerte mit seiner Leichenfracht eine durch den Morgenverkehr überfüllte Bahnhofshalle, begab sich auf einen Bahndamm, marschierte dort zwischen ein- und ausfahrenden Zügen noch eine halbe Stunde dahin, ehe er die Säcke mit den Leichenteilen in einem dichten Gebüsch ablegte. Er sei zwar pervers und masochistisch veranlagt, aber keinesfalls ein Sadist oder Leichenschänder. Er habe den Körper der Toten nur zerteilt, um sie unauffällig abtransportieren zu können.

Ernst K. begann nach der formalen Einvernahme zu erzählen: Seine Kindheit sei, das sage wohl jeder Mörder, nicht schön gewesen. Er habe eine uninteressierte, kalte und hartherzige, psychisch überforderte Mutter gehabt und sei vom jähzornigen Vater oft wegen Kleinigkeiten geschlagen worden. Zweimal habe man wegen der Wunden den Arzt aufsuchen müssen, man habe ihn am Kopf genäht, einmal habe er sogar einen Zahn verloren. In der Pflichtschule sei er von einer »furchtbaren« Klassenlehrerin geplagt worden und gegenüber den anderen Kindern benachteiligt gewesen. Wenn sie die Eltern herbestellt und sich bei diesen über sein Verhalten beschwert habe, hätten Vater und Mutter der Lehrerin geglaubt und ihn mit Schlägen bestraft. Er erinnere sich, wie er damals immer gedacht habe, die Lehrerin gehöre »abgemurkst«. Als er einige Jahre später gehört habe, dass sie »krepiert« sei, habe er sich richtig gefreut.

Weil er nicht schwimmen konnte, sei er von vielen Mitschülern gehänselt worden. Als ihn einmal ein paar Mädchen fragten, ob er sie retten würde, wenn sie ins Wasser fielen, habe er gesagt: »Ich würde euch noch die Geldtasche herausziehen und den Schmuck abnehmen und dann absaufen lassen, wie alle Weiber.« Oft sei er wegen Kleinigkeiten jähzornig und aggressiv geworden. Als ihn während seiner Ausbildungszeit zwei andere Lehrlinge spaßeshalber gefragt hätten, ob er mit seiner hübschen Schwester schlafe, habe er einen starken Ast geholt und auf die beiden eingeschlagen. Damals sei es zur ersten Anzeige gekommen. Ein anderes Mal sei er in einem Geschäft langsam bedient worden und habe deshalb die Verkäuferin gefragt, ob sie beim Geschlechtsverkehr auch so langsam sei. Als ihn die Frau zurechtwies, habe er das intensive Bedürfnis verspürt, sie zu erwürgen.

Er fühle sich sexuell nicht normal veranlagt. Dies habe sicher mit den Quälereien, die er im Elternhaus erlitten habe, zu tun. Seit damals spüre er in sich kein Gefühl und keine Erregung. Während der Pubertät sei ihm seine starke Neigung nach weiblicher Kleidung, insbesondere nach Stöckelschuhen und Damenwäsche, aufgefallen. Er habe geträumt, eine Nutte zu sein und immer nur in Seidenstrümpfen und Lackstiefeln herumzustolzieren. Beim Geschlechtsverkehr sei er oft ausgerastet, vor allem, wenn die Partnerin nicht liebevoll gewesen sei oder ihn zur Eile gedrängt habe. Er habe ältere Frauen, meist Prostituierte, bevorzugt, da diese nicht so hektisch agiert und ihm Zeit gelassen hätten. Da habe er sich ein wenig geborgen gefühlt und manchmal von sich erzählt. Schon in der Kindheit sei in ihm oft ein tödlicher Hass entstanden: damals auf die Eltern, später auf Lehrpersonen, dann auf Kollegen und völlig Unbeteiligte. Der Hass sei besonders intensiv geworden, wenn man ihn kritisiert oder in irgendeiner Form benachteiligt habe. Er raste dann völlig aus und halte sich deshalb für einen gefährlichen Menschen, eine Zeitbombe.

Die Tötung der Prostituierten sei zufällig erfolgt. Diese sei ihm vertraut gewesen und er habe sie gemocht. Er sei nach der Arbeit nach Hause gegangen, habe auf dem Weg zwei Bier getrunken, habe daheim den Fernseher eingeschaltet und gerade eine Szene gesehen, in welcher eine Frau in einer gefüllten Badewanne erwürgt oder erdrosselt wurde. Er habe bemerkt, wie ihn dies ungeheuer errege, habe sich sofort Geschlechtsverkehr gewünscht und auf der Straße die Prostituierte geholt. Schon beim Beginn der sexuellen Handlungen seien in ihm aggressive Vorstellungen, Bilder von Würgen, Blut und Niedermachen emporgekommen. Die Prostituierte habe ihn im Gegensatz zu ihrem sonstigen Verhalten lieblos, so richtig »geschäftig«, behandelt und zur Eile gedrängt. Als sie dann eine »blöde Bemerkung« gemacht habe, sei in ihm ein intensiver Wunsch entstanden, sie zu töten. Wörtlich führt er aus: »Da dachte ich an den Film, schlug ihr in die Fresse und begann sie zu würgen, bis sie sich nicht mehr rührte ... Durch das Würgen wurde ich erst recht erregt, ließ von ihr ab, stellte mich neben sie hin, schaute sie an und habe onaniert. Es hat nur kurz gedauert, bis ich einen Orgasmus hatte, worüber ich mich selbst gewundert habe. Ich sah dann den Gürtel liegen und verspürte plötzlich Lust, diesen um ihren Hals zu legen und richtig zusammenzuziehen. Ich kann nicht erklären, warum ich dieses unbändige Verlangen hatte, es war einfach so. Natürlich dachte ich auch daran, dass sie mich, wenn sie noch lebte, verpfeifen könnte und ich wollte sichergehen, dass sie tot ist ...«

In der psychiatrischen Untersuchung wurden bei Ernst K. eine breit gefächerte sexuelle Perversion, eine schwere Persönlichkeitsstörung mit hochgradiger Impulsivität und narzisstischen Spannungszuständen festgestellt. Seine sadistischen Fantasien zeigten zuletzt eindeutig Progredienz. In der FBI-Typologie der Sexualmörder wurde er dem desorganisierten Typus zugeordnet. Seine Sexualstörungen betrafen die sexuelle Orientierung und die Sexualpräferenz. Neben erheblichen Orgasmusverzögerungen und zunehmenden sadistischen und sadomasochistischen Tendenzen dominierte bei ihm ein fetischistischer Transvestitismus, welcher sich vom einfachen Fetischismus dadurch unterscheidet, dass Fetischgegenstände oder Kleidung nicht nur getragen werden, sondern den Anschein erwecken sollen, dass es sich um eine Person des anderen Geschlechts handelt. Typischerweise hat er über Jahre hinweg in seiner Freizeit, großteils unbemerkt, mehr als einen weiblichen Gegenstand getragen und sich mehr oder minder vollständig mit Kleidern, Perücke und Make-up ausgestattet. Wie es für fetischistischen Transvestitismus charakteristisch ist, waren sexuelle Erregung und Verlangen stark an das Tragen der Kleidung und an dieses Outfit gebunden. Diesbezüglich entwickelte er ein nahezu süchtiges Verhalten mit einem destruktiven Verlauf: Er war in seinem sexuellen Erleben zunehmend eingeengt und auf das Fetischistische und Sadistische festgelegt, wodurch die Hinwendung zur Anonymität mit Ausschluss echter Partnerschaften eingetreten ist. Es kam zu einer Progredienz der Perversion mit Steigerung der Frequenz der perversen Handlungen und dem Ausbleiben der Befriedigung ohne dieses Sexualverhalten. Die mangelnde Befriedigung führte zum Ausbau der Fantasie und Praxis, zur ständigen Steigerung, zur Unterdrückung der dranghaften inneren Unruhe und zu einem sucht- und rauschartigen Agieren, das hintergründig sicher Art und Heftigkeit der Tat des Ernst K. mit erklären kann.

Der bei Ernst K. ebenso vorhandene Sadomasochismus ist als Ausdruck einer auf den anderen gerichteten, sexualisierten Aggressivität, die sich triebhaft äußert und orgastisch entlädt, zu verstehen. Der Sadismus, welcher sich bei Ernst K. auch nach der Verurteilung zu 20 Jahren Haft weiter in furchtbaren Sexualfantasien zeigte, ist als lustvoller Zerstörungstrieb zu interpretieren. Daneben zielen sadistische Intentionen auf die Bemächtigung des Sexualpartners, auf eine totale Verfügungsbereitschaft und das völlige Aufgeben seiner Eigenständigkeit ab. Die Dominanz über die Prostituierte schlug in Hass um, als das Opfer seinen sich lange hinziehenden sadomasochistischen Praktiken verbalen Widerstand entgegensetzte. Ernst K. sah sich, so wie in der Kindheit, zurückgewiesen und enttäuscht. Wenn man einem Menschen jene

Zuwendung vorenthält, die er als Kind so gerne gehabt hätte, reagiert er später mit bösem Hass und manchmal mit tödlicher Wut.

Neben den Sexualstörungen darf man im Fall des Ernst K. aber auch sein Sozialverhalten nicht unberücksichtigt lassen, da die zum Bösen führenden Emotionen oft aus Vereinsamung resultieren. Die Instabilität seiner sozialen Kontakte entspringt starken, aggressiv abgewehrten Bindungsängsten, welche mit der emotional gestörten Mutterbeziehung zu tun haben. Beziehungen konfrontieren ihn mit seinen Abhängigkeits- und Autonomieproblemen und haben deswegen eine aggressive Tönung, nahezu den Charakter einer »Kampfbeziehung« bekommen. Die Unreife seiner Sexualität äußert sich bei ihm in perversen sexuellen Verhaltensweisen, unter welchen der Fetischismus und der Transvestitismus sowie der Sadismus dominieren. Stabilere sexuelle Beziehungen sind ihm wegen des Einfließens hassvoll-aggressiver Impulse, die schwer kontrollierbar sind, nie gelungen. Die Tötungshandlung hat sich als abrupter Durchbruch der sexualisierten Aggressionsimpulse manifestiert, sie war nicht ritualisiert und wenig festgelegt. Da es sich beim Opfer um eine Prostituierte gehandelt hat, kann man von einem beliebigen und auswechselbaren Partner ausgehen. Ebenso war der Auslöser eher geringfügig, aber in Anbetracht der Kränkbarkeit des großen, enttäuschten Kindes, welches der Mörder teilweise noch war, nicht zufällig. Die Analyse der Mutterbeziehung des Ernst K. zeigte ganz klar, dass er das Bild von der Mutter in einen guten und einen bösen Teil gespalten hat. Seine früh auftretenden Ängste, Konflikte und Impulse führten zu permanenten narzisstischen Spannungen und zu einer durchgehenden Angst vor wirklichen emotionalen Kontakten.

*

Im Sexualmord vereinigen sich zwei Ausformungen des Bösen: die gewalttätige Sexualität und die Tötung eines Menschen. Er stellt eine

Kombination von sexuellem Übergriff und Mord dar und beinhaltet eine sexuelle Komponente sowie eine Aggression, die schlussendlich zum Tod des Opfers führt. Neben dem Mord weist die Tat entweder auf einen offenkundigen sexuellen Angriff wie eine Vergewaltigung oder aber auf eine sexuelle Symbolhandlung hin. Diese kann sich beispielsweise in der Nacktheit des Opfers, einer sexualisierten Positionierung des Körpers, dem Nachweis von Samenflüssigkeit auf oder neben der Leiche sowie der Schändung der Genitalorgane äußern. Manchmal handelt es sich um sogenannte Deckungsmorde, durch welche die Opfer einer vorausgehenden Vergewaltigung zum endgültigen Schweigen gebracht werden sollen. Hier spielen sadistische Triebe und sexuelle Tötungslust keine Rolle.

In Deutschland ist wie im übrigen Europa dieses schwerste aller Sexualdelikte, das in seiner Art und Wirkung dem Bösen oft sehr nahe kommt, tendenziell rückläufig. Während in den frühen 1970er- und 1980er-Jahren weit über 60, meist auch über 80 Sexualmorde pro Jahr polizeilich registriert wurden, liegen die Zahlen trotz Einbeziehung der neuen Bundesländer in die Gesamtstatistik seit Anfang der 1990er-Jahre deutlich unter 40 Fällen pro Jahr. Auch in den USA zeigt sich ein ähnlicher Trend. Von den dort durch Jugendliche verübten Morden zwischen den Jahren 2000 und 2005 konnte nur ein Prozent auf sexuelle Motive zurückgeführt werden. In Österreich werden pro Jahr zwei bis acht Sexualmorde verübt, von denen sich drei Viertel aufklären lassen.

Der weltberühmte Profiler Robert Ressler teilt die von ihm untersuchten Sexualmörder in organisierte und desorganisierte Täter ein:

Täter vom organisierten Typus stammen oft aus guten familiären Verhältnissen, sind in Mittelschichtfamilien aufgewachsen, haben keine körperlichen und sexuellen Traumatisierungen erlebt und keine frühen Verhaltensauffälligkeiten gezeigt. Sie weisen meist eine gute Bildung auf, haben sich beruflich etabliert und leben in aufrechten Partnerbeziehungen. Hinter dieser unauffälligen, bürgerlichen Fassade verstecken sich allerdings grauenhafte sadistische Fantasien, denen die

Betroffenen in suchtartiger Weise nachhängen. Dies führt zu erheblichen Spannungszuständen, welche sich nicht selten in psychosomatischen Störungen, etwa in Kopfschmerzen, äußern.

Der organisierte Sexualmörder plant seine Tat genau. Er kundet die für den Überfall in Frage kommenden Örtlichkeiten und den angestrebten Fluchtweg aus, spioniert nach geeigneten Opfern, bedenkt mit der ihm eigenen Vorsicht mögliche Zwischenfälle und entfaltet sein ganzes logistisches Talent. Die Opfer sind meist unbekannte Personen, die ihn durch irgendeinen Schlüsselreiz ansprechen. Der Überfall erfolgt lautlos und in einer Art, dass das Opfer keine Chance hat. Für den organisierten Täter ist die Kontrolle über die Situation fast so wichtig wie jene über das Opfer. Auch die Tat wird keinesfalls überhastet durchgeführt, sondern meist geradezu zelebriert.

Sexualmörder vom organisierten Typ, welche dem Bild des Serienkillers in Roman und Film entsprechen, hinterlassen kaum Spuren. Die Ergreifungschancen sind, wie man sich denken kann, gering. In vielen Fällen fallen sie aber ihrer eigenen Selbstüberschätzung und Abgehobenheit zum Opfer. Wenn sie sich allzu sicher und allzu mächtig fühlen, begehen sie den entscheidenden Fehler. Beunruhigend ist aber die Erkenntnis, dass weltweit mehr als hundert nicht ergriffene Serienmörder frei herumlaufen. Das Böse bewegt sich unter uns.

Hingegen ist der Sexualmörder vom desorganisierten Typ meist in einem gewalttätigen, instabilen Milieu groß geworden, ist oft Opfer physischer oder sexueller Gewalt geworden, hat frühe Verhaltensstörungen gezeigt und wurde schon in jungen Jahren erstmals delinquent. In vielen Fällen hat er die Schule abgebrochen und keine Berufsausbildung gemacht, sein Bindungsverhalten ist sehr instabil, meist lebt er allein. Seine Persönlichkeitsstruktur ist durch Gehemmtheit und hohe Empfindsamkeit geprägt, auf Zurückweisung und Kritik reagiert er mit Spannung und Aggressivität. Die Tat wird von ihm nie geplant. Die Opfer stammen meist aus dem Bekanntenkreis. Bei der tödlichen Episode handelt es sich um eine emotional aufgeheizte, spannungsreiche Situation unter Bekannten. Sehr oft fallen dabei kränkende Worte oder abwertende Gesten. Der Täter wird dann von seinen Aggressionen übermannt, die Tötungshandlung bricht in Art eines Dammbruches durch. Noch in hochgradig erregtem Zustand tätigt er sexuelle Übergriffe, in vielen Fällen am bereits toten Opfer. Seine plötzliche Macht genießt er bis zum Exzess. Sein Verhalten scheint ihm selbst als fremd und als etwas, das nichts mit seiner Person und seinen Wünschen zu tun hat. Naturgemäß sind die Entdeckungschancen in einem solchen Fall viel höher.

Bei allen Sexualdelikten, besonders auch bei den Sexualtötungen vom desorganisierten Typ, sind die Täter ähnlich wie bei den Körperverletzungen häufig berauscht. Der Einfluss von Alkohol steigert allgemein die sexuelle Aggression. Je nach Sexualdelikt werden in verschiedensten Studien unterschiedliche Zahlen genannt, wonach zwischen 38 und 63 Prozent der Täter zur Tatzeit unter Alkoholeinfluss standen. Dem Konsum von Alkohol kommt somit die Rolle eines wesentlichen Risikofaktors für sexuelle Straftaten zu. Neben Angstreduktion und sozialer Enthemmung schränkt Alkohol die kognitive Reizverarbeitung, das Beachten längerfristiger Konsequenzen und auch die Empathie für das Opfer stark ein.

Bei den klassischen sexuellen Serienmördern lässt sich, wie so oft in der Kriminalität, ein Wechselspiel von biologischen, soziologischen und entwicklungsgeschichtlichen Faktoren beobachten. Bei mehreren Untersuchungen wurden überdurchschnittlich hohe Raten an kindlichen Hirnschädigungen und Hirnanomalien, besonders im Bereich des rechten Temporallappens, gefunden. Die dadurch hervorgerufenen Persönlichkeits- und Verhaltensstörungen betreffen die Sexualitätskontrolle, die Gemütsresonanz und das Sozialverhalten. Man kann aber nicht annehmen, dass solche unspezifische Faktoren auch das Auftreten sadistischer Fantasien begünstigen.

Fast immer kann man bei Serienmördern spezifische Schlüsselerlebnisse und Initialreize beobachten. Die Täter berichten von solch prägenden Erlebnissen, etwa, dass sie als Kinder bei einer Tierschlachtung zugeschaut haben oder Zeuge wurden, wie ihr Lieblingshaustier von einem Lkw überrollt worden ist. Auch Züchtigungen von Kindern, Gewalttätigkeit gegenüber der Mutter oder eigene Missbrauchserlebnisse können solche Ereignisse belegen. Stephan Harbort, welcher sich besonders mit der Psychologie von Serienmördern befasst hat, weist darauf hin, dass solche Tötungsakte wesentliche Elemente dieser Schlüsselreize widerspiegeln können, etwa, wenn jungen weiblichen Opfern das Messer wie beim Abstechen von Schweinen seitlich in den Hals gestoßen wird oder sie wie beim Schlachten von Tieren ausgeweidet werden.

Harbort hat bei Serienmördern, welche von sadistischen Gewaltfantasien getrieben werden, einen spezifischen Entwicklungs- und Handlungszyklus, der durch sieben Verlaufsphasen geprägt sei, beschrieben. Dieser gibt bemerkenswerte Einblicke in das innere Leben, in die Gedanken und Gefühlswelt der in so vielen Romanen und Filmen beschriebenen heutigen Personifikationen des Bösen, des Sexualmörders:

In der Prägungsphase werden Schlüsselreize erlebt, zunächst aber noch nicht als Bestandteil der eigenen Sexualität empfunden. Vielmehr wirken diese auf der Gefühlsebene auf diffuse Art, nämlich »irgendwie erregend«, merkwürdig angenehm oder im Sinne eines komischen Gefühls. Nach längerer Zeit setzt die Entwicklungsphase ein, in der die Prägungserlebnisse gedanklich nacherlebt und in der Fantasie ausgestaltet werden. In spielerischen Fantasien werden sie wiederholt, später durch instrumentelle Masturbation verfestigt und schließlich zu Gewaltfantasien ausgestaltet. In dieser Phase werden andere sexuelle Stimuli entweder bewusst ausgeblendet oder nicht mehr wahrgenommen.

In der Verselbstständigungsphase entwickelt sich eine eigene Erlebniswelt ritualisierten abnormen Sexualverhaltens, das sich in Form einer Paraphilie, einer krankhaften Abweichung der sexuellen Ausrichtung, äußert. Dies unterminiert auf der anderen Seite aber das Selbstwertgefühl, ruft Versagensgefühle wach und das Bedürfnis, die eigene Persönlichkeit in »normal« und »krank« oder in »gut« und »böse« aufzuspalten. Die Tierquälereien oder sodomitischen Akte werden vom Betroffenen als fremd, abstoßend, unheimlich, zwanghaft, aber auch als lustvoll erlebt. In übersteigerten Fantasien schießen die Triebe gleichsam über und umfassen dann erstmals die Tötung eines Menschen. Dabei geht es weniger um Sexualität, sondern um Macht und Kontrolle, um Lustgewinn aus der Hilflosigkeit und Ohnmacht des Opfers. Durch das dabei immer stärker werdende triumphale Allmachtsgefühl gegenüber dem völlig beherrschten Opfer wird die reale Welt durch Omnipotenz-Vorstellungen ersetzt, was aber auch dazu führt, dass sich die Täter absondern und in ihrer eigenen Welt leben. Nach außen hin gelten sie deshalb als Sonderlinge und Eigenbrötler.

Die Probierphase wird vom Verlangen, die Fantasien in die Tat umzusetzen, beherrscht. Andere sexuelle Handlungen verlieren im Laufe der Jahre an Reiz und haben immer weniger Bedeutung. Der Wunsch, die Fantasien in der Tat selbst zu erleben, wird dominanter. Es werden Probe- und Vorbereitungshandlungen getroffen, indem nach geeigneten Tatorten und potenziellen Opfern gesucht wird. Meist kommt es dann zu Probehandlungen durch erste Überfälle, aber noch nicht zur finalen Tötung. In nicht seltenen Fällen werden mehrere Anläufe absolviert, wovon die hohe Rate an versuchten Vergewaltigungen, sexuellen Nötigungen und Körperverletzungen bei später gefassten Sexualmördern zeugt.

In der Umsetzungsphase ist es schließlich so weit, es kommt zum ersten Tötungsakt. Dieser stellt nichts anderes dar als eine äußerste Steigerung des fantasierten Wunsches, das sexuelle Verlangen voll auszuleben und alles machen zu können.

In der anschließenden Vertiefungsphase zeigen sich die Täter einerseits erleichtert, andererseits schockiert und betroffen. Es herrscht in ihnen ein zwiespältiges Gefühl aus Schuldvorwürfen und erotisierenden

Reflexionen vor. Dazu tritt die Angst vor baldiger Entdeckung. Dieser Neuorientierungsprozess bewirkt, dass die nächste Tat erst in längerem Abstand, durchschnittlich nach gut zwei Jahren, folgt.

Das Weiterwirken der Tötungsfantasien und deren Intensivierung stehen am Anfang der Wiederholungsphase. Das Nacherleben der Tat in der Vorstellungswelt genügt nun nicht mehr, es hat sich verbraucht, die Faszination stumpft ab, der Genuss muss in der Realität wiederholt werden. Während dieser Zeit mit ihren vielfältigen emotionalen Reflexionen führen Versagenserlebnisse wie berufliche Zurücksetzungen oder private Kränkungen zu einer Beschleunigung des Prozesses. Die Tötungshemmung wird durch die Wiederholung reduziert, der Täter gewöhnt sich schneller an die Tat, seine Fantasien befriedigen immer weniger. In dieser Spirale der Gewalt werden die Abstände zwischen den Taten kürzer. Sofern der Täter nicht entdeckt wird, übersteigert er sich in narzisstische Größenideen und träumt von seiner Unangreifbarkeit. Dies wird ihm dann meist zum Verhängnis, er wird unvorsichtiger, er macht den entscheidenden Fehler.

*

Während das Beispiel des Ernst K. eher dem unorganisierten Typus zuzuordnen ist, aber auch Züge des organisierten Täters zeigt, ist einer der berühmtesten Fälle der Kriminalgeschichte klarer zu qualifizieren:

Es sind dies die Taten des Edmund Emil Kemper, Jahrgang 1948, des sogenannten »Co-Ed-Killers«. Seine Mordserie, eine der spektakulärsten in der an großen Verbrechen nicht armen amerikanischen Kriminalgeschichte, ereignete sich in den Jahren 1972/73 in Kalifornien. Der ohne Vater zusammen mit seinen beiden Schwestern bei der Mutter aufwachsende Knabe fiel schon in der Kindheit durch Tierquälereien, welche bis zur Zerstückelung von Katzen reichten, und durch rituelle Todesspiele mit seiner älteren Schwester Susan auf. Somit zeigte der von düsteren Gedanken und sadistischen Fantasien geplagte

Junge offensichtlich eine jener kindlichen Verhaltensweisen, die neben Brandlegungen und hartnäckigem Schulschwänzen als prognostisch ungünstiger Faktor für sich später einstellende Persönlichkeitsstörungen gilt. Der junge Ed wurde von seiner mit der Erziehung überforderten Mutter zu seinen auf einer entlegenen Farm lebenden Großeltern väterlicherseits gebracht. Als ihm seine Großmutter nicht gestattete, seinen Großvater aufs Feld hinaus zu begleiten, erschoss sie der damals 14-Jährige und stach anschließend mit einem Küchenmesser voll Hass auf die Tote ein. Beim Polizeiverhör sagte er dazu: »Ich wollte bloß wissen, was es für ein Gefühl ist, Grandma zu erschießen.« Den zurückkehrenden Großvater streckte er, um ihm – wie er sagte – den Anblick seiner toten Frau zu ersparen, ebenfalls nieder und ließ dessen Leiche auf dem Hof liegen.

Die den kindlichen Täter begutachtenden Psychologen stellten die nicht sonderlich dramatische und wenig aussagende Diagnose einer »gehemmt-aggressiven Persönlichkeitsstörung«, veranlassten aber immerhin die Unterbringung in einer geschlossenen Klinik für psychisch kranke Straftäter. Entgegen dem Rat der psychiatrischen Gutachter wurde er von dort sieben Jahre später, inzwischen 150 Kilogramm schwer und zwei Meter groß, als scheinbar geheilt entlassen. Unter der Obhut seiner Mutter lebte er in der Folge von Gelegenheitsjobs, ehe er eine Festanstellung beim Straßenbauamt in Santa Cruz bekam. Wie es bei vielen Serienmördern typisch ist, fuhr er oft stundenlang mit seinem Auto ziellos auf Straßen und Highways herum. Auf der Suche nach geeigneten Opfern nahm er immer wieder junge Anhalterinnen mit.

Es sollte sich als äußerst verhängnisvoll erweisen, dass die Gefährlichkeit des scheinbar nachgereiften, hochintelligenten, in der Anstalt sogar als Gehilfe des Psychologen tätigen Mannes unterschätzt worden war. Im Mai 1972 erstach er zwei 18-jährige Tramperinnen, schaffte ihre Leichen ins Haus seiner Mutter, schnitt ihnen die Organe heraus und hielt auf einer Polaroidkamera fest, wie er mit den Leichenteilen spielte. Die abgeschnittenen Köpfe warf er in eine Schlucht, die Leichenreste verscharrte er in den Bergen von Santa Cruz.

Vier Monate später erstickte Kemper eine 15-jährige Schülerin, verging sich am Leichnam des Mädchens und zerstückelte ihn zu Hause. Wie sehr der nach außen hin offensichtlich angepasste Mörder selbst professionelle Psychiater täuschen konnte und wie stark seine manipulative Kraft gewesen sein muss, zeigt sich in folgender Nebenepisode: Zu einem Zeitpunkt, als der Kopf der getöteten Aiko Koo noch im Kofferraum seines Pkw lag, wurde Kemper von einem Psychiater zu Hause zur Begutachtung aufgesucht. Dieser stellte nach einer Routineuntersuchung fest, dass von Kemper keinerlei Gefahr mehr ausgehe, und gab den Behörden die Empfehlung, auf weitere Betreuungs- und Kontrollmaßnahmen zu verzichten.

Die Serie böser Taten ging aber weiter: Im Januar 1973 zwang Kemper eine Studentin in den Kofferraum seines Wagens, erschoss sie, transportierte den Leichnam zum Haus seiner Mutter, wo er die Tote penetrierte und anschließend zerlegte.

Nachdem die jungen Frauen in Santa Cruz, wo Angst und Entsetzen herrschte, aufgefordert wurden, sich von niemandem außer von deklarierten Universitätsangehörigen mitnehmen zu lassen, beschaffte sich Kemper über seine Mutter einen Universitätsaufkleber. Mit dieser vertrauenerweckenden Autokennzeichnung gelang es ihm, zwei weitere Frauen in seine Gewalt zu bringen. Er tötete sie auf ähnlich sadistische Weise wie die früheren Opfer.

Als er abermals nicht gefasst worden war, brachen beim Killer alle Dämme und es trat das ein, was man als »narzisstischen Höhenrausch« bezeichnen kann. Er hielt sich nicht nur für den Herrn über Leben und Tod, sondern war unter dem Eindruck der erfolglosen Fahndung immer mehr überzeugt, unfassbar und unangreifbar zu sein. Er steigerte sich immer mehr in seine Größenfantasien und wurde von einer geradezu hemmungslosen Mordlust getrieben. So plante er, sämtliche Mieter seines Wohnblocks zu erschießen, schritt aber stattdessen zur zentralen, zur unfassbarsten Tat: Er erschlug mit einem Zimmermannshammer seine schlafende Mutter, enthauptete sie und vergewaltigte den kopflosen Leichnam. An diesem konnten die Gerichtsmediziner feststellen, dass vom Täter der Kehlkopf herausgeschnitten worden war. Kemper begründete dies damit, dass ihn die Mutter all die Jahre genervt und angeschrien habe und er das »Organ der bösen Worte« vernichten wollte. Nach der Tötung seiner Mutter lud er deren Freundin zu einem »Überraschungsmenü« in die Wohnung ein, schlug sie nieder, erwürgte sie und hackte ihr schließlich den Kopf ab. Er legte sich dann neben den Leichnam in das Bett seiner Mutter und schlief mehrere Stunden. Am darauffolgenden Tag, einem Ostersonntag, stieg er in der Früh in seinen Wagen, fuhr wiederum ziellos durch die Gegend, rief von einer Telefonzelle die Polizei an, gestand die Morde und wartete, bis er von einem Streifenwagen abgeholt wurde.

Kemper wurde wegen achtfachen Mordes zu lebenslänglicher Haftstrafe ohne Möglichkeit der vorzeitigen Entlassung verurteilt und verbüßt die Strafe in der California State Medical Facility.

Kemper, welcher bereits während der ersten Unterbringung sämtliche verfügbaren Tests samt richtigen Antworten auswendig gelernt hatte, präsentierte sich als Musterhäftling und wurde – ähnlich wie Jack Unterweger – mit zahlreichen Privilegien bedacht. Die Intelligenztestung bescheinigte ihm einen weit überdurchschnittlichen IQ von 145. Da er schonungslos und sehr offen unter der Verwendung zahlreicher psychiatrischer Fachausdrücke über sein Empfinden und seine Taten sprach, wurde der als kriminalpsychologischer »Experte« geltende Kemper zu einem beliebten »Forschungsobjekt«. Unter anderem wurde er von Robert Ressler und vom FBI-Agenten John Douglas stundenlang interviewt. Offensichtlich dienten seine Person und seine Taten auch als Vorbild für den Film »Das Schweigen der Lämmer« beziehungsweise dessen Hauptfigur Hannibal Lecter.

In den Taten des Ed Kemper verdichten sich verschiedenste Komponenten des Bösen, von Unreife bis zu orgastischer Gewalttätigkeit und von Entwürdigung der Opfer bis zur Nekrophilie, der perversen Liebe zu Toten, reichend. Kempers Persönlichkeit zeigt alle Züge eines schwer psychopathischen Charakters, einer unglaublich intensiven sadistischen Energie und einer breit gefächerten sexuellen Perversität. Seine Gefährlichkeit resultierte aus dem Fundus an kaum je gedachten pervers-sadistischen Vorstellungen, aus seiner Bereitschaft, diese umzusetzen, aus der gerade suchtartigen Charakter annehmenden Mordlust, aus der äußeren Anpassungsfähigkeit und der starken manipulativen Kraft seiner Persönlichkeit. Die absolute Gefühlskälte und das Unvermögen, sich auch nur im Geringsten in die Opfer hineinzufühlen, komplettieren die Kombination des Bösen. Dabei litt Kemper aber an keiner psychischen Erkrankung im Sinne einer schizophrenen oder manisch-depressiven Störung. In diesem Fall wäre er wohl gar nicht zu solchen Taten fähig gewesen.

Als Kemper beim Verfahren gefragt wurde, welche Strafe er für seine Taten für angemessen hielt, antwortete er doppelsinnig: Einerseits bekennt er, dass er sich seines verbrecherischen Handelns bewusst ist und eine den Qualen seiner Opfer vergleichbare Strafe wünscht. Andererseits verbirgt sich hinter seinen Worten ein weiterer abnormer Wunsch, eine egozentrische Perversion, jene des Masochismus. Kempers Antwort lautete: »Tod durch Folter.«

Der böse Ruhm:
School Shootings und Co.

»*Der Mensch, der nicht geachtet ist, bringt um.*«
                                                       Antoine de Saint-Exupéry

Mittwoch, 11. März 2009, Winnenden bei Stuttgart. In der beschaulichen schwäbischen Kleinstadt, deren bislang wenig bekannter Name an diesem Tag um die Welt gehen sollte, bekleidet sich der 17-jährige Schüler Tim K. mit einem Bundeswehr-Tarnanzug, entnimmt der Waffensammlung seines Vaters eine Pistole der Marke Beretta, begibt sich in die Albertville-Realschule, die er 2007 abgeschlossen hatte, geht mit entsicherter Waffe durch die Gänge, dringt in die Klassenzimmer ein und beginnt zu feuern. Er tötet acht Schülerinnen, einen Schüler und drei Lehrerinnen. Nach dem ersten Teil der Bluttat zieht sich der Täter über das nahe gelegene Krankenhaus zurück, wo er eine unbeteiligte Person erschießt. Mit Tim K.s Flucht über die psychiatrische Klinik Winnenden berühren sich gleichsam, welcher Zufall, zwei der bedeutsamsten deutschen Mord-Dramen: Hier war der Massenmörder Ernst Wagner, der im Jahr 1913 bei einem Amoklauf 14 Personen getötet hatte, 25 Jahre lang bis zu seinem Tod untergebracht gewesen.

    Tim K. bringt einen Autofahrer mit dessen Pkw in seine Gewalt, lässt den Lenker aber laufen und fährt in das 40 Kilometer entfernte Wendlingen, wo er in einem Autohaus zwei Passanten tötet und zwei Polizisten verletzt. Nachdem er selbst von einem Projektil in die Beine getroffen wird, richtet er die Waffe gegen sich selbst und erschießt sich.

Angehörige, Freunde und Bekannte bezeichneten Tim K. als einen nie sonderlich auffällig gewordenen Schüler. Er galt als »netter und guter Junge«, der aus einem wohlhabenden Elternhaus stammte und unter behüteten Verhältnissen aufwuchs. Früher war er beim Musikverein gewesen und hatte als Tischtennisspieler ein hohes Niveau erreicht. Der Vater, Mitglied im örtlichen Schützenverein, nahm ihn mit auf den Schießplatz und machte ihn mit Waffen vertraut. Manche Mitschüler beschrieben ihn teilweise als frustriert und zurückhaltend, andere erlebten ihn als unnahbar und etwas arrogant. Er habe wenige Freunde gehabt, sei kaum auf Partys gegangen und habe sich in letzter Zeit mehr und mehr zurückgezogen. Er sei stundenlang vor seinem Computer gesessen und habe gespielt, meist Ego-Shooter-Spiele, oder er habe mit einem Softgewehr im Keller herumgeballert. Zuletzt seien selbst Eltern und Schwester kaum mehr an den abgekapselten, enttäuscht wirkenden Jugendlichen herangekommen. Im Jahr 2008 stand er wegen Depressionen in ambulanter psychologischer Betreuung. Trotz dieser Auffälligkeiten fand aber niemand für die monströse Tat eine auch nur annähernd nachvollziehbare Erklärung.

Die Tat des Tim K. ist kein Einzelfall, sondern reiht sich nach ihrem Ablauf und dem Bild des Täters geradezu nahtlos in eine Reihe ähnlicher Dramen, mit denen sich die Gesellschaft seit gut 20 Jahren ohnmächtig konfrontiert sieht, ein:

- Am 24. März 1998 lösen in einer Schule in Jonesboro, Arkansas, ein 11- und ein 13-jähriger Schüler falschen Feueralarm aus und richten mit Jagdgewehren unter den Flüchtenden ein Blutbad an. Sie erschießen aus dem Hinterhalt vier Mädchen und eine Lehrerin.
- Am 20. April 1999 stürmen zwei Schüler, der 18-jährige Eric Harris und der 17-jährige Dylan Klebold, die Columbine Highschool in Littleton, Colorado, erschießen zwölf Schüler im Alter von 14 bis 18 Jahren und einen Lehrer, verlet-

zen 24 weitere Personen und nehmen sich dann selbst das Leben.
- Am 26. April 2002 tötet der 19-jährige, ein Jahr zuvor von der Schule verwiesene Robert Steinhäuser am Gutenberg-Gymnasium in Erfurt zwölf Lehrer, die Schulsekretärin, zwei Schüler und einen Polizisten, ehe er sich selbst erschießt.
- Am 21. März 2005 tötet der 16-jährige indianerstämmige Schüler Jeff Weise in Red Lake, Minnesota, seinen Großvater und dessen Lebensgefährtin, den Schulwärter, die Lehrerin und fünf Mitschüler, die meisten durch Kopfschuss aus nächster Nähe. Als Weise während des Amoklaufs von einem Mädchen nach dem Motiv gefragt wurde, antwortete er: »Bum, bum, bum, und dann kein Geschrei mehr«. Im Internet hatte er sich unter dem Pseudonym »Todesengel« als Anhänger der nationalsozialistischen Rassenlehre und Bewunderer Adolf Hitlers geoutet.
- Am 20. November 2006 schoss der mit vier Gewehren, einer Pistole und mehreren Rauchbomben bewaffnete 18-jährige Sebastian B. in der Geschwister-Scholl-Realschule in Emsdetten um sich, verletzte 27 Menschen und richtete sich dann selbst. Der ehemalige Schüler hatte schulische Probleme und sich im Internet beklagt, dass er über Jahre hinweg von Mitschülern gemobbt worden sei. Seine Tat hatte er im Netz angekündigt: »Bevor ich gehe, werde ich euch einen Denkzettel verpassen, damit mich nie wieder ein Mensch vergisst!«
- Am 16. April 2007 erschoss der aus Südkorea stammende 23-jährige Anglistik-Student Cho Seung-Hui, der sich zuvor wegen selektiven Mutismus' in psychiatrischer Behandlung befunden hatte und jahrelang gemobbt worden war, an der Technischen Universität von Virginia 32 Menschen und verletzte mindestens 26 weitere. Anschließend tötete er sich selbst. In einem an NBC geschickten Manifest begründete er seine Tat mit seinem Hass gegen Reiche.

- Am 7. November 2007 erschießt der 18 Jahre alte Schüler Pekka-Eric Auvinen, der die Tat zuvor in einem Video im Internet angekündigt hatte, im finnischen Schulzentrum in Jokela acht Personen, darunter die Schuldirektorin, ehe er sich suizidierte.
- Am 23. September 2008 tötete der 22-jährige Berufsschüler Matti Juhani Saari in der westfinnischen Kleinstadt Kauhajoki neun Schüler, einen Lehrer und sich selbst. Noch am Vortag war er von der Polizei wegen Besitzes von Gewaltvideos befragt worden. Zwei Stunden vor der Tat präsentierte er sich mit Waffen auf YouTube und nannte als Hobbys Computer, Waffen, Sex und Bier.
- Am 5. November 2009 schoss der Major und Militärpsychiater Nidal Malik Hasan in Fort Hood/Texas auf Truppenangehörige der US-Army, welche sich gerade auf einen Einsatz in Afghanistan vorbereiteten. Er tötete 13 Soldaten und verwundete 32 weitere zum Teil sehr schwer. Der Täter überlebte den Anschlag, zog sich aber beim Schusswechsel eine Querschnittslähmung zu.
- Am 20. Juli 2012 verübte der 24-jährige Student James Holmes ein Attentat auf ein Kino in Colorado, in welchem die mitternächtliche Vorprämiere eines Batman-Films stattfand. 12 Kinobesucher wurden getötet, 70 weitere verletzt. Holmes, welcher unmittelbar nach der Tat festgenommen werden konnte, entging der Todesstrafe, weil er sich zuvor wegen Schizophrenie in psychiatrischer Behandlung befunden hatte, wird aber lebenslang verwahrt.
- Am 14. Dezember 2012 tötete der 20-jährige Adam Lanza in der Kleinstadt Newtown, Connecticut zuerst daheim seine Mutter, fuhr hierauf an deren Arbeitsplatz, die Sandy-Hook-Primarschule. Dort erschoß er 20 Erstklässler und 6 Angestellte, ehe er sich suizidierte. Ein Motiv für die Wahnsinnstat konnte nie gefunden werden.

- Am 2. Dezember 2015 ermordete das Ehepaar Tashfeen Malik und Syed Rizwan Farook bei einer Jahresabschlussfeier in San Bernardino 14 Beamte in jener Behörde in der Farook arbeitete.
- Am 12. Juni 2016 eröffnete der 29-jährige Omar Mateen, ein US-Bürger afghanischer Abstammung in einem überwiegend von LGBT (Lesbian, Gay, Bisexual, Transgender) aufgesuchten Nachtclub das Feuer. Er tötete 49 Besucher und verletzte 53 teilweise schwer. Der Attentäter, welcher nach eigenen Angaben mit der Terrororganisation IS sympathisierte, kam beim Polizeieinsatz ums Leben.
- Am 5. November 2017 erschoss der schwarz gekleidete, 26-jährige Devin Patrick Kelley, ein ehemaliger Angehöriger der Air Force, bei einem Gottesdienst in Sutherland Springs, Texas 26 Personen und verletzte 24 weitere. Auf der Verfolgungsjagd verunglückte der Täter, er wurde laut Polizei mit zwei Kopfschüssen aufgefunden. Es konnte nie geklärt werden, ob er sich diese selbst zugefügt hatte.

Wo liegen die Wurzeln dieser neuzeitlichen Geißel der gutbürgerlichen Gesellschaft? Welche Umstände treiben einen meist in wohlhabenden familiären Verhältnissen lebenden Jugendlichen an, wenn er sich zum Herrn über Leben und Tod aufschwingt, mit unglaublicher Kälte junge Menschen erschießt, ehe er sich selbst zur Strecke bringt?

Die äußeren Fakten sind rasch aufgezählt: Lebensgeschichte, Beziehungsmuster, soziale Umstände und Verhalten der jungen Amokläufer und Massakristen weisen große Ähnlichkeiten auf. Meist handelt es sich um unauffällig lebende, als zurückhaltend und einzelgängerisch geltende Individuen, in deren Familien keineswegs die sonst angeschuldigten dissozialen Strukturen und Verwahrlosungstendenzen anzutreffen sind. »Das wirklich Abnormale an diesen Tätern und ihrem Milieu ist das Normale«, schreiben die Profiler. Sie sind häufig von guter Intelligenz, haben jedoch im täglichen Leben irgendwo versagt, gelten aber bei näherer Betrachtung als emotional isoliert und kontaktarm.

Die Täter orientieren sich bei Kleidung und Vorgehensweise an ihren Vorgängern, posieren mit den Waffen im Internet und wählen nicht selten Jahrestage vorangegangener Taten aus. Sie verwenden immer Schusswaffen, zu denen sie meist leichten Zugang haben. Schul-Amokläufer handeln fast immer allein und geben in ihren oft über das Internet veröffentlichten Botschaften einer oder mehreren Personen Schuld an ihrem Versagen. Zuerst töten sie Menschen, die sie kennen, also die »Schuldigen«, in weiterer Folge aber auch Unbekannte. Bei den Opfern handelt es sich zu je einem Drittel um Schüler, Schulpersonal und unbeteiligte Personen. In den letzten Jahren enden die Amokläufe meist mit dem Suizid des Täters.

Der Tatort Schule wird deswegen gewählt, weil er in dieser Lebensphase nahezu zwangsläufig der »Ort der größten Kränkung« ist. In der Schule hat der Täter reale oder fantasierte Benachteiligungen besonders gespürt, in der Schule war er möglicherweise Hänseleien und Mobbing ausgesetzt, in der Schule hat er Gleichaltrige als zurückweisend und überlegen erlebt. Die Schule ist aber auch jener Ort, an welchem sich die heile Welt besonders repräsentiert und an welchem man die tiefsten Wunden anrichten kann: am hoffnungsvollen Nachwuchs, am Stolz der Familien, an der Zukunft unserer Gesellschaft. Kein Ort ist symbolträchtiger für die vom Täter so sehr gehasste und vielleicht auch gefürchtete heile Welt.

Solche Überlegungen und Motive findet man aber nicht nur beim *School Shooter* modernen Zuschnitts, sondern auch bei »normalen« Amokläufern. Die Psyche der Attentäter scheint instinktiv zu erfassen, wo sie die Menschen am meisten treffen. So ereignete sich auch einer der größten zivilen Massenmorde überhaupt an einer Schule, und zwar am 18. Mai 1927 in Bath, Michigan. Der Täter Andrew Kehoe, Mitglied des Schulkomitees, war über die zum Neubau des Schulgebäudes erhobene Grundsteuer, welche zu einem gerichtlichen

Vollstreckungsbescheid gegen seine Farm führte, derart aufgebracht, dass er zunächst seine Frau tötete, daraufhin seine Farm in Brand steckte und mittels Zeitzünder beziehungsweise Dynamit das Schulgebäude in die Luft sprengte. Dabei verloren 37 Schüler der ersten bis sechsten Klasse ihr Leben. Während der einsetzenden Rettungsarbeiten fuhr er mit seinem Wagen, den er mit Metallteilen gefüllt hatte, vor, sprengte diesen in die Luft, wodurch vier weitere Personen und er selbst getötet wurden. Im unzerstörten Südteil der Schule wurden 230 Kilogramm nicht explodierten Dynamits gefunden.

Was aber geht in den jungen Amokläufern innerlich vor? Das wesentlichste Element in der Entwicklung zum modernen Amokschützen besteht in Resignation und verbittertem Rückzug. Amokläufer haben in ihrem jungen Leben viele Kränkungen mitgemacht. Sie sind viel empfindsamer und dünnhäutiger, als man dies hinter ihrer kontrollierten, ruhigen Fassade, ihrem »coolen« Auftreten vermuten würde. Sie haben das Gefühl, nicht ernst genommen und wenig geschätzt zu werden, sehen sich gegenüber Alterskollegen in einer unterlegenen Position, haben meist Kontaktprobleme und Ängste vor Beziehungen zu Mädchen. Sie können nicht gut über ihre Probleme sprechen und trauen sich nicht, jemandem von ihren Frustrationen Mitteilung zu machen. Wenn sie sich dann zurückziehen, haben sie erst recht keine Ansprache mehr, fühlen sich von ihren Mitmenschen im Stich gelassen und entwickeln einen Hass auf die scheinbar heile Welt. »Ihr habt diese Schlacht begonnen, nicht ich. Meine Handlungen sind ein Resultat eurer Welt, einer Welt, die mich nicht sein lassen will, wie ich bin«, hat der Attentäter von Emsdetten auf seiner Internetseite geschrieben.

In dieser Situation, die häufig von Depressionen begleitet ist, geschieht ein entscheidender Schritt: der Umstieg in die Welt der eigenen Fantasie. Dort werden die Demütigungen ausgestaltet, die Niederlagen erscheinen als noch schwerer, die Mitmenschen als rücksichtslos und egozentrisch, aus Selbstwertzweifeln wuchern Minderwertigkeitsgefühle, Versagensängste wandeln sich zum Gefühl des Scheiterns.

Im Zustand der Erniedrigung, der Demütigung, der fehlenden Zuwendung und der schmerzhaft vermissten Anerkennung entsteht der Gedanke, sich das alles nicht mehr gefallen zu lassen, sich zu wehren, ja sich zu rächen. Der Jugendliche will all jenen, die ihn gekränkt haben, das Unrecht ins Gesicht schreien, er will die Gesellschaft zwingen, auf ihn zu hören und ihn ernst zu nehmen, er will der Welt seinen Hass mitteilen, er will nicht mehr nichts sein. Die Fantasie steigert das Verlangen nach Rechtfertigung über das Gefühl der Überlegenheit bis hin zu jenem des machtvollen Herrschens. Einmal heraustreten aus dem Alltäglichen, einmal die lähmende Langeweile durchbrechen, einmal im Mittelpunkt stehen.

Ein maßgebender Faktor in dieser verhängnisvollen Entwicklung ist die Beheimatung des potenziellen Rächers in der virtuellen Welt. Dort findet er Vorbilder, dort hört er von Gleichaltrigen, die ein ähnliches Gefühlsdilemma aufweisen, dort findet er Interesse für seine Botschaft. Im großen Netz verlangt aber niemand von ihm, das zu tun, was er nicht kann: Gefühle zu zeigen und Emotionen zuzulassen.

In der virtuellen Welt hat er aber auch gelernt, dass es auf rasche und im wahrsten Sinne des Wortes todsichere Lösungen ankommt, dass durch »Klick« jegliche Situation bereinigt wird und dass man ohne Gefühlsbeteiligung zerstören, erschießen und abknallen kann. Der Streit, ob Computerspiele eher den Aggressionsabbau fördern oder zur Nachahmung aggressiven Verhaltens anregen, ist nicht entschieden. Beide Theorien können überzeugende Argumente für sich verbuchen. Das Verhängnisvolle des virtuellen Spiels ist die Entpersönlichung des anderen, des Mitspielers, des Konkurrenten, des Gegners, des Opfers. Der zu vernichtende Gegner auf dem Bildschirm ist kein Mensch aus Fleisch und Blut, kein geliebtes Kind oder behütender Vater, kein Wesen mit Schicksal, keine Person. Die Vernichtung durch den Computer-Klick löst bei niemandem Tränen und Trauer aus, man braucht weder Empathie noch Mitleid. Und das ist das Verhängnisvolle: die spielerisch erlernte Entpersonifizierung des Nächsten, die durch den am Bildschirm tausendfach eingedrillten Reflex in Herz und Hirn übergeht.

School Shooter sind oft depressiv. Sie erleben ihre Situation als aussichtslos, kämpfen mit Motivationsproblemen, haben an nichts mehr Freude und sehen in ihrem Leben immer weniger Sinn. Männliche und weibliche Individuen reagieren unterschiedlich auf den Schleier der Depressivität, der ihr Leben überdeckt. Sie versuchen auf verschiedene Weise, sich aus der Umklammerung der melancholischen Gefühle zu befreien. Während das weibliche Geschlecht eher dazu neigt, frustrierende Erlebnisse gleichsam in sich hineinzufressen und mit der schlechten Stimmung selbst fertig zu werden, haben Männer das Bedürfnis, sich mit einem Schlag aus der bleiernen Umklammerung zu befreien und durch einen aggressiven Akt die Fesseln der Depression zu lösen. Depressionen haben deshalb beim potenziellen Amokläufer einen tatbegünstigenden Effekt.

Regelhaft bringt ein finaler Auslöser das mit Kränkungserlebnissen angefüllte Fass zum Überlaufen. Meist handelt es sich um schlechte Noten oder einen Schulverweis. Eine weitere Demütigung wird nicht mehr ertragen, das völlig unterminierte Selbstbewusstsein ist nicht bereit, auch noch diesen Tiefschlag einzustecken. Der Wunsch nach Genugtuung, nach Rache potenziert die eiskalte Wut gegen die scheinbar schuldige Welt. Das durch die Depressionen zermürbte Ich kann den verheerenden destruktiven Kräften keinen Widerstand mehr entgegensetzen, die Fantasien von Respekt, Rache und Ruhm obsiegen.

Wenn sich der Attentäter zur Tat entschlossen hat, kehrt bei ihm ähnlich wie beim Selbstmörder eine »Ruhe vor dem Sturm« ein. Diese wirkt auf die Umgebung trügerisch und wird als Ende der Krise und endlich erreichte Stabilisierung missdeutet. Im Kopf des zur Tat entschlossenen Amokläufers hat aber eine unheilvolle Klarheit Einzug gehalten. Die abgespaltenen Gefühle ermöglichen ihm kaltblütiges

Denken und Planen. Amok und Massaker sind deswegen so verhängnisvoll, weil sie im Gegensatz zur Affekttat nicht einer momentanen Aufschaukelung der Gefühle, nicht der Hitze eines Streites und nicht einer überkochenden Eifersuchtsreaktion, sondern einem genauen Plan entspringen. Die Täter agieren nicht »blind vor Wut«, sondern gehen mit detaillierter Überlegung und im wahrsten Sinn des Wortes mit »todsicherer« Berechnung vor.

Mit dem ersten Schuss ist die entscheidende Grenze übersprungen. Der Täter kann dann gar nicht mehr zurück, es tritt für ihn auch gefühlsmäßig ein neuer, nie gekannter Zustand ein. Er erfährt das Gefühl der Wichtigkeit und kostet zum ersten Mal jenes der Mächtigkeit, der grandiosen Überlegenheit, der Einzigartigkeit. In einer Mischung aus narzisstischem Höhenrausch und Untergang erlebt er sich als gnadenloser Rächer, als unbesiegbare Kampfmaschine, als Herr über Leben und Tod. Diesen Zustand kann man mit nichts vergleichen, er ist nicht antizipierbar und deswegen auch nicht kalkulierbar. Während in der ersten Phase die Opfer, etwa ihm unsympathische Mitschüler oder herzlos scheinende Lehrer, gezielt ausgewählt werden, hat der weitere Verlauf den Charakter eines Anfalls. Der Amokläufer hat sämtliche kontrollierende Instanzen seines Ichs ausgeschaltet, er folgt einem aus dem destruktiven Potenzial zahlreicher Kränkungen resultierenden, auf dem Boden von Demütigungen gewachsenen, aus dem Bedürfnis nach Rache heraus geschriebenen Plan. Er befindet sich in einer unvergleichlichen Endzeitstimmung, in einem nicht gekannten Vernichtungsrausch – das Böse nimmt seinen Lauf.

Die modernen Amokläufe zeigen eine enge Verflechtung mit den Präsentationschancen über das Internet, das dem Täter die Möglichkeit eröffnet, seine so belastende Botschaft der Welt mitzuteilen und einmal für einige Stunden wichtig zu sein. Jugendliche Amokläufer bezeichnet man deswegen auch als Herostraten, als Verbrecher aus Ruhm- und Geltungssucht. Diese werden benannt nach Herostratos, welcher im Jahr 356 v. Chr. eines der sieben Weltwunder der Antike, den Artemis-Tempel in Ephesos, in Brand steckte. Sein Name sollte dadurch, so gestand er unter Folter, für alle Zeiten bekannt bleiben. Schon damals wurde offensichtlich der Nachahmungseffekt solcher Taten befürchtet, weshalb die Regierenden in Ephesos jedermann verboten haben, den Namen des Brandstifters noch einmal in den Mund zu nehmen. Diese altertümlichen Maßnahmen könnten vielleicht eine ungeahnte präventive Möglichkeit gegenüber den modernen Amokläufen darstellen. Würde, was im Medienzeitalter nicht einfach ist, nach jedem Amoklauf unmittelbar eine Informationssperre verhängt, entzöge man einem zentralen Motiv der Täter, nämlich der öffentlichen Darstellung, eine ganz entscheidende Wurzel.

Zahlreiche Terroristen und Selbstmordattentäter der heutigen Zeit, auch Schul-Amokläufer, weisen die Merkmale von Herostraten auf. John Hinckley, welcher die Schauspielerin Jodie Foster umschwärmte und vergeblich umwarb, wollte durch sein Attentat auf US-Präsident Ronald Reagan weltbekannt werden. Auch David Chapman, der den von ihm zutiefst verehrten John Lennon 1980 ermordet hatte, gab vor Gericht an, dass er einmal genauso berühmt sein wolle wie sein Vorbild. Ein 19-jähriger Australier, der 1980 einen prominenten Politiker töten wollte, begründete seinen Plan mit den Worten: »Mir ist klar geworden, dass ich mein ganzes Leben ein Niemand bleiben würde, wenn ich nicht etwas Außergewöhnliches tue«.

Diese böse Form des Heldentums schließt aber die Selbstvernichtung mit ein, da es für derart veranlagte Täter unmöglich wäre, auch die Demütigung und Schmach einer Verurteilung und Strafe zu ertragen. Die narzisstische Kränkung ist so tief, dass zu ihrer Wiedergutmachung selbst das Leben hergegeben wird. Durch den demonstrativen Suizid versucht der Amokläufer, der Gesellschaft, die ihn nicht verstanden hat, einen Spiegel vorzuhalten und sich an ihr zu rächen: »Seht her, durch eure Lieblosigkeit habt ihr mich in den Tod getrieben!« Psychoanalytisch betrachtet, zahlt der Herostrat durch die Selbsttötung den Preis für den bösen Ruhm und die Selbsterhöhung auf Kosten anderer. Gleichzeitig befriedigt er die (unbewussten) Selbstbestrafungsbedürfnisse, welche vielen bösen Taten zugrunde liegen.

Die böse Trias:
Amok, Terror, Massaker

»Böse Menschen müssen das Böse aus Haß gegen die Bösen tun.«
Novalis

Zu den schwerwiegendsten Verbrechen, die heute nichts an Aktualität verloren haben, zählen Amok, Terror und Massaker. Die Begriffe überschneiden sich klar und werden meist unscharf gebraucht, obwohl sie sich erheblich unterscheiden. Deshalb ist eine exakte Differenzierung der drei Unterformen dieser »Trias des Schreckens« erforderlich. Als Faustregel gilt, dass Amoktäter in vielen Fällen schwere psychische Störungen aufweisen, wohingegen Terroristen an keinen Behinderungen oder psychotischen Erkrankungen leiden. Bei Massakristen ist als auffälligster Befund meist nur deren psychische Unauffälligkeit zu finden.

Unter Amok wird nach der WHO-Definition eine plötzliche, willkürliche, nicht provozierte Gewaltattacke mit mörderischem oder zumindest erheblich zerstörerischem Verhalten und häufigem Umschlag in eine suizidale Reaktion verstanden. Obwohl der Begriff aus der malaiisch-indonesischen Kultur stammt, stellt die klassische »Raserei« ein interkulturelles Phänomen dar. In Nordeuropa spricht man von »Berserkerei«, in den indianischen Kulturen Nordamerikas von »li`aa«, in Südamerika von »Colerina«. Amok tritt typischerweise als einzelne Episode auf, wird meist amnesiert und verläuft in drei Stadien, welche in einem schlafähnlichen Zustand mit totaler Erschöpfung und Erstarrung oder in der Selbsttötung enden. Amokartiges Verhalten kommt fast ausschließlich bei Männern vor, als Risikoalter gilt die Phase zwischen dem 15. und 30. Lebensjahr.

Amokläufer leiden häufig an schweren psychischen Störungen, an hirnorganisch verursachten Dämmerzuständen, an Wahnerkrankungen und pathologischen Räuschen, aber auch an narzisstischen Kränkungen und tranceartigen Zuständen. Fast immer kann eine belastende Vorgeschichte mit emotionalen Zurückweisungen, Beleidigungen, Mobbing und *Bullying* oder anderen kritischen Lebensereignissen nachgewiesen werden. Als typische Amok-Persönlichkeiten gelten nachgiebig-gehemmte, aber auch empfindlich-narzisstische und leicht erregbare Charaktere. Amok, also das »blindwütige Agieren«, ist ein zeitloses Phänomen. Bei den fälschlich als Schulamok bezeichneten Anschlägen handelt es sich nicht um diese pathologische Form, sondern vielmehr um ein geplantes Massaker.

Der Terrorismus ist ein zunehmendes häufiger auftretendes Phänomen mit frühen historischen Wurzeln. Er wird definiert als eine »Gewaltaktion gegen eine politische, religiöse oder soziale Ordnung, um eine Wendung zu erzwingen«. Terrorismus ist kalkulierter Einsatz von Gewalt, um Aufmerksamkeit zu erregen. Bei den Tätern handelt es sich meist um eine kleine Gruppe mit hierarchischer Gliederung. Terrorismus weist viele Überlappungen mit organisierter Kriminalität und Sektenwesen auf, die Motive liegen in nationalistischen, ideologischen, zum Teil sogar staatlich geförderten Ideen. Terrorismus ist eingebunden in einen soziokulturellen oder religiösen Kontext. Das Wesen des Terrorismus verändert sich bei wandelnden Bedingungen und globalen Konstellationen dramatisch. Heute sind vor allem die suizid-terroristischen Attacken angestiegen, das heißt, die Täter nehmen den eigenen Tod bewusst in Kauf.

Im Gegensatz zum klarer werdenden Bild von der Psyche der Amokläufer konnten über jene der Terroristen erst in jüngster Zeit fundiertere Kenntnisse gewonnen werden. Zuvor war es kaum möglich, wissenschaftliche Untersuchungen an Terrorattentätern durchzuführen, nicht nur, weil die meisten bei den Anschlägen ums Leben kamen. Da sich

Terroristen psychisch nicht gestört fühlen und jegliche Form der eingeschränkten Verantwortung von sich weisen, verweigern sie die Zusammenarbeit mit Psychologen, in denen sie zudem Repräsentanten des verhassten »Systems« sehen. So haben nur wenige Psychoexperten Gelegenheit gehabt, Mitglieder von terroristischen Vereinigungen zu interviewen.

Nach allen Untersuchungen gibt es keine Hinweise, dass eine typische Terroristenpsyche existiert und dass Terroristen psychisch wirklich krank sind. Sie sind keinesfalls dumm oder schwer psychopathisch, sondern in der Regel intelligent und gebildet. Von ehemaligen Kollegen, von ihren Vermietern oder Mitstudenten wurden die späteren Attentäter oft als freundlich, zurückhaltend und unauffällig beschrieben. Fanatischer Aktivismus ist kaum jemandem aufgefallen. Man kann lediglich ableiten, dass die Akteure häufig unter gestörtem Selbstwertgefühl leiden und unter bestimmten gruppendynamischen Bedingungen zum polarisierend-absoluten Denken neigen, überwertige Ideen entwickeln, im Laufe der Zeit einen zunehmenden Realitätsverlust erleiden und aus dieser Haltung heraus zu extremen Gewalttaten bereit sind.

Ähnlich wie Amokläufer sind Terroristen von ihrer psychosozialen Situation und ihrem Schicksal oft enttäuscht, haben eher gesellschaftspolitische als persönliche Kränkungen erlitten und sind auf unterschiedlichste Weise frustriert worden. Meist fehlen ihnen Lebensziele und Lebenssinn. In den erhobenen psychologischen Profilen von Terrorattentätern zeigen sich chronische Identitätskrisen, gestörte Partnerbeziehungen, hohes Aggressionspotenzial sowie Neigung zu Egozentrizität und Allmachtsgefühlen, somit Faktoren, die in verschärfter Form auch bei Serienkillern zu finden sind. Es ist aber zu fürchten, dass viele Terrorakte von psychisch nicht gestörten Menschen völlig rational geplant werden, womit wir wieder bei der bösen Tat im Sinne dieses Buches angelangt sind.

Bei Attentätern aus fremden Kulturen erweisen sich nach den vorliegenden Untersuchungen persönliche Entfremdung in der spätadoleszenten Entwicklung, gesellschaftliche Marginalisierung, Probleme in der psychosozialen Identitätsfindung, Sehnsucht nach bedeutungsvollem Leben, selbstaufopfernder Heroismus und die Steuerung über gleichgesinnte »Brüder«, die mit internationalen Terrororganisationen locker vernetzt sind, als Risikofaktoren.

Bei der psychologischen Analyse der Einzelfälle kann man bei Terroristen folgende innerpsychischen Abläufe finden:

Um eine traumatisierende Erziehung überstehen zu können, wird eine Gefühlsanästhesie entwickelt, welche die spätere Grausamkeit erklärt. Frühe Spaltungen führen zu Dissozialität, welche wiederum in Radikalisierung mündet. Wenn jemand in einem pathologischen Milieu aufwächst, können sich Gefühle fehlender Geborgenheit dominieren, wodurch die Sehnsucht nach einer starken Gruppe wachsen kann. Demütigungen führen oft zu ohnmächtiger Wut, in welcher die Basis für Hass und blinde Aggressivität liegt. Diskriminierungen bewirken Kränkungsreaktionen, gegen die durch Streben nach einer narzisstischen Position angekämpft wird. Nicht selten begegnen potentielle Terroristen der eigenen Unsicherheit durch Fanatismus, welcher häufig in eine »gerechte Idee« mündet, für die man sogar sein eigenes Leben aufgeben will. Dazu passe die Worte von Friedrich Nietzsche in *Die fröhliche Wissenschaft*: »Der Fanatismus ist nämlich die einzige Willensstärke, zu der auch die Schwachen und Unsicheren gebracht werden können«.

Diese innerpsychischen Abläufe sind in der folgenden Grafik dargestellt:

Emotionale Verwahrlosung → **Gefühlsanästhesie** → **Grausamkeit**

Frühe Spaltung → **Dissozialität** → **Radikalisierung**

Pathologisches Milieu → **fehlende Geborgenheit** → **starke Gruppe**

Demütigung → ohnmächtige Wut → Hass, Aggressivität

Diskriminierung → Kränkungsreaktion → narzisstische Position

Unsicherheit → Fanatismus → gerechte Idee

Wenn man von der Psychologie des Terrors spricht, sind gruppendynamische Faktoren ganz besonders zu beachten. Terrorismus ist fast immer ein Eskalationsprozess, der durch die Gruppenideologie und die gruppenbezogene Legitimation erzeugt wird. Durch die immer intensivere Einbindung des potenziellen Attentäters in die nach außen abgeschottete Terrorzelle verringert sich sein Kontakt zum Netzwerk der Familie und der bisherigen Freunde. Die Kerngruppe mit ihrer Ideologie, ihrer hierarchischen Gliederung und einem meist charismatischen Führer werden zum Lebensmittelpunkt und -inhalt. Als Mitglieder einer Elitegruppe mit hohem Konformitätsdruck denken die potenziellen Terroristen in einseitigen Klischees und entwerfen ein vereinfachtes Schwarz-Weiß-Weltbild. Sie sind überzeugt, als Minderheit mit Waffengewalt eine bessere Welt zu errichten. Ideen sind ihnen wichtiger als Menschen. Vermutlich haben potenzielle Terroristen durch bestimmte Ereignisse das Vertrauen in die Funktionsfähigkeit des Systems, in welchem sie sozialisiert wurden, verloren und entwickeln deswegen solche Bedrohungs- und Hassgefühle, sodass sie terroristisches Agieren als gerechtfertigt ansehen können. Terrorismus kann man auch als Protest gegen Säkularisierung und Pluralismus betrachten.

Die sich in Terrorgruppen entwickelnde Psychodynamik führt nach Otto Kernberg bei den Mitgliedern zu einer sogenannten »narzisstischen Regression«, die durch charismatische Führungsgestalten begünstigt wird. Ideologische Konflikte verdichten sich in der Gruppe zu irrationalen Verschwörungsmythen. Der Glaube an absolute Wahrheiten und Dogmen fördert das eigene Sicherheitsgefühl der Gruppenmitglieder. Terroristen pflegen oft einen geradezu kultischen Messianismus bei gleichzeitig weltlichen Machtansprüchen. Ihren eigenen Tod interpretieren sie in märtyrerhafter Weise als Aufopferung für die Gesellschaft und versprechen sich damit den Eingang in die kollektive Unsterblichkeit.

Oft wird beim Terrorismus die Rolle der Religionen in der Entstehung des Bösen hinterfragt. Bekannt ist das Wort, wonach eine »Kultur der Grausamkeit« durch Schaffung eines »gekränkten, rächenden und unerbittlichen Gottes« entsteht. Tatsächlich müssen die religiösen Lehren oft als Rechtfertigung für das verbrecherische Handeln herhalten. Durch Dämonisierung und Dehumanisierung des Gegners rechtfertigt sich die eigene Grausamkeit. Schließlich werden in der Religion historisch begrenzte Konflikte in die Ewigkeit projiziert: Durch Heilsaussicht lassen sich viele Belastungen besser ertragen. Zudem ermöglicht religiöse Gruppenzugehörigkeit die Mobilisierung zusätzlicher sozialer Unterstützung, eventuell sogar die Bereitstellung eines organisatorischen Netzwerkes.

Die Tötung von anderen wird von den Terroristen vor einem Hintergrund der Bedrohung durch die Verfolgung als »Selbstverteidigung« verstanden. Im Falle weltanschaulich motivierter Attentäter kommen religiöser Eifer sowie Glaube an eine Belohnung im Jenseits und an ein späteres Leben im Paradies hinzu. Die Opfer von Terroranschlägen werden wie bei jeder bösen Tat entmenschlicht. Sie werden willkürlich ausgewählt, werden schutzlos überrascht und haben keine Chance, zu fliehen, zu kämpfen oder um ihr Leben zu betteln. Terroristen sehen sich nicht als Verbrecher, sondern als Kämpfer für eine Idee. Dabei sind sie sich sicher, dass diese in der Gruppe auch nach ihrem Tod weiterleben wird. Nie beurteilen sie ihr Handeln als böse.

Massaker und Massakristen

Die schreckliche Trias, die der bösen Rache, der Suche nach dem bösen Ruhm und in manchen Fällen auch einer fanatischen oder wahnhaften

Störung entspringt, wird durch das, was man als Massaker bezeichnet, vervollständigt. Das Wort wird vom altfranzösischen Ausdruck *macacre*, der so viel wie »Schlachthof« bedeutet, abgeleitet. Heute wird mit dem Begriff der Massenmord unter besonders grausamen Umständen, ein aus Rache oder Hass verübtes Gemetzel oder ein Blutbad bezeichnet. Über die Psyche von Massakristen ist einiges aus den Untersuchungen an NS-Tätern und anderen Kriegsverbrechern bekannt. Das Böse hat hier keine einheitlichen Wurzeln, sondern kann auch von ganz normalen Männern verübt werden. Generell scheinen aber Personen mit niedriger Intelligenz, verrohtem Gemüt und psychopathischen Charakterzügen häufiger vertreten. Dazu kommen regelhaft die verhängnisvollen Einflüsse bösartiger Ideen, oft auch jene hierarchischer Kommandostrukturen und sich gegenseitig verstärkender Gruppeneinflüsse.

Massaker kommen sowohl in friedlichen Zeiten als auch in Zusammenhang mit kriegerischen Auseinandersetzungen vor. Wie aus diversen Meldungen entnommen werden kann, ist das Zeitalter der Massaker nicht vorbei. Am 5. Mai 2009 erschoss im türkischen 250-Seelen-Dorf Bilgeköy ein Killerkommando, bestehend aus fünf Männern eines verfeindeten Clans, 44 Menschen, darunter 6 Kinder und 17 zum Teil schwangere Frauen. Die Massakristen schlachteten die zu einer Verlobungsfeier versammelten Menschen regelrecht ab, dies alles, weil die Braut einem Mann aus einer anderen Familie zugesprochen worden war.

Im Krieg versteht man unter einem Massaker die politisch oder ethnisch motivierte Hinrichtung von Zivilpersonen, paramilitärischen Kräften oder Soldaten, die von bewaffneten Einheiten ohne militärische Notwendigkeit außerhalb der eigentlichen Kriegshandlungen verübt wird. Eines der grauenhaftesten Kriegsmassaker wurde am 16. März 1968 von einer Gruppe amerikanischer Soldaten im vietnamesischen Dorf My Lai durchgeführt. Sie ermordeten, nachdem sie zahlreiche Frauen vergewaltigt hatten, 504 Zivilisten, darunter 182 Frauen, 172 Kinder und 60 Greise. In ihrem Blutrausch töteten die Soldaten sogar sämtliche Tiere des Ortes. Das Massaker sollte vertuscht werden, wurde aber nach 18 Monaten über einen ausführlichen Bericht im *Life*-Magazin publik. Nur vier Soldaten wurden vor ein Gericht gestellt, der Befehlshaber wurde 1971 zu lebenslanger Haft verurteilt, aber bereits 1974 begnadigt.

Wie sehr sich die letzten Endstrecken von Amok, Terror und Massaker in Ablauf und Folgen – auch für die Angehörigen – ähneln, verdeutlicht eine erschütternde Beschreibung des Massakers von Srebrenica durch den Dramatiker Felix Mitterer. Sie enthält in wenigen Sätzen all das, was das Böse ausmacht:

»General Mladic' lenkt in manischer Hochstimmung seinen roten Sportwagen von einem Hinrichtungsplatz zum nächsten. Die serbischen Soldaten bilden eine Gasse, durch die man die Gefangenen treibt. Von links wird mit einem eisernen Knüppel zugeschlagen, von rechts saust eine Axt in den Rücken des Wehrlosen. Aber das dauert alles zu lang. Die Maschinengewehre rattern los. Dann kommen die 15.000 Männer an die Reihe, die schon vor dem Einmarsch der Serben aus Srebrenica geflüchtet waren. Ausgehungert, durstig, übermüdet, wie im Delirium ziehen sie in einer langen Karawane über die Höhen. Aber es warten die Maschinengewehre der Serben auf sie. Wohlgezielte Salven aus dem Hinterhalt töten Tausende. Viertausend von ihnen ergeben sich, werden in Busse und Lastwagen verfrachtet und zu einem Fußballplatz gebracht. Ein amerikanischer Aufklärungssatellit macht ein Foto von dem mit Leichen übersäten Platz. Wenige Tage später fotografiert ein amerikanischer Pilot aus seinem Flugzeug dieselbe Stelle – inzwischen war der Platz umgegraben, bedeckt von frischer Erde.

Ein alter Mann überlebt die Exekutionen. Er sagt vor dem Jugoslawien-Tribunal in Den Haag als Zeuge aus: ›Ich stehe hier wie ein verdorrter Baum. Ich könnte von meiner Erde leben, mit meinen Söhnen. Aber alle Äste sind mir abgestorben.‹«

Das böse Schweigen

*»Es ist eine furchtbare Waffe. Es kann tödlich sein;
es verletzt oft mehr, als man glauben würde,
denn seine Schläge haben die Eigenschaft, dass sie
mit der Zeit an Wucht zunehmen.«*

   Julien Green

Herbert S. war vor laufendem Fernsehgerät eingeschlafen. Vor sich ein noch nicht geleertes Glas Bier stehend, lag er, aus halb geöffnetem Mund atmend, in seinem Polstersessel und würde wohl zu später Stunde von seiner Frau geweckt und von dieser gestützt zu seinem Bett geleitet werden. An diesem Abend, der sich durch nichts von vielen vorausgehenden unterschied, wurde seine Frau Ursula S. von Unruhe erfasst. Wiederholt war sie aus dem Zimmer gegangen, hatte sich in der Küche oder auf der Terrasse aufgehalten, hatte ein Glas Wasser getrunken und drei Mal zum Telefon gegriffen, ohne dann eine Nummer zu wählen. Sie las in der Zeitung, starrte auf den Bildschirm, dann auf ihren schlafenden Mann, hielt inne und überlegte, wirkte plötzlich entschlossen, blieb aber gespannt sitzen und dachte nach.

Unvermittelt stand sie auf, ging raschen Schrittes zur Küche, wo sie der Schublade ein Messer mit 17 Zentimeter Klingenlänge und 3,5 Zentimeter Breite – wie in der Anzeige später festgehalten werden sollte – entnahm, kehrte ebenso entschlossen ins Wohnzimmer zurück und stieß die Klinge mit großer Wucht in die linke Halsseite des Schlafenden. Als sie aus dem Mund des sterbenden Körpers ein gurgelndes Geräusch vernahm, zog sie das Messer aus der helles Blut auswerfenden Wunde, umfasste es mit beiden Händen und stieß es in rascher Folge sieben Mal in die Brust des Gatten. Anschließend stach sie, wie bei der gerichtsmedizinischen Obduktion festgestellt wurde, noch mindestens zehn Mal mit heftigen Bewegungen in den Bauch ihres verblutenden Mannes. In der Küche reinigte sie die blutverschmierte Waffe sorgsam, trocknete sie gründlich ab und legte sie zurück in die Schublade. Mit sicherer Hand griff sie zum Telefon, wählte die Nummer der Polizei und sagte: »Holen Sie mich ab, ich habe meinen Mann getötet ... die Rettung müssen Sie nicht mehr verständigen.« Beim Eintreffen der Polizisten hatte sie den Leichnam zugedeckt, saß in der Küche, machte einen ruhigen und gefassten, nahezu abgeklärten Eindruck, ging bereitwillig auf die Fragen ein und erzählte ihre Geschichte:

Nein, es habe keinen Zwist und keine Auseinandersetzung gegeben, sie sei nicht erregt, höchstens etwas nervös gewesen. Nein, sie habe keinen Alkohol getrunken, keine Beruhigungsmedikamente genommen und fühle sich im Kopf klar. Sie sei nicht verwirrt, habe nie abnorme Stimmen gehört, werde in ihrem Denken von keinen übernatürlichen Kräften gelenkt und habe noch nie einen Nervenzusammenbruch erlitten, auch nicht in den vorausgehenden Stunden. Nein, sie sei noch nie bei einem Psychotherapeuten gewesen, schon gar nicht bei einem Psychiater. Drogen? Nicht einmal an einem Joint habe sie jemals gezogen, sie kenne dieses Zeug höchstens aus Erzählungen. Mit den bereits selbstständig lebenden Kindern gebe es keine Sorgen, die finanziellen Verhältnisse seien gut. Sie habe nie mit Eifersucht zu kämpfen gehabt, ihr Mann habe, soweit sie das wisse, nie andere Beziehungen gehabt, er sei kein Fremdgänger und kein Bordellbesucher gewesen.

Sie habe mit ihm seit Jahren nicht mehr gestritten, weil man mit ihm nicht streiten könne. Ihr Mann habe mit ihr überhaupt nicht geredet, habe ihr kaum etwas mitgeteilt, nur selten geantwortet, habe meistens nichts gesagt und sie mit ihrer Frage im Nichts hängen lassen.

Dies habe sie völlig hilflos und ohnmächtig gemacht. Sie habe eine ungeheuere Wut in sich gespürt, hätte brüllen und schreien und ihren Mann schütteln wollen, habe sich erniedrigt und wie ein Nichts gefühlt. Nicht einmal eine Antwort sei sie ihm wert gewesen. Sie habe nur eisige Kälte und Ablehnung wahrgenommen, hätte alles für ein einziges Wort, ein bisschen Resonanz gegeben. »Er war kalt wie ein Stein, ein Egoist, ein mitleidsloser Tyrann.«

Sie habe ihn angefleht und um Antwort gebeten, aber er habe einfach nichts gesagt. Wenn er einmal mit ihr gesprochen habe, habe sie Hoffnung geschöpft, habe geglaubt, dass jetzt alles anders werde und sie wieder echte Gespräche führen könnten, so wie früher, aber sie sei jedes Mal enttäuscht worden, ohne Streit und ohne Grund habe er nicht mehr geredet. Sie habe argumentiert, geschmeichelt, gestammelt und immer mehr die Nutzlosigkeit ihres verbalen Kampfes erfahren müssen. Ihr Mann sei so unerreichbar, so weit entfernt gewesen: »Er war so mächtig und ich ein absolutes Nichts.« Sein kontrolliertes, kaltes Schweigen habe sie als Vorwurf erlebt, sie habe sich ohne erkennbaren Grund schuldig und ohne Begründung verurteilt gefühlt: »Über all die Jahre wurde ich schweigend angeklagt, ohne ein Wort verurteilt und durch ewiges Schweigen bestraft.« Sein gnadenloses Schweigen habe sie und ihre Beziehung völlig kaputt gemacht. Jetzt sei sein Schweigen zu seinem Todesurteil geworden. An dieser Stelle wurde die Frau laut Polizeiprotokoll von einem Weinanfall geschüttelt, schlug die Hände vor dem Gesicht zusammen und stammelte: »Er hat sich zu Tode geschwiegen!«

Ursula S. wurde sofort vom Polizeiarzt untersucht. Dieser stellte einen normalen psychischen Befund fest, fand keinen Hinweis auf Beeinträchtigung durch Alkohol oder Medikamente, sprach nicht einmal von einem emotionalen Ausnahmezustand, wollte aber eine »mögliche Suizidgefahr« nicht ausschließen. Er empfahl psychologische Betreuung und genaue Überwachung.

*

Wie kann Schweigen, gemeinhin als Tugend und gegenüber dem Silber der Rede als sprichwörtliches Gold geltend, im wahrsten Sinne des Wortes tödlich sein?

Da wir in einer Welt der Worte leben, hat das Schweigen eine besondere Bedeutung. Durch Schweigen kann man auch antworten. Schweigen ist, wenn man so will, eine spezielle Form des Miteinander-Redens und hat eine besondere kommunikative Qualität. Im Schweigen kann man tiefe Gefühlszustände erleben und ohne Worte viel sagen, schweigendes Kommunizieren kann Ausdruck höchster Vertrautheit sein. Schweigen kann aber auch zur tödlichen Waffe werden. Aggressives Schweigen heißt, den anderen zu ignorieren, ihn auszublenden, ja seine Existenz zu verleugnen.

Geschwiegen wird aus Unsicherheit und Angst, aus Vorsicht und Misstrauen, aus Zurückhaltung und Respekt. Schweigen wird zur Buße oder als Strafe verhängt, es dient dem Schutz der Vertraulichkeiten oder der Aussageverweigerung, es kann erzwungen oder freiwillig sein. Durch Gerichtsurteile werden manche Personen zum Schweigen verurteilt, andere durch Mächtige zum Schweigen gebracht, wieder andere erlegen sich selbst durch ein Schweigegelübde ein permanentes oder vorübergehendes Sprechverbot auf. Schweigen kann situationsbedingt erforderlich sein und bedeutet oft eine gesteigerte Aufmerksamkeit.

Verhängnisvoll wird das Schweigen dann, wenn es zur Verweigerung des Dialogs eingesetzt wird. Die Tugend des Schweigens mutiert somit zu einer wichtigen Wurzel des Bösen. Schweigen bedeutet, den anderen nicht zu beachten und nicht ernst zu nehmen, sich für seine Gedanken nicht zu interessieren und ihm den Wert des Wortes vorzuenthalten. Wenn man dem anderen kein Wort mehr gönnt, drückt dies aus, dass er keinen Wert hat oder gar nicht existiert. Während er sich bei der offenen Konfrontation ernst genommen sieht, fühlt er sich durch Verweigern des Dialogs gelähmt und hilflos. Er kann seine Ansichten nicht kundtun, keine Lösungsvorschläge unterbreiten und keine Rechtfertigungen geben. Selbst das jedem Angeklagten zugestandene Recht, angehört zu werden, wird verweigert. Dies löst beim Opfer generelle Verunsicherung, in der Anfangsphase auch Schuldgefühle aus, später dann den Wunsch, sich zur Wehr setzen zu wollen. Jeder Konflikt wird durch Schweigen verschärft, bewirkt das Aufkommen negativer Gedanken und fördert die Ausgestaltung destruktiver Fantasien. Das Opfer setzt sich gegen die Ablehnungen und Kränkungen zur Wehr, es will seinen Standpunkt hinausschreien und den Schweigenden zum Zuhören zwingen. Der Mensch als sprechendes Wesen will Worte der Erklärung, Worte des Verständnisses oder solche der Entschuldigung.

Für das Opfer wäre es leichter auszuhalten, wenn es vom anderen kritisiert, beschimpft oder beleidigt werden würde. Selbst kränkende Zuwendungen sind nicht so verletzend wie der Stachel des Schweigens, sogar Schimpfen und Streiten sind erträglicher als die eisige Missachtung. Schweigen bedeutet Schuldzuweisung, Anklage und Verurteilung in einem, dies ohne Möglichkeit der Rechtfertigung, der Berufung oder der Wiedergutmachung. Das Opfer des Schweigens hat keine Chance.

Werden äußere und viel mehr noch innere Konflikte nicht zu Wort gebracht, entwickelt sich eine ungeheuere Dynamik mit der Entfachung aggressiver Emotionen und der Anstachelung negativer Fantasien. Diese beziehen sich zunächst auf das Verhalten des Schweigenden, auf seine vermuteten Motive und möglichen Beweggründe, entfernen sich immer weiter vom Boden der Realität und nehmen nahezu paranoiden Charakter an. Die Gnadenlosigkeit des Schweigens verhindert jegliche Korrektur und sämtliche Relativierungen. Später schlagen die durch die Sprachlosigkeit angestachelten Vorstellungen in Zorn und Aggression um. Der Schweiger wird zum verständnislosen Tyrannen, zum herzlosen Gegner, zum grausamen Feind hochstilisiert. In hilfloser

Ohnmacht braut sich ein explosibles Gemisch aus negativen Emotionen und überkochenden Affekten der Enttäuschung, der Wut und des Hasses zusammen. »Ich hätte meine geliebte Mutter an der Zunge aufhängen wollen, wenn sie mit mir nicht gesprochen hat«, beschrieb mir ein jugendlicher Brandstifter einmal seinen Gefühlszustand. Sofern sich der Druck nicht gegen die eigene Person wendet und zu psychosomatischen Störungen, Depressionen und Suizidalität führt, ist es nur eine Frage der Zeit, bis es zur Katastrophe kommt.

Die Verweigerung des Dialogs ist eine besondere Form der seelischen Gewalt, ein hochgradig perverser Kommunikationsstil oder – um es mit der bekannten Analytikerin und Familientherapeutin Marie-France Hirigoyen auszudrücken – eine der vielen Masken der Niedertracht. Das permanente Schweigen bedeutet, die Außenhaut eines Dampfkessels zu verstärken und gleichzeitig den Druck im Innern zu steigern. Wenn es dann tatsächlich zur Explosion kommt, bersten alle Kräfte, es gibt keine Sicherung und keine Kontrolle mehr, der Vulkan der angestauten Aggression macht vor nichts mehr halt. Die Wucht der bösen Emotion setzt sich über alles hinweg: über Mitleid, über die Tötungshemmung, selbst über den Moralinstinkt.

Der Mensch ist ein sprechendes Wesen. Nichts unterscheidet ihn so sehr von anderen Lebewesen wie seine Fähigkeit, das Denken und Fühlen in Worte zu kleiden und Konflikte zur Sprache zu bringen. Werden psychotherapeutische Techniken miteinander verglichen, ergibt sich eine durchgehende Gemeinsamkeit: verschattete Anteile des Unbewussten zu beleuchten, verdrängte Gedanken und Ideen zuzulassen, tabuisierte Probleme zu erörtern – und Unausgesprochenes zur Sprache zu bringen. Sprechen bedeutet Abbau von Aggressionen, die Verwendung des Wortes hemmt das Ausufern der Fantasie. Der Dialog entzieht dem Bösen eine seiner giftigsten Wurzeln.

Obwohl das Schweigen im Kontext fast nur in Zusammenhang mit Verhören und Verurteilen eine Rolle spielt, hat es eine hohe kriminogene Bedeutung. Wie wären all jene Inzestdelikte möglich, wenn sie nicht von den nächsten Angehörigen verschwiegen würden? Wie könnten Kinder ohne das Schweigen der Mitwisser jahrelang sexuell missbraucht werden? Wie könnten sich die düsteren Ideen und Todesfantasien eines *School Shooters* bis zum schrecklichen Massaker verdichten, wenn seine Internetpartner nicht geschwiegen hätten? Welche Verbrechen und tabuisierten Taten sind erst durch das Schweigen der Mehrheit möglich geworden und wie viele Kriege hätten vermieden werden können, wenn die gegnerischen Parteien ihr finales Schweigen durchbrochen hätten? Schweigen ist somit in vielen Fällen tatsächlich ein Akt von unbarmherziger, zermürbender Gewalt.

*

Ursula S. berichtete in der Einvernahme, wie sich ihr Partner dem Gespräch immer mehr entzogen habe. Während er ihr anfangs ständig Interesse entgegengebracht und über alles mit ihr gesprochen habe, habe er allmählich ihre Äußerungen überhört, habe darauf nicht reagiert, sei über ihre Argumente hinweggegangen und habe bei jedem heiklen Thema geschwiegen. Ihren immer inständiger vorgebrachten Bitten um Aussprache sei er ebenso wenig entgegengekommen wie den Wünschen nach Diskussion. Er habe weder auf Emotionen noch auf Bitten oder Drohungen reagiert, selbst Tränen und bettelnde Appelle hätten ihn unberührt gelassen. Als sie begonnen habe, ihm Briefe zu schreiben, sei er darauf ebenso wenig eingegangen wie auf ihre Versuche, über gemeinsame Bekannte das Gespräch in Bewegung zu setzen. Anfangs habe er im Konfliktfall geschwiegen, später habe er das Schweigen ohne Anlass immer häufiger und für immer längere Zeitabschnitte eingesetzt.

In dieser hilflosen Situation sei in ihr eine ohnmächtige Wut emporgestiegen. Sie habe sich Gehör, Interesse und Zuwendung verschaffen wollen, habe beschlossen, die Missachtung nicht länger hinzunehmen und sich der schweigenden Anklage zu widersetzen. Nachdem alle

Versuche gescheitert seien, habe sie keinen anderen Ausweg mehr gesehen, als die unerträgliche Spannungssituation zu beenden: »Das Schweigen eines toten Partners ist viel leichter zu ertragen als jenes eines lebendigen«, sagte sie laut aufschluchzend noch Wochen nach der Tat. Das erzwungene Schweigen in einer Gefängniszelle sei bei Weitem nicht so belastend wie der verweigerte Dialog von freien Menschen. Sie könne die Tat nicht wirklich bereuen, sondern sei zutiefst verzweifelt, dass sich die ganze Situation so entwickelt habe.

Die psychiatrische Untersuchung erbrachte keine Besonderheiten. Die Frau wies eine gute Intelligenz auf, war in keiner Weise behindert, hatte nie unter einer psychischen Erkrankung gelitten und zeigte keine Abnormitäten in ihrer Persönlichkeitsstruktur. Sie hatte einen vergeblichen Kampf gegen eine der schärfsten menschlichen Waffen, die Verweigerung des Sprechens, geführt. Zuletzt sah sie keinen anderen Ausweg, als das böse Schweigen mit einer bösen Aggression zu beenden, als dem Schweigenden seine aggressive Botschaft in geballter Form zurückzugeben, als ihren Mann für sein Schweigen mit dem Tode zu bestrafen.

Der böse Vater

»Jeder Vater ist Laios, Erzeuger des Ödipus.«
Franz Werfel

Der 32-jährige Familienvater Christoph L. wollte sich einen gemütlichen Fernsehabend machen. Die Tagesarbeit war erledigt, seine Frau war zur wöchentlichen Chorprobe gegangen, die drei Kinder waren bereits zu Bett gebracht worden. Obwohl er sich sonst beim Programmdurchlauf nie für »alte Schinken« interessierte, blieb er diesmal bei einem Heimatfilm aus den 1960er-Jahren hängen. Es handelte sich um die Verfilmung des Romans *Via Mala* von John Knittel mit Gert Fröbe und Christine Kaufmann in den Hauptrollen. Das düster-gewalttätige Familiendrama aus dem schweizerischen Kanton Graubünden erzählt die Geschichte eines Sägemüllers, welcher in der einsam-harten Bergwelt zum aggressiven Trinker und Familientyrannen geworden war.

Christoph L. fühlte sich durch die den Film beherrschende Gewalttätigkeit, die permanente Angst und die schwermütige Stimmung, die alles überwältigenden Schuldgefühle und die tragische Geschichte, vor allem aber durch die Figur des Vaters seltsam angesprochen. Dieser hielt die Angehörigen wie Sklaven, demütigte und schlug sie, gab ihnen keinerlei Unterstützung, stahl den Kindern das letzte Geld, ging stets mit ungeheurer Brutalität vor und ermordete seine kleinen Zwillingstöchter. Christoph L. sah, wie der rohe, grausame Mann seine Familie im tiefen Hochgebirgswinter im einsamen Berghof im Stich ließ und zu seiner Geliebten in ein Häuschen im Tal zog. Die Ausschweifungen und alkoholischen Exzesse des Despoten, seine schweren Aggressionen und sadistischen Quälereien, aber auch die Hilflosigkeit und Verzweiflung der Opfer lösten bei Christoph L. Betroffenheit und Bedrücktheit aus. Der in eine unentrinnbare Katastrophe mündende Verlauf der Tragödie schien in ihm etwas anzurühren, etwas, das tief in seinem Inneren saß, mehr als nur einen Stachel, ein nicht verarbeitetes Problem, das er lange verdrängen konnte, ihn aber nie ganz losgelassen hatte.

Mit steigendem Interesse und wachsender Unruhe verfolgte L., wie sich die geknechtete Frau mit den Kindern entschloss, den Tyrannen zu töten, wie der älteste Sohn die Verantwortung übernahm und wie sich der Zuschauer immer unerbittlicher die Frage stellen musste, wer Opfer und wer Täter ist und welche Schuld schwerer wiegt, die moralische oder die rechtliche ...

Christoph L. fand in der Nacht keinen Schlaf. Am nächsten Tag verabschiedete er sich schon früh von seiner Gattin und teilte ihr mit, dass er seinen erkrankten Vater besuchen wolle. Dieser hatte sich vor Jahren von der Familie getrennt und lebte allein in einer 500 Kilometer entfernten Stadt. Christoph L., von Beruf Schreinermeister und in der Freizeit Sportschütze, nahm eine seiner Waffen, fuhr zügig und ohne eine einzige Rast zu seinem Vater. Während der Anreise verständigte er ihn telefonisch von seinem Besuch. Er wolle mit ihm eine Erbschaftsangelegenheit besprechen. Nach der Ankunft lud er den alten Mann zu einer kleinen Spazierfahrt ein. Bei einer Feldhütte setzten sie sich nieder und begannen das Gespräch. Nach wenigen Minuten zog Christoph L. seine Waffe und tötete den Vater mit mehreren Schüssen. Die Leiche deckte er mit Zweigen zu, machte sich auf den Heimweg und verständigte auf halber Strecke die Polizei ...

Bei den Einvernahmen führte er aus, dass er durch die Tat sich und die ganze Familie vom Vater befreien wollte. Dieser sei hartherzig, rücksichtslos und tyrannisch gewesen, habe die Kinder nie geliebt und die Mutter gequält. Christophs erste Erinnerung befasse sich mit einem Vorfall, bei dem der Vater die Mutter geschlagen und diese dann aus dem Mund geblutet habe. Die Kinder habe er wegen Kleinigkeiten hart bestraft und sie ständig entwertet. Tagtäglich habe man von ihm gehört: »Du bist nichts, du kannst nichts und du wirst nie etwas sein!« Schon als Kind habe sich Christoph geschworen, dass er den Vater umbringen werde: »Bereits mit fünf Jahren hatte ich solche Gedanken, daran erinnere ich mich genau!«

Die Kindheit sei für Christoph L. ein einziger Horror gewesen. Er habe nie das Gefühl der Geborgenheit gespürt, habe in ständiger Angst vor den Gewalttätigkeiten des Vaters und in nie abklingender Sorge um die Mutter gelebt. Nie habe er aus Furcht vor den Exzessen des Vaters andere Kinder einladen können. Dessen Verhalten sei durch steigenden Alkoholmissbrauch noch brutaler geworden. Christoph habe sich geschämt und sich irgendwie schuldig gefühlt. Das einzige Gefühl gegenüber seinem Vater sei Angst und nochmals Angst gewesen. Auch später habe er sich stets mit dessen Demütigungen beschäftigen müssen. Er wisse nicht, wieso er es nicht geschafft habe, sich vom Vater völlig zu distanzieren. Dieser habe in seinem ganzen Leben einen »Dreh- und Angelpunkt« dargestellt, mit dem er sich immer habe beschäftigen müssen. Der Vater sei furchterregend brutal und tyrannisch gewesen: »Er war einfach ein böser Mensch.«

Als Christoph L. fünfzehn Jahre alt gewesen sei, habe sich der Vater von der Familie getrennt, was alle als sehr befreiend empfunden hätten. Obwohl die Verbindung fast abbrach und die Kontakte zu ihm selten wurden, habe Christoph sehr oft an ihn gedacht. In den letzten Wochen hätten sich seine Grübeleien intensiviert. Er sei depressiv geworden, habe Todeswünsche gehabt, habe schlecht geschlafen und sich ständig mit all dem, was der Vater ihm, seinen Geschwistern und der Mutter angetan habe, beschäftigt. Es sei ihm wieder der Gedanke gekommen, man sollte das Übel eigentlich bei der Wurzel packen und den Vater töten. Seine Gedanken hätten nach dem Film nur noch um die Frage gekreist: »Wie tue ich es?« So habe er sich einen »Sechs-Punkte-Plan« zurechtgelegt, den er am nächsten Tag in die Tat umgesetzt habe.

Der erste Punkt sei die falsche Information seiner Frau gewesen. Er habe ihr gesagt, der Vater habe angerufen und von gesundheitlichen Problemen berichtet. Er habe Christoph gebeten, so rasch wie möglich zu ihm zu kommen.

Der zweite Punkt habe das Auftanken des Autos betroffen, der dritte die Fahrt zum Firmengebäude, um die Waffe zu holen. Der vierte Punkt sei die mehrstündige Fahrt zum Wohnort des Vaters gewesen, an die er sich teilweise gar nicht mehr erinnern könne. Der fünfte Punkt habe die Tötung des Vaters, der sechste die Meldung bei der Polizei beinhaltet. Genau nach diesem Plan sei er dann vorgegangen: »Ich war programmiert, es gab kein Zurück.«

Beim Eintreffen habe er mit dem Vater Höflichkeiten ausgetauscht, ehe dieser begonnen habe, über die Mutter zu schimpfen. Christoph habe ihn eingeladen, hinaus aufs Land zu fahren und dort in Ruhe über das Erbe zu sprechen. Das Gespräch sei dann auf die familiäre Situation in der Kindheit gekommen, Christoph habe über seine Ängste erzählt, der Vater sei irgendwie irritiert gewesen. Sie hätten sich in die Augen geblickt und in diesem Moment habe der Vater gewusst, dass jetzt der Zeitpunkt der Klärung gekommen sei, dass es kein Entrinnen gebe, dass sein Sohn nun »das tun werde, was er tun müsse«. Obwohl sie kein Wort austauschten, hätten beide genau Bescheid gewusst. Es habe eine friedliche, beinahe versöhnliche Stimmung geherrscht.

Er habe seine Waffe gezogen, der Vater habe kein Wort gesagt, dann sei der erste Schuss gefallen. Der Vater sei im Unterleib getroffen worden und habe laut aufgeschrien. Jetzt habe er gezielt fünf bis sechs Schüsse auf den zusammengesunkenen Körper abgegeben, und zwar in Richtung Brust. Er hätte es nicht geschafft, ihm in den Kopf zu schießen. Christoph habe sich anschließend, so eigenartig dies klinge, »völlig frei« gefühlt und ein sehr schönes Gefühl gehabt: »Ich war von einer unendlichen Last befreit.«

Auf die Frage, ob er sich schuldig fühle, meinte Christoph L.:

»Nach dem Gesetz ja, da habe ich eindeutig verstoßen. Dies war für mich aber nicht wichtig, ich wollte ihn töten, um die Familie zu erlösen«. Er sei nicht berauscht oder verwirrt gewesen und habe ganz klar gewusst, was er tue und dass seine Tat ein Verbrechen sei. Er glaube aber, dass in seiner Gefühlswelt etwas nicht stimme, da er als Kind nie Liebe bekommen habe und ohne Liebe aufgewachsen sei. Er könne nicht richtig traurig sein und nicht weinen. Dies habe sein Vater verschuldet, dafür habe er bezahlt. Er habe kein schlechtes Gewissen und sei sich ganz sicher, dass er eigentlich im Namen der Familie gehandelt habe. Nur manchmal zweifle er, ob es keine andere Lösung gegeben hätte. Er denke sich aber, dass er mit dem Vater jetzt »quitt« sei. Dieser habe einen kurzen und schmerzlosen Tod gehabt und sei in Frieden geschieden. Er empfinde jetzt dem Vater gegenüber keine Hassgefühle mehr und sei mit ihm vollkommen ausgesöhnt.

*

Tötungen eines Elternteils durch Kinder haben einen ganz anderen psychologischen Hintergrund als sonstige Fälle von Mord, Totschlag oder Körperverletzung mit tödlichem Ausgang. In allen Fällen weisen die Täter erhebliche psychische Probleme auf, meist liegt zudem eine pathologische Familiensituation vor. Nach internationalen Untersuchungen ist die Hälfte jener Kinder, die einen Elternteil töten, psychisch krank, meist leiden sie an einer Schizophrenie. Beim Großteil der restlichen Fälle liegen jahrelange Konfliktsituationen vor, in welchen das erwachsen gewordene Kind sich in einer Art Notwehr oder auch aus Rache zur Tötung hinreißen lässt. Gerade bei der Tötung des Vaters durch den Sohn spielen aber auch tiefenpsychologische Ursachen eine nicht zu unterschätzende Rolle.

Der allgemeine Begriff Parrizid bedeutet Tötung eines Elternteils und kann unterteilt werden in Patrizid (Tötung des Vaters) und Matrizid (Tötung der Mutter). Derartige Taten sind relativ selten und umfassen zirka zwei bis drei Prozent aller Tötungsdelikte, in Kanada immerhin 6,3 Prozent. Wegen des religiös und kulturell bedingt starken Schutzprivilegs, das Vater und Mutter in unserer Tradition genießen, ist von einer besonders hohen Hemmschwelle für aggressive Handlungen gegen die Eltern auszugehen. Umso mehr erschrecken Tötungshandlungen an den eigenen Eltern, weshalb immer intensiv nach psychischen Störungen, durch welche die Hemmschwelle gegen den Angriff auf die Eltern unterminiert wurde, gefahndet wird. Das Strafrecht hat die Vatertötung in früheren Zeiten sehr hoch sanktioniert. Erst in der ersten Hälfte des 20. Jahrhunderts wurde die besondere Situation der Täter von den Gerichten entsprechend berücksichtigt und die Prüfung eines entschuldigenden Notstands oder einer psychischen Beeinträchtigung zum Zeitpunkt der Tat angeregt. Obwohl 85 Prozent der Täter, die einen Elternteil töten, männlichen Geschlechts sind, unterscheiden sich diese in vielen Bereichen deutlich von der Großzahl anderer, besonders jugendlicher Gewalttäter. Während Letztere oft durch verschiedenartige Formen von Delinquenz, durch Verwahrlosung oder dissoziale Verhaltensweisen auffallen, weisen Elternmörder in ihrer Vorgeschichte keine Vorverurteilungen und kaum asoziale Züge auf. Sie stammen meist aus höheren sozialen Schichten als der Großteil delinquenter Jugendlicher und Heranwachsender und sind in der Regel gut gebildet.

Bei Patrizid und Matrizid finden sich im Detail unterschiedliche Motive. Meist lässt sich jedoch für beide Formen ein Ursachenbündel aus Angst, Rache und Flucht beziehungsweise Befreiungswünschen feststellen. Selbst bei psychotisch motivierten Parriziden sind diese Zusammenhänge häufig zu erkennen. Bis zu 60 Prozent aller Elterntötungen werden von psychotischen Kindern begangen, umgekehrt betreffen 20 bis 34 Prozent aller Tötungen psychosekranker Menschen einen Elternteil. Das heißt aber auch, dass 40 bis 50 Prozent jener Kinder, die einen Elternteil töten, nicht psychisch krank sind.

Via Mala und Ödipus

Nachvollziehbar sind am ehesten Fälle, in denen ein Vater, der sich über Jahre als Familientyrann gebärdet, von einem verzweifelten Sohn, der sich in die Rolle des Beschützers gedrängt fühlt, getötet wird. Dieser glaubt, keine andere Möglichkeit zu sehen, die Mutter, die Geschwister und sich selbst von den Quälereien des Vaters zu befreien. Man spricht dann von einer Via-mala-Situation, benannt nach dem bekannten Roman von John Knittel (1934).

Manchmal ist die Kommunikation zwischen Eltern und Kind durch »doublebind«, also Überprotektion und Bevormundung bei gleichzeitiger Ablehnung und Zurückweisung, oder Unberechenbarkeit derart gestört, dass angemessene Ausweichmöglichkeiten und Konfliktlösungen für die Kinder nicht mehr erkennbar sind und eine gewaltsame Lösung als einziger Ausweg erscheint. In seltenen Fällen von Elterntötungen wird das Kind als Erfüllungsgehilfe eines Elternteils missbraucht. Am häufigsten finden sich jedoch körperlicher Missbrauch der Kinder durch einen Elternteil und die Unfähigkeit des anderen Elternteils, das Kind vor den Übergriffen zu schützen. Daraus resultieren sich über lange Zeit aufbauende Spannungszustände sowie Gefühle von Ohnmacht, Wut und Angst gegenüber dem als tyrannisch und quälend erlebten Elternteil. Der zweite Elternteil – meist die Mutter – wird in tragischen Fällen ebenfalls zum Opfer, wenn die Jugendlichen bei der Tat ertappt werden und ihre Entdeckung vermeiden wollen. Einige Studien belegen, dass Tötungen von Vätern häufiger vorkommen als jene von Müttern, die meisten Untersuchungen sehen jedoch keinen Unterschied. 40 Prozent der psychisch Kranken, die einen Elternteil töteten, haben ihr späteres Opfer schon zuvor körperlich attackiert. Die Nachuntersuchung dieser Täter nach der Entlassung ergab eine Rückfallrate mit Gewalttaten von 3,8 Prozent. Sie war damit deutlich niedriger als jene der Vergleichsgruppe von Tätern, die Fremde getötet hatten, bei denen sie 11,8 Prozent betrug.

Die Vatertötung ist ein wichtiges Thema der Weltliteratur, so im *König Ödipus* von Sophokles, in Shakespeares *Hamlet* oder im Roman *Die Brüder Karamasow* von Dostojewski. Vor allem aber ist sie seit Sigmund Freud ein zentraler Bestandteil der Psychoanalyse. Das (unbewusste) Motiv der Ermordung des Vaters wird ursprünglich in einem fremden Schicksalszwang, in der Rivalität um die Frau beziehungsweise die Mutter gesehen. Freud schreibt, dass die Erinnerungsspur der Vatertötung in den Urzeiten zu suchen sei und das damit verbundene Schuldgefühl im Unbewussten des Kindes erhalten bleibe und seine Reaktionsweise beeinflusse. In den Anfangszeiten der menschlichen Familie seien Vatertötungen Realität gewesen. Derartige ursprüngliche Vorstellungen könnten als Fantasien in irgendeiner Form von Generation zu Generation weitergegeben werden, tauchen dann als prähistorische Wahrheiten immer wieder auf und können in geeigneten Situationen wiedererweckt werden. Die »archaische Erinnerung« werde ins Unbewusste verdrängt, könne dort verweilen und bei Konflikten mächtige Wirkung entfalten. Da sich die Aggressionsneigung gegen den Vater in den folgenden Geschlechtern wiederholt, wird das Schuldgefühl gleichsam vererbt.

Die Vatertötung ist neben der (unbewussten) sexuellen Übertragung auch Hauptinhalt des zugrunde liegenden psychoanalytischen Modells für die Persönlichkeitsentwicklung, nämlich des Ödipuskomplexes. Damit bezeichnete Freud (1910) die während der Entwicklung eines Kindes auftretenden Gefühle von Liebe und Hass gegenüber seinen Eltern. Nach der psychoanalytischen Lehre werden die frühkindlichen Beziehungen zu den Eltern in der zwischen dem dritten und vierten Lebensjahr gelegenen frühen genitalen Phase in Analogie zur antiken Ödipus-Sage gestaltet. Gegenüber dem gegengeschlechtlichen Elternteil entwickeln sich Liebe und Inzestwünsche, während sich dem gleichgeschlechtlichen Elternteil gegenüber Hass- und Eifersuchtsgefühle einstellen. Normalerweise gelingt in der Identifikation mit dem gleichgeschlechtlichen Elternteil die Verdrängung der Wünsche und der damit zusammenhängenden Ängste, womit die ödipale Situation beendet ist. In der Pubertät und auch später kann es zu einer Wiederbelebung kommen. Ist die Bewältigung unzureichend, können Neurosen entstehen. Wird der Ödipuskomplex in der Entwicklung nicht überwunden beziehungsweise wird dessen Inhalt – die Tötung des Vaters – durchgesetzt, spricht dies für eine psychosenahe Störung.

Wie dominant der Ödipuskomplex werden und wie sehr sich in einer krankhaften Übertragung auf Vater und Mutter eine neurotische Störung mit einer »verrückten« Entwicklung vermischen kann, zeigt ein Fall, in dem alles enthalten ist, was es zur krankhaften Sohn-Vater-Beziehung, zum Durchbruch des Bösen aus einer archaischen Konstellation zu sagen gibt:

Der 55-jährige Johannes M. war der Einladung seines älteren Sohnes, des 28-jährigen Thomas M., gefolgt. Beide waren sie Künstler, beide als Maler erfolgreich, beide Partner und Konkurrenten. Neben der Vater-Sohn-Beziehung und den ehemals klar verteilten Meister-Schüler-Verhältnissen hatte sich im Laufe der Jahre eine künstlerische Rivalität entwickelt, die Anlass zu Streit, Distanzierung und Feindseligkeit geworden war. In die zahlreichen, vordergründig wegen beruflicher Anlässe ausgelösten Auseinandersetzungen mischten sich immer häufiger familiäre Vorwürfe: Der Vater habe sich zu wenig um die Familie gekümmert, habe seine unter Depressionen leidende Frau allein sitzen lassen, habe viel zu wenig Zeit mit seinem Sohn verbracht, habe in diesem zuerst ein lästiges Anhängsel, dann einen unangenehmen Konkurrenten gesehen. Zahlreiche Versöhnungsversuche zwischen Vater und Sohn waren gescheitert, mehrere Aussprachen endeten in eskalierendem Streit, heute nun sollte eine definitive Versöhnung stattfinden.

Der Vater wurde von seinem Sohn Thomas umarmt und dann zum Tisch geleitet. Er servierte ihm einen Willkommensdrink, erzählte von seinen künstlerischen Aktivitäten und legte ihm den soeben erschienenen Katalog von seiner nächsten Ausstellung vor. Er solle darin blättern und ihm dann beim Essen seine Meinung zu den neuen Werken sagen. Er gehe nur schnell in die Küche und hole die Vorspeise. Er habe sich etwas einfallen lassen und die Lieblingsspeise des Vaters gekauft.

Der Sohn ging in die Küche, entnahm dem Schrank einen Revolver, näherte sich von hinten dem über dem Buch sitzenden Vater und schoss ihm ins Hinterhaupt. Das Geschoss zerfetzte den Schädel, der zu Boden stürzende Kunstband mit den Werken des Täters war mit Blut und Hirnmasse überspritzt.

Bei der Einvernahme begründete der Täter die geplante, kaltblütige Tötung seines Vaters mit dessen »Terror«, den er ein Leben lang gegenüber den Familienangehörigen ausgeübt habe. Er sei ein egozentrischer, gefühlloser, verschlossener Mensch gewesen, der weder seiner Frau noch den Kindern die nötige Liebe geschenkt habe. Er habe sich um diese nur materiell gekümmert, habe ihnen kaum Zeit gewidmet und sie nur als lästige Anhängsel betrachtet. Deren wahre Probleme hätten ihn nie interessiert: »Alles, was er von uns wollte, waren Leistung und Erfolg.« Er sei allein schuld, dass die Mutter depressiv geworden sei und sich zur Behandlung in eine psychiatrische Klinik begeben musste.

Neben diesen normal und nachvollziehbar wirkenden Motiven kamen aber immer mehr höchst auffallend und abnorm anmutende Begründungen zutage. Er sei schon als Kind auf seinen Vater sehr eifersüchtig gewesen, habe gespürt, dass ihm dieser die Mutter wegnehmen wolle. Er erinnere sich, dass er schon mit vier Jahren davon geträumt habe, den Vater zu beseitigen. Als er einmal die Eltern beim Geschlechtsverkehr beobachtet habe, sei in ihm ein unbändiger Hass aufgestiegen und er habe damals den Beschluss gefasst, den Vater eines Tages zu töten. Diese Gedanken hätten ihn nie losgelassen, die Feindgestalt des Vaters habe ihn durch Kindheit und Jugend begleitet. In der Pubertät habe er sich mit dem kulturellen Phänomen der Vatertötung beschäftigt. Es sei ihm immer mehr klar geworden, dass ein Sohn die Vaterfigur überwinden müsse, um ein Mann zu werden. Er habe in sich etwas »Wölfisches« gespürt, etwas, das ihm sagte, der Weg zum wahren Leben führe für den Sohn über die Ermordung des Vaters.

Tatsächlich wurde der damals 14-jährige Junge zu einem Jugendpsychiater gebracht, nachdem er völlig unmotiviert den am Tisch sitzenden Vater mit einer Schere attackiert und oberflächlich verletzt hatte. Der Fachmann sprach von einer Pubertätskrise und schlug eine psychotherapeutische Behandlung des Jungen vor, zu der es aber nicht gekommen ist. Mit 16 Jahren versuchte Thomas, seine Mutter zu vergewaltigen. Er stieß diese mit den Worten: »Ich bin der wahre Mann, ich habe das Recht dazu ...« zu Boden und versuchte, sie zu überwältigen. Als sich die Mutter nach über einstündigem Widerstand ergab, ließ der Junge mit der Begründung, dass er keine Lust mehr habe, von ihr ab. Seine Wut verlagerte sich immer mehr auf seinen Vater, in welchem er einen immer mächtiger werdenden Feind und die alleinige Ursache seiner Probleme sah. Dieser habe ihm die Mutter weggenommen, habe ihn mit seinen Forderungen erdrückt und ihn auch künstlerisch an die Wand spielen wollen. »Immer war er auf meine Erfolge eifersüchtig, immer hat er über meine Bilder gelacht. Er hat nur noch Angst gehabt, dass ich besser werden könnte als er.«

*

Die Tat enthält die gesamte Geschichte des Ödipus, jener Gestalt der griechischen Mythologie, die als Sohn des thebischen Königs Laios im Kindesalter ausgesetzt wurde und später in einem Streit seinen Vater tötete und seine Mutter ehelichte, ohne zu wissen, dass dies seine leiblichen Eltern waren. Laios und seine Frau Iokaste waren nämlich lange Zeit kinderlos geblieben. In ihrer Not suchten sie das Orakel von Delphi auf, das ihnen aber einen Fluch verkündigte: »Solltest du dich je unterstehen, einen Sohn zu zeugen, so wird dieser seinen Vater erschlagen und seine Mutter heiraten«, lautete der an den König gerichtete Orakelspruch. Als Iokaste tatsächlich einen Sohn bekam, ließ Laios dem Neugeborenen die Füße durchstechen und zusammenbinden und das Kind von einem Hirten im Gebirge aussetzen. Dieser wurde aber von Mitleid mit dem Neugeborenen erfasst und übergab es einem vorüberziehenden Schäfer, welcher den Jungen zu König Polybos von Korinth brachte. Dort wuchs er auf, musste aber im Erwachsenenalter erfahren, dass der König und seine Frau nicht seine leiblichen Eltern seien. Ödipus suchte nun seinerseits das Orakel in Delphi auf, welches ihm verkündete, er werde seinen leiblichen Vater töten und seine Mutter zur Frau nehmen. Damit sich die Prophezeiung nicht erfülle, brach Ödipus in die Ferne auf, geriet aber an einer Weggabelung mit dem ihm nicht bekannten alten Mann, der in Wirklichkeit sein leiblicher Vater war, in Streit und erschlug ihn. Anschließend befreite er die Stadt Theben von der Sphinx, einem Ungeheuer, das alle Vorbeikommenden, welche ein vorgegebenes Rätsel nicht lösen konnten, verschlang. Als Ödipus die Lösung gelang, stürzte sich das Monstrum ins Meer und die Stadt war befreit. Zur Belohnung erhielt er die Hand der Königin Iokaste, seiner eigenen Mutter.

Sigmund Freud hat den Kerngehalt dieser griechischen Sage zur Grundlage des Ödipuskomplexes gemacht. Wenn sich der Ödipuskomplex als beharrlich erweist oder gar ausgebaut wird, spricht dies für eine schwere Neurose oder eine psychosenahe Störung. In der Geschichte des Thomas M. stellte dieser ausgelebte Ödipus-Zustand tatsächlich den Beginn einer Geisteskrankheit dar. Er litt später unter Wahnideen, Halluzinationen und schweren Verstimmungszuständen und suizidierte sich während einer depressiven Phase.

Auch Ödipus starb durch die eigene Hand. Nach glücklichen Regierungsjahren brach in Theben eine Seuche aus. Nach dem Spruch des wiederum befragten Orakels von Delphi konnte diese nur beendet werden, wenn der Mörder des Laios gefunden werde. Der blinde Seher Teiresias enthüllte dem König die Wahrheit. Seine Frau, die gleichzeitig seine Mutter war, erhängte sich, Ödipus stach sich mit zwei goldenen Nadeln aus ihrem Gewand die Augen aus. Nach anderen Versionen stürzte er sich aus Verzweiflung in eine als Tor zur Unterwelt geltende Schlucht.

Die böse Mutter

*»Und ich habe nichts mehr auf dieser Welt zu tun
als meinem Buben einen Abschiedskuss auf die geliebte Stirne
zu drücken und zu gehen.«*
Arthur Schnitzler

Auf einem Polizeiposten meldete sich eine gepflegt wirkende 26-jährige Frau und gab mit emotionslosem Ausdruck und ruhigem Ton an, dass sie in ihrer Wohnung soeben ihren zweijährigen Sohn getötet habe. Ihr 18 Jahre älterer Mann, der sich kürzlich von ihr getrennt habe, habe sie vor zwei Stunden besucht, sie beschimpft, bedroht und ihr wieder einmal heftige Vorwürfe gemacht. Am Höhepunkt der Auseinandersetzung habe er ihr triumphierend das Schreiben eines Rechtsanwalts vorgehalten, in welchem sie aufgefordert wurde, dem Gatten das Kind zur weiteren Obsorge zu übergeben. Dies habe sie nicht verkraftet und daher beschlossen, den Jungen unter keinen Umständen herzugeben. Sie sei nach dem Weggang des Mannes »wie ein Geist« in der Wohnung herumgewandelt, habe etwas Alkohol getrunken, sei dann vom Gefühl übermannt worden, dass es nur noch einen Ausweg gebe. Sie erinnere sich noch schemenhaft, ein Messer in der Hand gehalten zu haben. Plötzlich seien dessen Klinge und ihre Hand voll Blut gewesen. Sie sei in die Küche gewankt, habe sich und das Messer abgewaschen, habe dieses Messer abgetrocknet und in die Lade gelegt, habe sich Schuhe und Mantel angezogen und sei zur Polizeistation gegangen.

Zu ihrem Zustand vor der Tat führt sie wörtlich aus: »Als mich der Mann nach dem Streit verlassen hat, habe ich gewusst, dass es für mich keine Chance gibt, seinem Terror zu entrinnen. Ich holte ein Messer aus der Küche, ging ins Schlafzimmer und habe fünf- bis sechsmal auf das friedlich schlafende Kind eingestochen. In meinem Kopf war nur Leere und Hass. Dann bin ich in der Wohnung auf und ab gegangen, war ganz ruhig, fühlte mich wie in Trance.«

Die Tat der Frau ist vor dem Hintergrund eines schweren Partnerschaftskonflikts zu sehen. Sie hatte mit ihrem deutlich älteren und ihr sozial überlegenen Mann eine rasche und intensive Beziehung begonnen, die dann allerdings in eine Krise geraten ist. Sie hat einerseits die soziale und wohl auch persönliche Sicherheit, die ihr der Mann vermittelt hat, geschätzt, andererseits unter seinen Kontrollbedürfnissen und seiner Eifersucht gelitten. Dieser habe sich ihr gegenüber wie ein Tyrann verhalten, habe sich massiv in ihre Angelegenheiten eingemischt und habe auch dem Alkohol zugesprochen. So entwickelte sich allmählich ein ambivalentes und später konflikthaftes Verhältnis, in welchem die partnerschaftlichen Kräfteverhältnisse mehr und mehr in Ungleichgewicht geraten sind. Verschiedene Versuche der Aussöhnung brachten keinen Erfolg. Die Frau wurde zunehmend aggressiv, hatte das Gefühl, »seelisch zugrunde« zu gehen, habe nach eigenen Worten ihren Mann »nicht mehr riechen« können.

Die partnerschaftliche Situation wurde extrem gefährlich, als sich nach beschlossener Trennung die Frage des Sorgerechts für das Kind stellte. So wurde das Kind mehr und mehr zum Zentrum des Konflikts, an dem sich der Machtkrieg der beiden Eheleute immer deutlicher abspielte. Auch in der letzten Auseinandersetzung ging es um das Kind. Die spätere Täterin hatte das Gefühl, dass ihr der Sohn auf jeden Fall weggenommen werde und sie diesen letzten Kampf verliere. In diesen Situationen hat sie dann die ganze Wut, die eigentlich dem übermächtigen Partner galt, auf das Kind übertragen. Die Tötung war eine hilflose Primitivreaktion, eine von Rachegefühlen getragene Aggressionsabfuhr und ein Akt des »letzten Rechthabens«. Derartige psychische Abläufe sind bei etwa einem Viertel aller

Mutter-Kind-Tötungen bekannt und werden als »Medea-Syndrom« bezeichnet.

In der Tragödie »Medea« von Euripides wird die Thematik der gekränkten, verlassenen Ehefrau und deren Rache am untreuen Mann Jason, dem Helden der Sage vom Goldenen Vlies, beschrieben. Nachdem dieser eine Königstochter geheiratet hatte, beschließt Medea, sich zu rächen und entwirft einen detaillierten, rationalen Plan. Sie schickt der Königstochter als Hochzeitsgeschenk ein vergiftetes Gewand, wodurch diese und der ihr zur Hilfe eilende Vater sterben. Dann tötet sie ihre Söhne aus der Ehe mit Jason, um diesen noch tiefer zu treffen. Nach der Tat entflieht sie auf dem Wagen des Sonnengottes Helios. Sie wird also nach der griechischen Mythologie nicht bestraft ...

*

Anders stellt sich die Situation bei Marybeth Tinning aus Schenectady, New York, dar, von der man annimmt, dass sie neun Kinder im Säuglingsalter getötet hat. In den Jahren 1972 bis 1985 starben alle Kinder im Alter von weniger als drei Jahren, wobei von den Ärzten in allen Fällen ein plötzlicher Kindstod oder ein sogenanntes Reye-Syndrom, worunter man eine akute Erkrankung der Leber und des Gehirns als Folge eines fieberhaften Infekts der Atmungsorgane versteht, als Todesursache angenommen wurde. Marybeth Tinning ertrug die Todesfälle gefasst und habe jeweils gesagt: »Es ist Gottes Wille, diesen muss ich demütig hinnehmen.« Die *New York Times* schrieb nach Bekannt werden der wahren Todesumstände: »Jahr um Jahr starben die Babys von Marybeth Tinning, eines nach dem anderen, insgesamt neun im Laufe von vierzehn Jahren. Die offizielle Angabe der Todesursache wechselte. Aber etwas Böses hat in der merkwürdigen Abfolge dieser Todesfälle niemand bemerkt – weder Polizei, Leichenbeschauer, Ärzte, Sozialarbeiter noch Nachbarn, ja nicht einmal Mrs. Tinnings Mann«.

Am 4. Februar 1986 wurde Marybeth Tinning verhaftet und gestand, ihre Tochter Tami Lynne mit einem Kissen erstickt zu haben, weil diese in der Nacht unaufhörlich geschrien habe. Später gab sie zu, auch die Söhne Timothy und Nathan auf dieselbe Weise getötet zu haben, während sie abstritt, mit dem Tod der anderen Kinder etwas zu tun zu haben. Die Staatsanwaltschaft beschränkte sich auf den Fall Tammy Lynne, die Täterin verweigerte beim Prozess die Aussage. Sie wurde wegen Totschlags zu einer 20-jährigen Haftstrafe verurteilt, welche sie in einem New Yorker Gefängnis verbüßte.

Als Tatmotiv führte Marybeth Tinning aus, dass ihr die Belastungen durch die Kinder auf die Nerven gegangen seien und sie stets unter dem Gefühl gelitten habe, keine Mutter zu sein. Im psychiatrischen Gutachten wurde ein »Münchhausen-by-Proxy-Syndrom« diagnostiziert. Man versteht darunter eine ungewöhnliche Form der Kindesmisshandlung, bei der eine Erkrankung des Kindes von der Mutter vorgetäuscht, von dieser sogar hervorgerufen und aufrechterhalten wird. Das Kind wird von der scheinbar rührend besorgten Mutter zu medizinischen Untersuchungen und Behandlungen gebracht, ohne dass die wahre Ursache der Störung angegeben wird. Die häufigsten präsentierten Symptome sind Fieber, Allergien, Atemschwierigkeiten, Essstörungen, Durchfall, Kollapszustände und Krämpfe sowie unklare Blutungen. Im Herbeiführen dieser Störungen sind die Täterinnen sehr erfinderisch. Anfälle werden durch Ersticken des Kindes mit der Hand, durch ein Kissen oder eine Plastiktüte erzeugt. Manche Mütter haben sich selbst Blut abgenommen und verschmieren es am Kind oder entziehen ihm die Nahrung. Eine Mutter ließ das Kind nahezu verhungern, brachte es dann ins Krankenhaus, wo sie sich als liebevolle und höchst besorgte Mutter präsentierte. Eine andere Mutter, von Beruf Krankenschwester, saugte mit Spritze und Plastikschlauch die ihrem Kind im Krankenhaus gegebene Nahrung heimlich wieder ab. Die Sterblichkeit dieser heimlichen Kindesmisshandlung liegt bei 31 Prozent, etwa 10 Prozent tragen dauernde körperliche und psychische Folgen davon.

Der Name Münchhausen-by-Proxy-Syndrom bedeutet so viel wie »Münchhausen in Vertretung« und ist nach der populären Gestalt des Lügenbarons Münchhausen benannt, weil die Mütter systematisch die Ärzte mit frei erfundenen Geschichten über Krankheiten täuschen. Die erste derartige Störung wurde vom britischen Kinderarzt Roy Meadow 1977 publiziert. Er hatte herausgefunden, dass manche Mütter ihre Kinder heimlich krank machen. In einem Fall hatte die Mutter dem Urin ihres Kindes heimlich Blut und Eiter beigemischt, was zahlreiche Untersuchungen zur Folge hatte. Erst als der Junge sechs Jahre alt war, wurde erkannt, dass er nicht krank war, sondern Opfer der versteckten Kindesmisshandlung geworden war. In einem zweiten Fall musste ein Säugling wegen Erbrechen und Bewusstseinstrübung immer wieder auf der Kinderstation aufgenommen werden, wobei dort auffiel, dass sich das Kind im Krankenhaus rasch erholte und sich die Zwischenfälle nur zu Hause ereigneten beziehungsweise nach dem Besuch der Mutter auftraten. Schließlich brachte die Mutter das Kind in tiefem Koma in die Klinik, wo es bald starb. Bei der Autopsie konnte eine extreme Salzvergiftung festgestellt werden und es ließ sich nachweisen, dass die Mutter, welche von Beruf Krankenschwester war, dem Säugling das Salz mit einer Magensonde zugeführt hatte.

Die Täterschaft betrifft zu 98 Prozent Frauen, in 90 Prozent handelt es sich um die leiblichen Mütter. Häufig sind diese in der Kindheit selbst Opfer von Misshandlung oder emotionaler Vernachlässigung geworden und leiden nicht selten selbst an unklaren gesundheitlichen Störungen oder absichtlich erzeugten körperlichen Beschwerden. Oft sind sie vom Wunsch beseelt, über das Kind im Mittelpunkt medizinischer Aufmerksamkeit zu stehen. Sie sind von der Fantasie beherrscht, das Kind sei krank oder könne nicht gedeihen, und sehen sich selbst als lebensrettende Engel, die sich für ihr Kind grenzenlos aufopfern. Das Böse tritt über die Gestalt der liebenden Mutter auf.

*

Die Eheleute T. brachen an einem Samstagnachmittag zum Besuch des Marktes auf. Ihre einzige Tochter, die 18-jährige Monika, wollte sie nicht begleiten. Sie fühle sich müde und schlapp, sie wolle ein Bad nehmen und sich dann zu Bett legen. Als die Eltern zurückkehrten, fanden sie ihre Tochter auf dem blutigen Boden des Bades liegend. Sie war kollabiert, wachte aber auf Rütteln auf und führte aus, dass sie eine sehr heftige Menstruationsblutung habe und ihr schwarz vor den Augen geworden sei. Der Vater hob seine Tochter auf, brachte sie zum Auto und fuhr sie ins Krankenhaus. Nach einer halben Stunde erschien der untersuchende Gynäkologe und teilte dem fassungslosen Mann mit: »Ihre Tochter muss innerhalb der letzten zwei Stunden ein Kind geboren haben …« Er eilte nach Hause und durchsuchte mithilfe der Rettungsleute das Bad. Tatsächlich wurde in der Klomuschel die Leiche eines Neugeborenen gefunden. Die nachfolgende gerichtsmedizinische Obduktion erbrachte ein für die Eltern noch schockierenderes Ergebnis: Das Kind war lebendig zur Welt gekommen, wurde nicht bei einer Sturzgeburt in die Klomuschel verletzt, sondern erwürgt.

Die junge Täterin führte aus, in der Schule aufgeklärt worden zu sein, auch über Möglichkeiten der Verhütung, während zu Hause das Sexualthema tabuisiert war. Die erste Menstruationsblutung, die sie mit 14 Jahren gehabt habe, sei für sie aber nicht unerwartet gekommen, der Zyklus sei unregelmäßig gewesen. Im Elternhaus sei das Thema Schwangerschaft nur vereinzelt angesprochen worden, man habe sie aber nie direkt gewarnt oder abgeschreckt. Ab dem 15. Lebensjahr habe sie mehrere Freundschaften zu Burschen und auch kleinere Liebeleien gehabt, es sei aber nie zu Intimkontakten gekommen. Erst mit dem Kindesvater habe sie regelmäßig geschlafen. Sie hätten dabei aber immer Kondome verwendet, sodass sie einfach nicht glauben könne, dass sie schwanger geworden sei. Während der ganzen Zeit der von ihr nicht bemerkten Schwangerschaft seien in unregelmäßigen Abständen Blutungen, welche sie für Regelblutung gehalten habe, aufgetreten. Sie habe wohl in einer »Traumwelt« gelebt. Am Tag der Geburt habe sie, so entsinne sie sich, starke Bauch- und Rückenschmerzen gespürt, weshalb sie ein Bad gegen die vermeintlichen Regelbeschwerden genommen habe. Für die Folgezeit fehle ihr teilweise die Erinnerung. Sie wisse nur noch, wie sie auf dem WC-Stuhl gesessen, dort zusammengesackt und auf allen Vieren im Bad herumgekrochen sei. Dann habe sie das Bewusstsein verloren. Ihre nächste Erinnerung betreffe jene Situation, in der der Vater gekommen und sie emporgehoben habe. Sie habe dann erst durch die Ärzte im Krankenhaus erfahren, dass eine Geburt erfolgt sein müsse. Man habe das tote Kind dann zu Hause im Bad gefunden. Sie sei ganz geschockt gewesen und könne sich bis heute nicht vorstellen, ein Kind geboren und getötet zu haben. Mit Ausnahme des beschriebenen Schmerzes erinnere sie sich an überhaupt nichts. Sie könne sich nur vorstellen, dass das Kind durch den Sturz in die Klomuschel geschädigt worden sei. Sie habe wie so oft während der Menstruation heftigen Durchfall gehabt, dabei müsse die Leibesfrucht abgegangen sein.

Bei Kindestötungen während oder unmittelbar nach der Geburt sind zwei Gruppen von Täterinnen zu unterscheiden: In der Mehrzahl der Fälle, zu denen auch Monika T. gehört, handelt es sich um jugendliche oder junge Frauen, die in ihrer Persönlichkeitsentwicklung retardiert, manchmal auch unterbegabt sind. Die Schwangerschaft wird zum Teil nicht richtig realisiert, die Betroffenen weichen dem herannahenden Ereignis aus. Vorbereitungen für das Kind unterbleiben, ohne dass an eine Tötung des Kindes schon gedacht würde. Vom Geburtsereignis werden die jungen Frauen dann überrascht und sind der Situation nicht gewachsen. Kurzschlussartig, nahezu reflektorisch und in hohem Maße panisch führen sie die Tötungshandlung, die ihnen in einer anderen Situation nicht zuzutrauen wäre, durch.

In Struktur und Verhalten von dieser Gruppe verschieden sind die triebhaften Persönlichkeiten, welche gewöhnlich gleich zu Beginn der Schwangerschaft Abtreibungsversuche unternehmen und den Entschluss zur Tötung des Kindes schon während der Gravidität fassen. Bei diesen Täterinnen liegt die Kindestötung auf der gleichen Linie wie ihr bisheriges antisoziales Verhalten. Bei ihnen ist die Gefahr einer Wiederholung des Delikts groß, während die Frauen der ersten Gruppe ihre Tat ernsthaft bereuen und sie so gut wie nie wiederholen.

Tötungen von Neugeborenen, sogenannte Neonatizide, waren in Griechenland und im Römischen Reich bis ins 4. Jahrhundert n. Chr. ein legitimes Mittel der Bevölkerungskontrolle. Auch später wurde die Tötung eines Neugeborenen als weniger gravierend angesehen und geringer bestraft als andere Formen von Mord und Totschlag. In Zeiten unsicherer Empfängnisverhütung und starker Stigmatisierung lediger Mütter waren die Belastungen durch eine ungewollte Schwangerschaft besonders groß. Schwangerschaften wurden häufig verdrängt, die Geburt kam unvorbereitet, die Neugeborenen wurden beseitigt, wobei sie oft kaum bewusst wahrgenommen wurden. Wenngleich die Belastungen für junge Frauen heute viel geringer sind, kommt es doch noch zur Tötung von Neugeborenen durch ihre Mütter. In Deutschland werden pro Jahr bei knapp 800 000 Geburten 50 Neonatizide bekannt. In Österreich wurden in den letzten 25 Jahren insgesamt 89 Mütter wegen Tötung ihres Kindes bei der Geburt verurteilt, wobei 10 Täterinnen noch im jugendlichen Alter waren. Insgesamt ist aber eine stark rückläufige Tendenz dieses Delikts, das meist nur mit einer bedingten Strafe geahndet wird, zu beobachten.

Tötungen von Kindern durch ihre Mutter haben somit ganz unterschiedliche, zum Teil sehr spezifische Motive. Während bei den klassischen Neonatiziden, also der unmittelbaren Tötung nach der Geburt, meist unreife Täterinnen von der Geburt überrascht werden und die Tatsache der Mutterschaft im wahrsten Sinne des Wortes »verdrängen« wollen, handeln andere Mütter aus wohlmeinenden Motiven. Durch ihren »Mord aus Liebe« wollen sie das Kind vor der als hoffnungslos erlebten Welt beschützen, vor einem tragischen Schicksal bewahren und mit in ein besseres Jenseits nehmen. In letzter Zeit häufen sich in beunruhigender Weise Fälle, die nach der griechischen Medea-Tragödie konzipiert sind. Kinder werden von den Eltern bei einem Scheidungsverfahren oder einem Rosenkrieg als Pfand, als Waffe eingesetzt und letztlich aus egoistischen Motiven getötet: Wenn ich das Kind nicht haben werde, wird es niemand bekommen, lieber tot als beim verhassten ehemaligen Partner.

Wenn sich jener Elternteil, der das Kind getötet hat, auch selbst das Leben nimmt, können wir nicht mehr von erweitertem Selbstmord sprechen, sondern müssen die treffende Bezeichnung »erweiterter Mord« verwenden. Bei einem solchen Vorgehen steht nicht mehr das vermeintliche Wohl des Kindes, sondern nur noch das eigene Bedürfnis nach Rache im Mittelpunkt. Dies hat nichts mehr mit den Tötungshandlungen depressiver Mütter an ihren Kindern zu tun, welche in ihrem melancholischen Erleben ihr Liebstes, nämlich ihr Kind, vor der bösen Welt bewahren und mit in ein besseres Jenseits nehmen wollen. Diese Form des erweiterten Suizids ist dank der modernen Psychiatrie und Psychotherapie zurückgegangen, während jene des erweiterten Mords im Zeitalter der Scheidungen in beängstigender Form ansteigt. Das Böse ändert sein Gesicht, aus dem kranken Motiv ist ein böses geworden.

*

Es klingelte wieder an der Wohnungstür. Elfriede S. wusste, dass draußen ihr 28-jähriger Sohn Wolfgang stehen würde. Er hatte während des Tages wiederholt versucht, sie telefonisch zu erreichen, sie hatte die Gespräche aber nie angenommen. Bereits am Nachmittag stand er vor ihrem Wohnblock und bat sie über die Gegensprechanlage um ein Gespräch. Sie hatte ihn mit der Begründung, dass sie Besuch erwarte, abweisen können. Zwei Stunden später klingelte er abermals, wiederum öffnete sie die Tür nicht. Nun entschloss sie sich, ihn kurz zu empfangen, wohl wissend, was der Sohn mit ihr besprechen wollte: Dass sie ihm nie genügend Mutterliebe geschenkt, ihn als Kind vernachlässigt und ungerecht bestraft habe, dass er deswegen depressiv geworden sei und sich des Lebens nicht freuen könnte.

Elfriede S. öffnete die Tür. Ihr Sohn wirkte erschöpft, sein Gesicht machte einen müden Eindruck, die Augen waren gerötet, der Atem roch etwas nach Alkohol. Sie fragte ihn: »Was willst du?«, und fügte hinzu: »Komm mir nicht wieder mit deinen Minderwertigkeitskomplexen und deinen Depressionen daher, über diesen Kram haben wir oft genug gesprochen.« Der Sohn zog schweigend ein Messer aus seiner Tasche, gab sich einen Ruck und stach wie besessen auf den Oberkörper der Mutter ein. Diese sank zusammen und nahm mit sterbendem Blick wahr, wie ihr Sohn hemmungslos zu weinen begann. Gegenüber der bald eintreffenden Rettung, die Wolfgang S. selbst verständigt hatte, sagte er: »Hätte sie nur ein liebes Wort gesagt … dann wäre das nicht passiert.«

In seltenen Fällen wird die als böse erlebte Mutter selbst Opfer einer bösen Tat. Obwohl die mütterliche Liebe für das Kind viel wichtiger ist als die väterliche, werden Mütter, die diese Emotionen den Kindern vorenthalten oder diese auf böse Weise erzogen haben, viel seltener zum Ziel der Rache ihrer Kinder. Dies hat wohl mit der emotionalen Bedeutung der Muttergestalt und der ihr gegenüber viel höheren Tötungshemmung zu tun. Einzelne Fälle wie der des Wolfgang S. zeigen aber, welch verheerende Auswirkungen fehlende Mutterliebe noch nach Jahrzehnten haben kann. Man fragt sich bei solchen Tragödien, wer in welchem Maße Opfer und Täter ist und wie sich die Anteile des Bösen verteilen. Wolfgang S. erlebte seine Mutter als lieblos, uninteressiert und in keiner Weise empathisch. Sie habe ihre Kinder oft geschlagen, ihnen keine positiven Gefühlszuwendungen gezeigt und sie nicht liebevoll erzogen. Sie habe mit den Kindern nie Fest- und

Geburtstage gefeiert und ihnen ständig das Gefühl gegeben, eine Belastung darzustellen und nicht gewollt zu sein. Dies sei ihm erst so richtig bewusst geworden, als er später die Mutter-Kind-Beziehung in anderen Familien gesehen habe. Er habe versucht, mit der Mutter ins Gespräch zu kommen, mit ihr den Gefühlsbereich anzusprechen und sie auf seine innere Not hinzuweisen, was von ihr aber immer abgeblockt worden sei. In seinem Erleben fühlte er sich emotional unterversorgt, wenig beachtet und in keiner Weise geliebt. Er hat das vermisst, was mit den drei großen »Z« schlagwortartig erfasst wird: Zuwendung, Zärtlichkeit und Zeit.

Bei Wolfgang S. hat sich aus dieser Konstellation, die teilweise auch in seinem eigenen Erleben begründet ist, eine chronische emotionale Konfliktsituation entwickelt. Er hat sich gleichsam auf ständiger Suche nach der vorenthaltenen Liebe befunden, sah diese als Ursache für seine Selbstwertzweifel und Minderwertigkeitsgefühle, für seine depressiven Verstimmungen und seine eingeschränkte Lebensfreude. Er fühlte sich verunsichert, hilflos und, wenn auf seine Fragen nicht eingegangen wurde, geradezu ohnmächtig. Besonders frustriert hat ihn nach eigenen Worten die Weigerung der Mutter, mit ihm über ihr Verhalten zu diskutieren und ihm für ihre Ablehnung Erklärungen zu geben. Da er diesen inneren Konflikt niemandem in vollem Umfang anvertraut und sich nach außen angepasst gezeigt hat, musste er mit seinen Problemen allein fertig werden, was die weitere Intensivierung des Konflikts gefördert und das negative Mutterbild in übersteigerter Form ausgestaltet hat. Dabei hat er einerseits eine zunehmende »narzisstische Wut« entwickelt und andererseits an den Folgen eines inneren Zermürbungsprozesses gelitten, der letztlich seine Widerstandskräfte unterminiert hat.

*

Aus der gesamten Entwicklungspsychologie ist die Bedeutung der elterlichen, insbesondere der mütterlichen Emotionen für das Kind bekannt.

Vor allem die Zuwendung vonseiten der Mutter ist von höchster Bedeutung, da diese für die Ausgestaltung des Gefühlslebens maßgebend ist. Keine der Wurzeln des Bösen ist so stark, wie es Misshandlung und Vernachlässigung von Kindern durch Väter und insbesondere durch die Mütter sind. Unter Kindesmisshandlungen verstehen wir gewaltsame psychische oder physische Beeinträchtigungen von Kindern durch ihre Eltern und Erziehungsberechtigten. Diese Beeinträchtigungen können durch konkrete Handlungen, etwa sexuellen Missbrauch und körperliche Misshandlung, oder durch Unterlassungen, vor allem emotionaler und physischer Natur, zustande kommen.

Misshandlungen im engeren Sinne umfassen jene Fälle, in denen die Kinder körperlich verletzt werden, etwa durch Schläge, Stöße, Schütteln, Verbrennungen oder gar Stiche. Über die Häufigkeit lassen sich nicht einmal verlässliche Angaben machen, da die meisten Fälle nicht bekannt und angezeigt werden. Studien zeigen, dass cirka die Hälfte bis zwei Drittel der deutschen, österreichischen und schweizerischen Eltern ihre Kinder körperlich bestrafen, obwohl 85 Prozent der Eltern bei Befragungen für eine gewaltfreie Erziehung plädieren. Möglicherweise rufen sämtliche Kampagnen gegen die »gesunde Ohrfeige« nur bei der alltäglichen Gewalt eine Sensibilisierung hervor, lassen aber Fälle schwerster Misshandlung, die von 10 bis 15 Prozent unserer Eltern praktiziert wird, unberührt. Oft stellt Kindesmisshandlung, die gesellschaftlich glücklicherweise immer weniger gebilligt wird, den Endpunkt eskalierender Konfliktsituationen dar, in welchen Vater und Mutter aus Ohnmacht und Wut ihre Kinder schlagen oder kindliches Verhalten als Anlass für ihre Aggressionsabfuhr nehmen. Die Überforderung vieler Eltern im Umgang mit schwierigen Kindern wird dadurch belegt, dass das Risiko für Misshandlungen bei geistig und körperlich behinderten Kindern mehr als drei Mal höher liegt. Dies ist nicht nur tragisch, sondern eine besonders verwerfliche Form des Bösen.

Misshandlungen im weiteren Sinne, also auch solche emotionaler Natur, sind vielleicht weniger verpönt werden aber häufiger praktiziert.

Dazu gehören Bestrafung durch Liebesentzug, ständiges Schimpfen und sexuelle Schädigungen ohne direkten oder intensiven Körperkontakt, wie zum Beispiel gemeinsames Betrachten von Pornofilmen, Berühren der Brust eines Mädchens oder sexualisiertes Küssen. Psychische Misshandlungen bestehen ferner in allen Handlungen oder Unterlassungen der Erzieher, die die Kinder ängstigen, überfordern und ihnen das Gefühl der Wertlosigkeit vermitteln. Dazu gehören die fehlende emotionale Verfügbarkeit, die Ablehnung und Abwertung des Kindes, das ständige Zuschreiben negativer Eigenschaften, der mangelnde Schutz vor traumatischen oder verwirrenden Erfahrungen (etwa wenn Kinder elterliche Aggressionen oder Suizidversuche miterleben müssen) oder die Instrumentalisierung der Kinder für elterliche Bedürfnisse. Wenn Kinder zwischen die Fronten elterlicher Auseinandersetzungen geraten und emotional erpresst werden, ist dies besonders schwierig. Zu Recht zählt man zur psychischen Beeinträchtigung auch die Gewaltausübung durch Worte, die man als »verbale Misshandlung« bezeichnet.

Von der passiven Form der elterlichen beziehungsweise mütterlichen Kindesschädigung, der Vernachlässigung, sprechen wir dann, wenn Kinder unzureichend ernährt, gepflegt, gesundheitlich versorgt, gefördert und beaufsichtigt werden. Vernachlässigungen kommen sehr häufig vor, ziehen sich meist über einen sehr langen Zeitraum hin und sind in erstaunlich vielen Fällen mit anderen Gewaltformen verknüpft. Vernachlässigungen sind besonders bei sozial benachteiligten Schichten, aber auch bei behinderten, psychisch kranken oder alkohol- und drogenabhängigen Elternteilen zu beobachten. Die Folgen zeigen sich sehr früh. Bei vernachlässigten Kindern wurden schon nach drei Monaten Unruhezustände, Schlaf- und Verdauungsprobleme sowie Entwicklungsrückstände festgestellt. Bei Schulkindern zeigt sich dies in sozialem Rückzug, in Lernproblemen, Schulschwänzen, früh beginnendem Missbrauch von Alkohol, Medikamenten oder Drogen und in delinquentem Verhalten. Eine der Wurzeln des Bösen ist gesetzt.

In den USA, wo alle Formen von Misshandlungen meldepflichtig sind, werden jährlich etwa drei Millionen Fälle bekannt, die zu 54 Prozent aus körperlicher Vernachlässigung, 25 Prozent aus körperlicher Misshandlung, 12 Prozent aus sexuellem Missbrauch und zu 3 Prozent aus emotionaler Vernachlässigung bestehen. Auch in Europa wurden vergleichbare Zahlen gefunden, aus denen gesamthaft hervorgeht, dass doppelt so viele Kinder Opfer körperlicher Gewalt wie sexueller Übergriffe werden und dass der emotionale Bereich eine besonders hohe Dunkelziffer haben muss. Zwischen den einzelnen Gewaltformen gibt es aber viele Überlappungen.

Allzu oft liegen die Gründe für Kindesmisshandlungen jeglicher Art in der Vorerfahrung der Erzieher mit harten Strafen und Ablehnung, die sie in der eigenen Kindheit erlitten haben. Wissenschaftlich beschäftigt sich die These der mehrgenerationalen Weitergabe der Gewalt mit dieser Fortsetzung des Bösen. Nach verschiedenen Untersuchungen geben mindestens zwei Drittel der Eltern, die als Kinder misshandelt worden sind, die Gewalttätigkeit an ihre eigenen Kinder weiter. Wie Böses aus Bösem hervorgeht und eigener Missbrauch durch die Mutter später an ein anderes Opfer weitergegeben wird, zeigt das Beispiel eines Sexualmörders, welcher zuerst eine zwölfjährige Schülerin in einem Umkleideraum mit 37 Messerstichen tötete und in weiterer Folge noch drei Messerattentate auf junge Frauen verübte. Der Täter war schon als Jugendlicher durch sexuelle Übergriffe und Vergewaltigungen aufgefallen und wurde im psychiatrischen Gutachten als gemütsarmer, impulsiver Sadist beschrieben. Als er zur Vorbereitung einer medizinischen Kastration, die er sich selbst wünschte, untersucht wurde, zeigte sich den Ärzten ein schockierendes Bild: Sein gesamtes Genitale war spinnengewebeartig von unzähligen Narben überdeckt. Seine offensichtlich schwer sadistische Mutter hatte ihn von Kleinkindestagen an durch Schnitte mit einer Rasierklinge in Penis und Hodensack »bestraft« ...

Die böse Partnerschaft

»*Manche Ehe ist ein Todesurteil, das jahrelang vollstreckt wird.*«
August Strindberg

Wieder klingelte das Telefon, wieder zuckte Monika W. ängstlich zusammen, wieder nahm sie den Hörer nicht ab. Sie wusste, am anderen Ende würde sich ihr geschiedener Mann Friedrich W. melden, würde sie mit wüsten Ausdrücken beschimpfen und grausige Drohungen aussprechen, wäre durch nichts zu beruhigen und ließe sie nicht zu Wort kommen. Urplötzlich würde seine Stimmung umschlagen, er würde zu weinen beginnen, bitten und betteln, würde schluchzend von früheren Zeiten und der traumhaft schönen Partnerschaft sprechen, sie als einzige Frau und große Liebe seines Lebens bezeichnen, ehe sein Selbstmitleid wieder zu brutaler Aggressivität wechseln würde.

Monika W. war sich ganz sicher, dass ihr Mann seine Drohungen eines Tages wahr machen werde. Obwohl er bei Nachbarn und Kollegen als umgänglich und korrekt galt, an seinem Arbeitsplatz wegen seines Fleißes und seiner Verlässlichkeit beliebt war, obwohl er noch nie in Haft gewesen oder mit dem Gesetz in irgendeiner Form in Konflikt gekommen war, spürte sie in ihm etwas Gefährliches, Bedrohliches, etwas, das sie fürchtete und das stärker war als seine Selbstkontrolle und seine Fassade – etwas Böses. Sie hatte Sicherheitsschlösser anbringen lassen, Fenster und Türen verstärkt und durchsuchte, sobald sie das Haus betrat, alle Räume. Sie ließ die Rollos herunter, traute sich kaum, eine Lampe oder den Fernseher einzuschalten, hatte das Telefon stets griffbereit bei sich und nahm ein Messer mit, wenn sie in den Keller oder in den Garten musste. Die Tochter hatte sie bei einer Freundin untergebracht, bei der sie selbst auch oft übernachtete.

An diesem Abend stand er plötzlich im Wohnzimmer. Sie hatte ein lautes Geräusch von zersplitterndem Holz und Glas gehört, konnte kaum glauben, wie behände ihr Mann durch das aufgebrochene Fenster eingestiegen war. Er war des Hauses verwiesen worden, hatte sich aber vor zwei Wochen unter dem Vorwand, noch ein paar Sachen aus dem Keller holen zu müssen, Zugang verschafft und offensichtlich im Untergeschoss ein Fenster manipuliert. Nur schemenhaft nahm sie wahr, dass er einen Rucksack bei sich trug. Er drängte seine Frau gegen die Wohnzimmercouch, streckte sie mit einem unmittelbaren Faustschlag ins Gesicht nieder, schloss die Wohnzimmertür von innen ab und öffnete den Rucksack. Diesem entnahm er betont langsam, fast im Zeitlupentempo, wie ihr schien, mehrere Gegenstände, die er behutsam, Stück für Stück, vor sich auf den Tisch legte: einen Elektroschocker, eine Rolle Klebeband, zwei Rasierklingen, einen Vibrator, einen Nylonsack.

Im Polizeibericht war Folgendes zu lesen: »Der Täter setzte den Elektroschocker im Bereich der linken Halsseite, im Brust- und Bauchbereich sowie in der Genitalregion direkt auf der Haut ein. An der Oberbekleidung des Opfers waren deutliche Brandspuren, an der Unterwäsche zahlreiche Versengungen festzustellen. Das Opfer wies zahlreiche Verbrennungen dritten Grades, die vom Einsatz des Elektroschockgeräts herrührten, auf«.

Monika W. spürte, wie ihre Muskeln zusammensackten, sie keine Abwehrbewegungen mehr machen konnte und sie die Kraft ihrer Beine verließ. Sie wollte schreien und um sich schlagen, wollte sich wehren und davonlaufen, musste aber erkennen, dass ihr der Körper nicht mehr gehorchte, dass sie ein paralysiertes Skelett- und Organbündel war, welches den bösen Agitationen eines gnadenlosen »Rächers« ausgesetzt war, dass sie nicht einmal mehr fähig war, Luft zu holen. Sie hörte noch die Worte: »Sex oder ich bring dich um«, glaubte dann, das Bewusstsein zu verlieren, blieb aber wach. Mit klarem, ja überklarem Bewusstsein sah sie, wie ihr einst so vertrauter Mann sie an Händen und Füßen fesselte und mit dem Klebeband den Mund zuklebte. Sie konnte keinen Laut von sich geben, konnte nicht schreien und nicht betteln, nicht auf ihre Panik und ihre Angst aufmerksam machen, nicht auf ihr Erstickungsgefühl, konnte ihm nicht einmal vermitteln, dass sie ja »freiwillig« mit ihm schlafen würde.

Nur noch die zwei Nasenlöcher, beide völlig eingetrocknet, verbanden sie mit dem Leben. Sie musste ganz plötzlich denken, dass es das Ende bedeutete, wenn er diese zudrücke ... und dass da ja noch ein Nylonsack auf dem Tisch lag.

Im Polizeibericht hieß es weiter: »Der Täter legte seine gefesselte Frau mit dem Rücken in der angrenzenden Küche auf den Tisch, entkleidete den Unterkörper vollständig, zog sich selbst ebenfalls komplett aus und wollte an ihr den Beischlaf durchführen. Da dies aufgrund der Lähmungserscheinungen an den Beinen des Opfers nicht gelang, fixierte er das linke Bein mit einem Klebeband an einem Küchenstuhl, das rechte am Haltegriff der Backofentür, die sich in der Folge immer wieder öffnete. Er brachte den Vibrator zum Einsatz und vergewaltigte seine Frau mindestens drei Mal. Dazwischen verletzte er sie mit mehreren Faustschlägen ins Gesicht, zündete sich eine Zigarette an, mit der er ihr drei Brandwunden an der Nase, an der linken Brust und im Bereich der Schamlippen beifügte.«

Das hilflose Opfer spürte die Schmerzen, die Schläge und die Verbrennungen nur noch durch einen Schleier. Der alles beherrschende, vernichtende, entsetzliche Gedanke richtete sich auf den noch auf dem Tisch liegenden Nylonsack. Mit geweiteten Augen und verzerrtem Gesicht sah die röchelnde Frau, wie ihr Ex-Mann sich dem Tisch ganz ruhig näherte, den Nylonsack wie ein Spielzeug, wie einen Luftballon zu sich nahm, diesen in aller Ruhe seitlich emporstülpte und sich ihr mit seltsam fremdem Lächeln näherte ...

Im gerichtsmedizinischen Protokoll hieß es: Das Gesicht war bläulich verfärbt und gedunsen, die Lunge gebläht und die rechte

Herzhälfte akut erweitert, die Weichteile zeigten typische Stauungszeichen, der Tod trat durch Ersticken mit einem über den Kopf gestülpten Nylonsack ein.

Vor Gericht stand kein abgebrühter Verbrecher, kein gemütsloser Psychopath und kein kalter Killer, sondern ein Häufchen Elend, ein schluchzender und heulender Angeklagter, der immer wieder versicherte, wie sehr er seine Frau geliebt habe. Der psychiatrische Sachverständige sprach von gehemmter Aggressivität und Macht-Kontrolle-Bedürfnissen, stellte eine zwanghafte Persönlichkeit fest, schloss aber jede Form von Geistesstörungen und tiefgreifenden Affekten aus. Von Weinkrämpfen geschüttelt, bat der Beschuldigte um ein strenges Urteil und kündigte an, mit jeder Strafe einverstanden zu sein und in keinem Fall Berufung einzulegen.

Er habe seine Frau auf einer Dienstreise kennengelernt, habe sich in das freundliche, ruhige Zimmermädchen verliebt, habe ihr vom Leben in der großen weiten Welt, seinen beruflichen Erfolgen und seinen finanziellen Möglichkeiten erzählt, habe sich wie ihr Vater gefühlt, der dieses »junge, naive Ding« mit dem wirklichen Leben vertraut gemacht habe. Sie sei ihm gefolgt, habe sich rasch an die neuen Verhältnisse gewöhnt, habe den Wohlstand genossen, habe ihm den Haushalt gemacht und sei eine ganz ausgezeichnete Frau und Mutter geworden. Sie seien miteinander sehr glücklich gewesen. Begonnen hätten die Probleme nach dem Einschulen der Tochter, als die Frau den Plan fasste, eine neue Ausbildung zu machen und eine Berufstätigkeit aufzunehmen. Er sei dagegen gewesen, habe sich aber gegen ihre Beharrlichkeit und ihre Entschlossenheit nicht durchsetzen können.

Damals sei zwischen ihnen wohl ein Riss entstanden, die Frau habe auf eigenem Einkommen und getrennten Konten bestanden, sei immer selbstbewusster geworden und habe ihm nicht mehr jene Liebe wie früher geschenkt: »Sie war auf einmal außenorientiert.« Er sei sich nicht mehr wichtig vorgekommen, habe sich immer weniger geliebt gefühlt, sei eifersüchtig geworden und habe mit der Frau immer häufiger Streit gehabt. Er habe ihr gedroht und um ihre Zuwendung gebettelt und habe es nicht glauben können, als sie auf seinen gar nicht ernst gemeinten Vorschlag einer Trennung nicht geschockt reagiert habe. In dieser Zeit habe er sie während der immer heftiger werdenden Streitigkeiten geschlagen, weshalb sie mit der Tochter in eine Notwohnung für Frauen übersiedelt sei. Mit allen Mitteln habe er versucht, sie zurückzugewinnen. Er sei gescheitert, sei sich immer hilfloser und verlassener vorgekommen und schließlich in eine schwere Krise verfallen. Er habe nicht mehr schlafen und nicht klar denken können, habe den Appetit verloren, habe an nichts mehr Freude gehabt, habe Tag und Nacht gegrübelt, habe sich tief gekränkt und verletzt gefühlt und seine Situation als immer trostloser erlebt. Oft habe er den Wunsch gehabt, zu sterben, später habe er sogar mit Selbstmordgedanken gespielt: »Ich war am Ende, ich war völlig platt.«

Besonders aufgerieben habe ihn die Weigerung seiner Frau, mit ihm zu sprechen. Sie habe auf seine unzähligen Anrufe nicht reagiert, habe seine Mailbox-Botschaften nie beantwortet, habe seine Briefe ungeöffnet zurückgeschickt und sei davongerannt, wenn er vor dem Haus oder an ihrem Arbeitsplatz auf sie wartete. Er habe nur noch ein Gespräch mit ihr gewollt, ein einziges, eine letzte Aussprache, habe sie einmal zum Zuhören bewegen wollen, habe vor ihr seinen Schmerz und seine Liebesbeteuerungen hinausschreien wollen. Am Schluss sei es nur noch um ein Gespräch gegangen. Die vom Arzt verordneten Schlaf- und Beruhigungstabletten habe er nicht regelmäßig genommen, ein paar Mal habe er sich mit Alkohol volllaufen lassen. Am Tag, als er die Tat durchführte, sei er aber völlig nüchtern gewesen.

*

Bei Tötungen des Intimpartners durch den ehemaligen Gatten oder Gefährten entwickelt sich der böse Gedanke aus einem Gefälle in der Täter-Opfer-Beziehung, nachdem sich die ursprünglich stabilen Kräfteverhältnisse in den emotionalen Beziehungen innerhalb einer Partnerschaft verändert haben. In der Regel nimmt der spätere Täter, meist der Mann, am Beginn der Beziehung die Position des Dominierenden ein, er ist seiner Partnerin überlegen, sorgt für das gemeinsame Einkommen und legt mit Selbstverständnis die Regeln des Ehe- und Familienlebens fest. Hingegen passt sich das spätere Opfer lange Zeit an, ordnet sich dem bestimmenden Partner unter, schränkt die eigenen Bedürfnisse ein und verzichtet auf eine autonome Lebensführung.

Sobald nun der bislang zurückstehende Teil erste Versuche macht, sich eigene Bereiche zu schaffen und selbstständige Wege zu gehen, gerät das ehemals klare, starre Machtgefüge in erhebliche Instabilität. Der noch Bestimmende sieht seine Position gefährdet, reagiert mit Unruhe und Unverständnis und versucht, die alten Verhältnisse wiederherzustellen. Mit allen Mitteln kämpft er um das Wiedererreichen des früheren, für ihn so angenehmen Gleichgewichts und seiner alten Machtposition. Dabei bringt er alle Formen der psychischen Beeinflussung, vom Betteln bis zum Drohen und von Suiziderpressungen bis zu Mordankündigungen reichend, zum Einsatz. Trotzdem muss er spüren, wie sich seine immer verzweifelteren Agitationen als fruchtlos, ja sogar als kontraproduktiv erweisen und wie er den Partner immer weiter von sich wegtreibt.

In seiner immer aussichtsloseren Lage versucht er, dem durch »Dosissteigerung« entgegenzusteuern: Die Bitten und Forderungen werden ultimativer und die Drohungen schärfer. Der ursprünglich mehr liebende Teil wendet sein Interesse umso entschlossener ab und zieht seine Zuwendung drastisch zurück. Aus seiner Sicht verliert der in der alten Ordnung geliebte und nie infrage gestellte Mann an Ansehen und Attraktivität, die bisherige Rangordnung wird hinterfragt gestellt, die eigenen Autonomiebestrebungen werden durch die Gefahr neuer und intensiverer Einengungen immer stärker. In der Entfaltung des weiteren Konflikts klammert sich der eine Partner immer verzweifelter an den anderen, während dieser Distanz und

Unabhängigkeit sucht, sich immer mehr absetzt und dadurch unerreichbar wird, ja durch die Gegenwehr sogar feindliche Züge annimmt. Die Spirale der negativen Emotionen wird durch die täglichen Auseinandersetzungen emporgeschraubt, die Situation des Unterlegenen wird immer hoffnungsloser. Er fühlt sich unverstanden, verletzt, erledigt und unendlich gedemütigt.

Der ehemals Bestimmende, Bewunderte und Maßgebende findet sich somit plötzlich in der Situation des Unterlegenen. Er reagiert auf die Erkenntnis, weniger geliebt zu werden, immer panischer und verfällt in Selbstmitleid, Depressivität und Suizidalität. Es tritt das ein, was man als narzisstische Kränkungsreaktion bezeichnet. Im Gefühl, die Situation nun nicht mehr steuern zu können und der Entwicklung ohnmächtig ausgeliefert zu sein, lässt sich der Gekränkte nun zu panikartigen Agitationen, Tätlichkeiten und Erpressungen hinreißen. Während dieser durch spannungsreiche Instabilität gekennzeichneten Phase wechseln sich Selbstmordfantasien, Pläne zur Tötung des Partners und zum gemeinsamen Tod ab. Hoffnung schlägt um in Enttäuschung, Widerstand in scheinbare Akzeptanz des Unvermeidlichen, um erneut den Versuch eines Neuanfangs mit anschließender Resignation zu unternehmen. Der Verlassene hat, tief verletzt und schwer frustriert, immer mehr das Gefühl, als ob es um »alles oder nichts« gehe, als ob das Schicksal auf der Waage stehe und der unerträgliche Spannungszustand um jeden Preis beendet werden müsse. Er greift zu Alkohol und Beruhigungsmitteln, findet in der Nacht keinen Schlaf, leidet unter psychosomatischen Störungen und spürt intensiv den Wunsch nach Frieden und Ruhe, nach der großen Ruhe. Der bohrende Zermürbungsprozess unterminiert sämtliche Widerstandskräfte, der Wunsch nach Vergeltung nimmt überhand.

In dieser Phase spielt Eifersucht keine Rolle mehr. Gewöhnlich führt dann der Versuch einer »letzten Aussprache« zur völligen Eskalation, bei der die Tat für das Opfer – anders als in unserem Beispiel – überraschend kommt und – wie viele Fälle beweisen – auch den Täter gewissermaßen überrollt. Der Gedanke an die tabuisierte Lösung gewinnt an Gestalt, verdichtet sich allmählich zu einem Plan und ist für den Betroffenen, obwohl er alles andere als ein Gewalttäter sein mag, tröstlich. Er vermittelt ihm für einige Minuten die Illusion, die früheren Verhältnisse seien jetzt wiederhergestellt. Ähnlich wie bei suizidalen Entwicklungen tritt nach dem Tatentschluss eine scheinbare Entspannung, die berühmte »Ruhe vor dem Sturm« ein. Der Betroffene scheint die neue Situation hinzunehmen und die Trennung allmählich zu akzeptieren. Die äußere Abgeklärtheit täuscht seine Umgebung darüber hinweg, dass der Tatentschluss gefasst ist. Die Tat selbst erfolgt meist bei einer Aussprache, die sich tatsächlich als final erweisen sollte.

Das Tatgeschehen bricht mit elementarer Wucht über den Täter herein, er fühlt sich ein Stück weit fremdbestimmt und berichtet, sofern er die Tat überlebt, dass er diese in der konkreten Situation nicht erwartet und sich selbst auch »gar nicht zugetraut« hätte. Dies heißt aber nicht, dass er nicht anders hätte handeln können, dass der freie Wille völlig ausgeschaltet war und er nicht schuldfähig gewesen wäre. Die Gerichte gestehen aber manchmal eine heftige Gemütsbewegung zu und erkennen dann auf Totschlag, was eine viel geringere Strafe zur Folge hat als im Falle eines aus bösem Willen verübten Mordes. Tötungen dieser Art sind nicht immer auf Schädigung, Zerstörung oder Schmerzzufügung, in vielen Fällen nicht einmal auf Rache ausgerichtet, sondern wollen die als unerträglich erlebte eigene Situation beenden. Im Gefühl des »Alles oder Nichts« wird die Katastrophe zur Lösung – das Böse hat obsiegt.

*

Weshalb hat Friedrich W. neben extremer körperlicher auch noch sexueller Gewalt angewendet? Keinesfalls nur zur Befriedigung des Geschlechtstriebs, sondern vielmehr zur Ausübung von Macht und

Kontrolle, zur Bestätigung seiner Dominanz. Er wollte die Frau beherrschen und erniedrigen, wollte sein vermeintliches »Recht« demonstrieren und, wie wir ausgeführt haben, die alte Kräfteverteilung wiederherstellen. Da er in seiner Irritation die Gattin als stark, überlegen, ja bedrohlich erlebt hat, handelte er unter dem Einfluss dieses verzerrten Bildes mehr aus aggressiver als aus rein sexueller Motivation. Seine Tat war weniger ein Sexualdelikt als ein Gewaltdelikt mit sexuellem Charakter. Wenn sich Männer bedroht fühlen, etwa durch eine von der Partnerin forcierte Trennung, definieren sie ihren Status und ihre Männlichkeit besonders stark über und durch ihre Sexualität. Männer, welche sexuelle Gewalt ausüben, sind zudem Meister des Verdrängens. Sie halten ihr Verhalten für »rechtmäßig« und normal oder projizieren ihre eigenen Bedürfnisse in die Opfer hinein, wenn sie rechtfertigend sagen: »Frauen wollen das so haben!«

Die Vermischung von physischer und sexueller Gewalt wird gerade bei Vergewaltigungen in der Ehe, die nach einer Allensbach-Umfrage in jeder fünften Partnerschaft vorkommen, häufig gesehen. Entgegen der landläufigen Meinung wird sexualisierte Gewalt quer durch alle Schichten nicht von fremden Männern, sondern bei über 80 Prozent der Fälle durch Personen aus dem unmittelbaren sozialen Umfeld ausgeübt. Zwei Drittel davon sind die aktuellen oder ehemaligen Ehemänner und Partner. Wenn in Europa fast jede siebte Frau in ihrem Leben einmal Opfer einer Vergewaltigung wird, geschieht dies bei der Hälfte der Fälle im Kontext der Partnerschaft. Der häufigste Tatort ist nicht ein Park, ein abgelegener Innenhof oder ein dunkler Hausflur, sondern die Wohnung und das Ehebett, also jener Ort, wo sich Frauen am sichersten fühlen müssten und das Böse am wenigsten vermutet wird. Der Feind befindet sich dann tatsächlich im eigenen Bett.

Das Thema der sexuellen Gewaltausübung unter Partnern ist aber nach wie vor tabuisiert und leider auch politisch immer noch umstritten. So wurde die Vergewaltigung in der Ehe in vielen europäischen

Ländern erst gegen Ende des 20. Jahrhunderts in das Strafrecht aufgenommen. Amnesty International warf der ungarischen Regierung erst kürzlich vor, viel zu wenig zu tun, um Frauen vor erzwungener Sexualität in der Partnerschaft zu schützen, und weltweit wird in dem vom afghanischen Präsidenten Karsai erst im Juli 2009 geänderten Ehegesetz ein »Freibrief« zur Vergewaltigung in der Ehe gesehen. Wenn man sich vor Augen hält, dass 21 Prozent aller Notoperationen an Frauen wegen Verletzungen infolge körperlicher Misshandlungen durch den Partner notwendig werden, kann man sich vorstellen, wie hoch die Dunkelziffer bei diesem zwar nicht mehr tolerierten, aber noch immer stark ignorierten Thema ist. Ein noch viel größeres Dunkelfeld weisen andere Formen häuslicher Gewalt wie Drohungen, Nötigungen, Nachstellungen, Freiheitsberaubung, Einschüchterung, Verbot oder Zwang zur Arbeit oder Entzug des Haushaltsgeldes auf. Davon ist jede zweite Frau betroffen.

Aus dem Gesagten wird ersichtlich, dass – wie es die frauenpolitisch engagierte Juristin Renate Augstein ausdrückt – die Sexualität bei sexuellen Gewalthandlungen als Vehikel für nicht sexuelle Motive dient. Die sexuellen Gewalthandlungen resultieren wie im Beispiel des Friedrich W. aus Krisensituationen und stellen Kompensationsversuche für Minderwertigkeits- und Unzulänglichkeitsgefühle dar. Sexuelle Gewalthandlungen sind nicht Ausdruck von Stärke, sondern von Schwäche und Minderwertigkeitsgefühl. Es gibt Taten aus Machtgier, deren Ziel die Unterwerfung des Opfers ist, aber auch Taten aus Hass, bei denen das Opfer gedemütigt werden soll. Die Lust, die Frau zur Stärkung des eigenen Selbstwertgefühls zu unterdrücken, ist viel dominanter als die sexuelle Lust. Lust an der Macht und Macht in der Lust kombinieren sich bei der gewaltsamen Sexualität oft in fataler Weise. Wesentliche Gründe für männliche Gewalt liegen nicht nur in der Psyche des Täters und in der Verschiebung der partnerschaftlichen Machtverhältnisse, sondern auch in gesellschaftlicher Tradition, in unterschiedlichem sozialen Status der Partner, in fehlendem gesetzlichen Schutz und in Besonderheiten aufseiten der Opfer. So sind die betroffenen Frauen nicht nur wegen ihrer physischen Unterlegenheit benachteiligt, sondern haben zu 50 Prozent schon in der eigenen Kindheit Gewalterfahrungen gemacht oder sind Zeuginnen von Misshandlungen der Mutter geworden. Daraus hat sich bei manchen offensichtlich eine Haltung entwickelt, die sich nach dem berühmt gewordenen Satz richtet: »Der gewalttätige Mann ist ebenso normal wie der normale Mann gewalttätig ist.«

Sexueller Gewalttätigkeit liegt somit ein ganzes Bündel von Motiven und Zielen zugrunde, die überwiegend nicht aus krankhaften Störungen resultieren und somit eher »mad« als »bad« sind. Das Streben nach Stärke, Kontrolle und Identität, schwelende innere Feindseligkeit und Hass gegenüber Frauen, Minderwertigkeits- und Ohnmachtsgefühle aufseiten des Mannes sind fast nie Schuldausschließungsgründe.

*

Gewaltanwendung in der Ehe ist eine überwiegend, aber nicht ausschließlich männliche Domäne. Allerdings weiß man über die Problematik der Gewalt gegen Männer noch viel weniger als über jene gegen Frauen, da dieses Thema noch stärker tabuisiert ist. Die Auswertung von über 200 vorliegenden wissenschaftlichen Forschungsberichten aus europäischen und amerikanischen Ländern kam zu der überraschenden Schlussfolgerung, dass die Gewalt in Beziehungen zu etwa gleichen Teilen von Mann und Frau ausgeht, teilweise wurde sogar erhoben, dass Männer häufiger von Frauen attackiert werden als umgekehrt. Realistisch scheint die Zahl, dass etwa zehn Prozent der Opfer partnerschaftlicher Gewalt Männer sind. Eine Untersuchung der Berliner Polizei zu häuslicher Gewalt kam zu dem Schluss, dass ein Viertel der registrierten Fälle »gefährlicher und schwerer Körperverletzung« von Frauen an Männern ausgeübt werden. Jedenfalls handelt es sich bei häuslicher Gewalt gegen Männer nicht nur um Einzelfälle.

Die weibliche Gewalttätigkeit gegen den Partner reicht von Beleidigungen, Entwertungen bis zu Attacken mit Flaschen, Messern und Geschirr. Die Opfer schämen sich, jemandem davon zu erzählen, dass sie von der Frau geschlagen worden sind, und fürchten, dass ihnen ohnehin niemand glaubt. Deswegen ist die Anzeigebereitschaft äußerst gering und Hilfseinrichtungen werden von Männern kaum kontaktiert. In der kürzlich publizierten Pilot-Studie im Auftrag des deutschen Bundesministeriums für Familie, Senioren, Frauen und Jugend über die allgemeine Gewalttätigkeit gegenüber Männern wurde erwartungsgemäß festgestellt, dass diese hauptsächlich von männlichen Tätern verübt wird. Überraschend war dann aber doch, dass von 200 befragten Männern jeder vierte angab, einmal oder mehrmals mindestens einen Akt körperlicher Gewalt durch die aktuelle oder letzte Partnerin erfahren zu haben. Je zehn Prozent gaben an, leicht geohrfeigt, gebissen oder gekratzt, schmerzhaft getreten, gestoßen, hart angefasst oder durch einen geworfenen Gegenstand getroffen worden zu sein. Etwa fünf Prozent der Befragten haben durch häusliche Gewalt mindestens einmal eine Verletzung erlitten, und weitere fünf Prozent hatten schon einmal Angst, lebensgefährlich verletzt zu werden.

Wesentlich häufiger als von körperlicher Gewalt wird aber von emotionaler Aggressivität, von Demütigungen, Beleidigungen, Herabsetzungen und Einschüchterungen berichtet. Zusammenfassend kommt die Studie zu folgendem Ergebnis: »Es gibt ein hohes Maß an kontrollierendem Verhalten und an psychischer Gewalt durch die Partnerin. Es gibt ein hohes Maß an körperlichen Handlungen, wie Wegschubsen und leichte Ohrfeigen. Es gibt Männer, die Verletzungen davontragen, nach der Studie jedoch meist blaue Flecken. Es gibt Männer, die Angst haben, ernsthaft verletzt zu werden. Es gibt Männer, die sehr viele Gewalthandlungen erleben ... Die Tatsache, dass die wenigsten Männer die Polizei einschalten oder Anzeige erstatten, weist auf weitere Fragen hin: Was ist häusliche Gewalt – was sind Beziehungskonflikte? Setzen Männer hier die Grenzen anders – bei sich und anderen?«

Einer der Befragten berichtet, seine Partnerin habe ihn mindestens einmal »wütend weggeschubst, ihm eine leichte Ohrfeige gegeben, ihn gebissen oder gekratzt, sodass es ihm wehtat, seinen Arm umgedreht oder ihn an den Haaren gezogen, sodass es ihm wehtat, ihn heftig weggeschleudert, sodass er taumelte oder umgefallen ist, ihn heftig geohrfeigt oder mit der flachen Hand geschlagen, etwas nach ihm geworfen, das ihn verletzen konnte, ihn mit etwas geschlagen, das ihn verletzen konnte, ihm ernsthaft gedroht, ihn umzubringen, ihn absichtlich verbrüht oder mit etwas Heißem gebrannt, ihn mit einem Haushaltsgegenstand, zum Beispiel mit einem Kochtopf, einer Pfanne oder einem Besenstiel bedroht, mit einem Haushaltsgegenstand auf ihn eingeschlagen und ihn mit einer Waffe, zum Beispiel einem Messer oder einer Pistole, verletzt.« Die Autoren sprechen von einer »Misshandlungsbeziehung«.

Dass es sich bei partnerschaftlicher Gewalt gegen Männer um kein Kavaliersdelikt, keine gern übergangene Bagatelle handelt, zeigt folgender Fall:

An einem Wintermorgen wurde auf dem Gehsteig vor einer Häuserzeile ein schwer verletzter, verwahrloster und deutlich alkoholisierter (1,6 Promille) Mann in bewusstlosem Zustand aufgegriffen. Er hatte ein Schädel-Hirn-Trauma mit mehreren Schädelbrüchen, Rippenserienfrakturen, Brüche an zwei Extremitäten und zahlreiche Prellungen erlitten. Da der Mann als Alkoholiker bekannt war, konzentrierten sich die Ermittlungen vorerst auf die einschlägigen Kreise. Später glaubte man, dass er Opfer eines Raubüberfalls geworden war. Schließlich aber stellte sich heraus, dass der als umgänglich, keinesfalls als aggressiv und auch in berauschtem Zustand als gutmütig geltende Mann von seiner Gattin schon wiederholt attackiert worden war, wenn er betrunken nach Hause kam. Er musste schon öfter wegen Rissquetschwunden, blau geschlagenem Auge, Verlust von Zähnen und Prellungen an der Unfallambulanz behandelt werden. Da er jeweils angab, im Rausch gestürzt zu sein, erfolgten keine weiteren Überprüfungen. Am Tag, der ihn beinahe das Leben gekostet hätte, war er wieder zu später Stunde mit schwankendem Gang und lallender Sprache in die im zweiten Stock eines Häuserblocks gelegene eheliche Wohnung gekommen. Die auf ihn wartende Gattin schlug mit einem Besenstiel auf ihn ein, packte ihn kurzerhand, als er Widerstand leistete, schleppte ihn auf den Balkon, kippte ihn über die Brüstung und warf ihn in die Tiefe. Ohne sich um dessen weiteres Schicksal zu kümmern, schloss sie die Balkontür, spülte mit einem doppelten Cognac zwei Beruhigungstabletten hinab und ging schlafen.

Die bösen Gene

»*In Wahrheit sind aber die bösen Triebe in ebenso hohem Grade zweckmäßig, arterhaltend und unentbehrlich wie die guten: nur ihre Funktion ist eine verschiedene.*«
Friedrich Nietzsche

Ein milder Sommerabend lag am 13. Juli 1966 über Chicago. In einem Schwesternwohnheim ging alles seinen gewohnten Gang. Manche der zu Hause gebliebenen Schülerinnen lernten noch, ein paar saßen zusammen, einige hatten sich in die Zimmer zurückgezogen. Alles verlief ruhig und geordnet, nichts deutete darauf hin, dass sich an diesem friedlichen Ort bald eines der grauenhaftesten Verbrechen der amerikanischen Kriminalgeschichte ereignen sollte.

Eine der Schülerinnen war von ihrem Ausgang zurückgekommen und hatte nicht bemerkt, dass ihr jemand folgte, ein Mann, der nach ihr in das Heim eindrang. Es handelte sich um Richard Franklin Speck, einen 25-jährigen, aus Illinois stammenden ehemaligen Müllfahrer und Seemann mit einschlägiger Vergangenheit. Unter Broken-Home-Milieu-Verhältnissen aufgewachsen, wurde er früh in unterschiedlichster Form delinquent. Bis zu seinem 20. Geburtstag war er schon 40 Mal wegen mehrerer Straftaten, darunter Einbruch, Diebstahl und Körperverletzung, verhaftet worden. Im jungen Erwachsenenalter hatte er eine 15-Jährige geheiratet und mit ihr ein Kind gezeugt. Als er diese verließ, habe er es – wie er später ausführte – nicht übers Herz gebracht, sie zu töten. Allerdings fielen ihm vor dem Massaker in Chicago mindestens zwei Frauen zum Opfer: Eine Kellnerin, die sich gegen seine sexuellen Annäherungen gewehrt hatte, und eine 65-jährige Frau, welche er in Raubabsicht überfallen und anschließend vergewaltigt hatte. Es konnte nie geklärt werden, wie viele Menschen Richard Speck tatsächlich getötet hat, jedenfalls wurde er mit einer Reihe von einschlägigen Morden in Verbindung gebracht, ohne dass er diese gestanden oder ihm diese eindeutig nachgewiesen werden konnten.

Im Juli 1966, kurz vor der schwerwiegenden Tat, war er aus Texas gekommen und hatte sich in der Nähe des Schwesternheims ein Untermietzimmer genommen. Wie er ausführte, habe er ursprünglich einen Einbruch geplant, habe sich deswegen mit Messer und Gewehr bewaffnet und sei einer zutraulich wirkenden Schülerin in deren Wohnheim gefolgt. Als er dort von den Schwesternschülerinnen entdeckt worden sei, habe er diese als Geiseln genommen und erst dann den Entschluss gefasst, sie zu töten; dies aus Angst, dass sie ihn identifizieren könnten und er wieder im Gefängnis landen werde.

Er trieb sechs junge Schwestern in einen Raum und zwang sie, sich auf den Boden zu legen, fesselte ihre Hände und Füße mit Streifen, welche er von einem Bettlaken schnitt. Als er auf dem Gang Schritte hörte, versteckte er sich hinter der Tür und überwältigte dann noch drei weitere, nach Hause kommende Schülerinnen. Anschließend löste er bei jeweils einer Schwester die Fesseln, brachte sie der Reihe nach in einen Nebenraum, stach dort mit dem Messer wie rasend auf sie ein, würgte und schlug sie und metzelte so acht Krankenschwestern, eine nach der anderen, nieder. Nur eine einzige, die 23-jährige Corazon Amurao, die sich unter einem Bett versteckt hatte, überlebte. Sie musste mitansehen, wie der Eindringling unmittelbar über ihr eine ihrer Freundinnen vergewaltigte und ermordete, musste ihren Todeskampf, selbst unter höchster Todesangst leidend, hautnah miterleben. Ob er auch die anderen Opfer sexuell missbraucht hatte, ließ sich nie sicher klären, allerdings weist die ganze Tat das Muster eines sexuellsadistisch agierenden Killers auf.

Mit einer sich aus der Täterbeschreibung ergebenden Besonderheit brachte sich Speck gleichsam selbst zu Fall. Die Worte einer Tätowierung auf Specks linkem Unterarm hatte sich die überlebende Schülerin eingeprägt: »Born to raise Hell«. Als er sich in einem Krankenhaus eine Wunde, die er sich bei der Bluttat zugezogen hatte, behandeln lassen wollte, wurde die Tätowierung erkannt und der Täter gefasst.

In der über hundert Stunden dauernden Gutachtensuntersuchung durch den Psychiater Marvin Ziporyn sagte Speck unter anderem wörtlich: »Als ich im Sandkasten spielte, schlug ich mir versehentlich einen Hammer auf den Kopf und wurde bewusstlos. Ein paar Jahre später – etwa im Alter von zehn Jahren – spielte ich mit einigen Kindern. Sie verfolgten mich und ich kletterte auf einen Baum. Ich verlor den Halt, stürzte auf den Kopf und wurde in bewusstlosem Zustand gefunden ...« Etwa fünf Jahre später ist es wieder passiert: »Ich rannte eine Straße hinab, prallte mit dem Kopf gegen eine Markisenstange aus Stahl und fiel wieder in Bewusstlosigkeit«. Ziporyn vertrat die Ansicht, dass Speck zum Mörder geworden sei, weil sein Hirn geschädigt war ..., »der tödliche Ausbruch war unvermeidlich«, hielt ihn allerdings für zurechnungsfähig. Aus heutiger Sicht würden wir Speck wohl als desorganisierten Sexualmörder, welcher sozial verwahrlost und in vielfältiger Form kriminell geworden ist und unter einer extrem destruktiven inneren Dynamik leidet, bezeichnen.

Richard Speck wurde im folgenden Prozess zum Tode verurteilt, konnte allerdings nicht exekutiert werden, da der Oberste Gerichtshof im Jahr 1972 die Todesstrafe für verfassungswidrig erklärte. Speck wurde zu mehreren Freiheitsstrafen zwischen 50 und 150 Jahren verurteilt. Im Gefängnis verhielt er sich sehr angepasst, galt als zurückhaltend und bereitete nie disziplinäre Schwierigkeiten. Die beiden Sperlinge, die er mit Erlaubnis der Gefängnisleitung in der Zelle halten durfte, versorgte er vorbildlich. Daneben verbrachte er seine Zeit mit Malen. Einer seiner Aufseher erzählte: »Alles was er sagt, ist ja und nein. Und er lächelt immer freundlich«. Mehrere Anträge auf Begnadigung wurden abgewiesen. Er starb am 5. Dezember 1991 an einem Herzinfarkt in seiner Zelle.

Ein nach seinem Tod gefundenes Video zeigte Speck bei Sexspielen und Drogenpartys im Gefängnis. Gut gelaunt scherzte er über die Morde an den Schwesternschülerinnen und meinte wörtlich: »Es war einfach nicht ihre Nacht.« Seine ebenfalls auf dem Video festgehaltene Äußerung: »Wenn sie wüssten, wie viel Spaß ich hier habe, würden sie mich sofort freilassen« löste in den USA eine intensive Debatte über die Wiedereinführung der Todesstrafe aus. Selbst nach seinem Tod kam Speck seinem Auftrag *raise Hell* nach. Auf die Frage, wie er sich während der Tötungshandlungen gefühlt hatte, meinte er: »So wie immer, ich habe keine Gefühle« und fügte hinzu, dass er nichts bereue. Auf die Frage, wie er sich fühle, wenn er jemanden erwürge, meinte er ohne jegliche Regung: »Es ist nicht dasselbe wie im Fernsehen, es dauert drei Minuten und man muss hart arbeiten«.

Trotz der äußeren Beruhigung hat sich die Persönlichkeit des Killers in der Haft nicht gewandelt. Hinter der freundlichen Fassade und dem unauffälligen Verhalten lauerten immer die anderen, die gemütskalten und manipulativen, die bösen Persönlichkeitsanteile in unveränderter Schärfe.

In der Person und in den Verbrechen des Richard Speck zeigen sich wesentliche Bestandteile des Bösen in ihrer bedrückendsten Form. Der in seiner Willensfreiheit durch keine mentale Behinderung und durch keine psychische Erkrankung eingeschränkte Mann wurde schon sehr früh delinquent, hat zahlreiche Straftaten in unterschiedlichsten Kriminalitätskategorien ausgeführt, hat bereits vor dem grauenhaften Massaker einen Raub und einen Sexualmord verübt, ist bei der Tötung der Schwesternschülerinnen ungemein brutal vorgegangen, hat sein letztes Opfer in dessen Todeskampf vergewaltigt und im Nachhinein keine Spur von Reue gezeigt. Nahezu selbstmitleidig hat er sich über die körperliche Anstrengung, welche ihm das Töten von Menschen bereitet habe, beklagt. Die zentrale Eigenschaft eines psychopathischen

Charakters, nämlich das Fehlen jeder Empathie und das Vorherrschen absoluter Gemütskälte, beschreibt er wohl selbst am besten mit den Worten, dass er beim Erwürgen und Erdrosseln der Opfer so wenig Gefühl gehabt habe wie in seinem sonstigen Leben.

Die Tat des Richard Speck ist in der Skala des Bösen ganz oben anzusiedeln. Einzig eine genaue Planung kann man nicht beweisen. Alle anderen Kennzeichen des Bösen, von fehlendem Gemüt bis lustvollem Sadismus, von hochgradiger Delinquenzbereitschaft bis zu bösartigem Narzissmus reichend, waren bei ihm erfüllt – und das alles schien genetisch determiniert.

*

Als sich die Welt mit diesem unfassbaren Verbrechen konfrontiert sah und intensiv über Motive des Täters und die Ursachen solchen Sadismus' diskutiert wurde, tauchte das Gerücht auf, bei Richard Speck sei das »Mörder-Gen« in Form eines zusätzlichen Y-Chromosoms gefunden worden. Dies löste nicht nur eine rege Forschungsaktivität, sondern eine enorme Erleichterung der Bevölkerung aus. Endlich schien eine Erklärung für das Böse, endlich ein Beweis für die biologische Determiniertheit verbrecherischen Verhaltens, endlich eine handfeste wissenschaftliche Erklärung gefunden, endlich hatte das Böse einen Namen.

Die wilden Spekulationen wurden durch eine in Schottland durchgeführte Untersuchung, in welcher bei 8 von 197 wegen Gewalttätigkeit inhaftierten Gefängnisinsassen ein zusätzliches Y-Chromosom entdeckt wurde, gefördert. Als dann 1974 ein Forscherteam seine Ergebnisse publizierte, nach welchen diese Anomalie bei drei Prozent der Normalbevölkerung, jedoch bei elf Prozent der Kriminellen zu finden sei, schien der Beweis, dass Gewalttätigkeit häufig an eine Chromosomen-Anomalie mit einem zusätzlichen X- und insbesondere einem zweiten Y-Chromosom gebunden sei, endgültig erbracht.

Während die Zellen von Frauen zwei X-Chromosomen enthalten, weisen die männlichen ein gemischtes Paar, jeweils ein Chromosom vom X-Typ und eines vom Y-Typ, auf. Bei Männern, die von Geburt an ein zusätzliches Y-Chromosom besitzen – sodass die Zelle ein X und zwei Y enthält –, wurde die Wahrscheinlichkeit, dass sie kriminell werden, als besonders hoch eingeschätzt.

Spätere Untersuchungen haben diese Ergebnisse allerdings nicht bestätigt. Im Gegenteil, mehrere amerikanische Wissenschaftler stellten bei XYY-Männern sogar eine verminderte Aggressionsneigung fest. Auch das Klinefelter-Syndrom weist keinen direkten Zusammenhang mit Kriminalität auf. Die späteren Forscher wiesen auf einen zentralen Mangel der den Mythos des Mörder-Chromosoms bedingenden Untersuchungen hin: Diese hatten die naheliegendste Möglichkeit nicht überprüft, nämlich, inwieweit die mit der Chromosomen-Anomalie verbundenen Störungen wie Intelligenzminderung oder Störungen in der Impulskontrolle erst indirekt zur Kriminalität führen könnten.

Bei einem aufsehenerregenden Prozess im Paris des Jahres 1968 plädierte der Verteidiger des wegen Prostituiertentötung angeklagten Daniel Hugon auf Freispruch. Er argumentierte, dass dieser wegen eines XYY-Chromosomenmusters für sein Verhalten nicht zur Verantwortung gezogen werden könne. Hugon war von außerordentlicher Körpergröße und verhielt sich oft ungeschickt und tollpatschig, weshalb er bereits als Kind gehänselt, verspottet und geschlagen wurde. Er entwickelte schon früh neurotische Störungen, litt unter Minderwertigkeitskomplexen und wurde in der Schulgemeinschaft in eine so isolierte Rolle gedrängt, dass er es nicht mehr aushielt und die Schule verließ. Von Selbstwertzweifeln geplagt, gelang es ihm nicht, eine weiterführende Ausbildung zu machen oder ein geregeltes Arbeitsverhältnis aufzunehmen. Über lange Zeiträume war er arbeitslos und ohne festen Wohnsitz, fand nie eine befriedigende Partnerschaft und sprach vermehrt dem Alkohol zu. Jene Arbeitgeber, die ihn vorübergehend als Hilfsarbeiter beschäftigten, beschrieben ihn als sehr fleißig und außerordentlich höflich. 1965 suchte Hugon mit der Prostituierten Marie Louise Olivier ein heruntergekommenes Hotel am Place Pigalle auf. Als es zu Intimitäten kommen sollte, war er von der bereits 62-jährigen, verlebt wirkenden Frau angewidert und weigerte sich, mit ihr zu schlafen. Hochgradig irritiert, verbrachte er noch die Nacht mit ihr, befand sich aber in einem durch Scham, Vorwürfe und reaktivierte Minderwertigkeitsgefühle hervorgerufenen Spannungszustand, lief ständig im Zimmer auf und ab und fand keinen Schlaf. Als die Prostituierte am Morgen darauf bestand, ihr den vereinbarten Lohn von 50 Francs zahlen zu müssen, übergab er ihr den sein gesamtes Vermögen umfassenden Betrag – und erwürgte sie anschließend.

Der hinzugezogene Genetiker, eine angesehene wissenschaftliche Koryphäe, stellte zwar fest, dass es den geborenen Verbrecher nicht gebe, dass bei Menschen mit Chromosomen-Abnormitäten dieser Art die Wahrscheinlichkeit, zum Verbrecher zu werden, um 30 Prozent höher liege als in der Durchschnittsbevölkerung. Trotzdem vertrat er mit Vehemenz die Ansicht, dass Hugon deswegen bei der Ermordung der Prostituierten nicht schuldfähig gewesen sei. Das Gericht schloss sich aber dieser Ansicht nicht an und verurteilte Hugon unter Berücksichtigung einer Reihe von Milderungsgründen zu sieben Jahren Gefängnis.

Der Fall Hugon demonstriert aber recht klar die indirekte Bedeutung der Gene und das Zusammenspiel zwischen genbedingten Störungen und kriminellem Verhalten. Hugon war infolge der Genanomalie sowohl im körperlichen Bereich als auch im Verhalten gehandicapt. Wegen des genbedingten Hochwuchses und des tapsigen Verhaltens wurde er ausgelacht und verspottet, reagierte darauf mit neurotischen Ängsten und Minderwertigkeitsgefühlen. Er geriet innerhalb der Gemeinschaft in eine Außenseiterposition, konnte sich beruflich nicht etablieren und fand keine Partnerin. Als er sich Liebe und Zuneigung erkaufen wollte, wurden ihm wohl seine Ängste, seine Selbstwertzweifel und sein verpfuschtes Leben drastisch bewusst. Er sah sich wieder zurückgeworfen und erneut gekränkt, versuchte eine ganze Nacht lang, seine Spannungen zu unterdrücken, war dazu aber nicht mehr in der Lage, als er sein gesamtes Geld hergeben musste. So lässt sich die Tatmotivation auch psychologisch erklären, wobei die Genabweichung zwar am Anfang der Motivationskette steht und möglicherweise auch den tödlichen Aggressionsdurchbruch fördern, aber niemals direkt Mord und Totschlag auslösen kann.

*

Gene könnten aber durch ihren Einfluss auf das Hormonsystem, den Hirnstoffwechsel, die Botenstoffe und die Regelkreisabläufe indirekt kriminelles Verhalten begünstigen. Dies wäre dann der Fall, wenn der Blutspiegel an aggressionsfördernden Hormonen oder Transmittern durch genetische Veranlagung erhöht ist. In den letzten Jahrzehnten hat sich deshalb die kriminologische Forschung auf den Einfluss von körpereigenen Substanzen konzentriert. Im Mittelpunkt des Interesses standen dabei einerseits die männlichen Sexualhormone, insbesondere das Testosteron, andererseits die sogenannten Neurotransmitter, also die Hirnbotenstoffe wie Serotonin, Dopamin oder Noradrenalin. Schwankungen im Spiegel dieser Substanzen könnten genetisch determiniert sein, womit unsere Erbanlagen indirekt eine Auswirkung auf Emotionen und Aggressionen hätten.

Als historisch bedeutsam gelten in dieser Frage die Untersuchungen eines Forscherteams von der Universität Wisconsin. Es befasste sich mit dem Hirnstoffwechsel von 442 Neuseeländern, welche in ihrer Kindheit schwer misshandelt worden waren und später immer wieder durch stark aggressives Verhalten auffällig geworden waren. Die Wissenschaftler fanden bei einem Sechstel einen genetisch bedingten Defekt im MAOA-Gen. Das Enzym MAO baut diverse Hormone, etwa Adrenalin, aber auch Botenstoffe des Gehirns, die für unsere Emotionen verantwortlich sind, ab. Bei einem Ausfall werden die für Verhalten und Steuerung zuständigen Hirnregionen von diesem nun in Überkonzentration wirkenden Neurotransmitter überschwemmt, was die Bereitschaft zu gewalttätigem Verhalten bei den betroffenen Individuen ansteigen lässt.

Unter den Botenstoffen, die Signale von einer Nervenzelle zur anderen senden und dadurch Emotionen und Verhalten steuern, ist der Einfluss des Serotonins am eindeutigsten. Dieser Neurotransmitter ist bei der Unterdrückung von Impulsen wegen seines beruhigend-entspannenden und angstmindernden Effekts von größter Bedeutung. Wenn der Serotoninspiegel im Gehirn erniedrigt ist, können Aggressionen und gewalttätige Verhaltensweisen viel leichter durchbrechen. Defizite im Serotonin-Haushalt sind genetisch bedingt, können aber auch durch Umwelteinflüsse verursacht sein.

Nicht so eindeutig sind die Ergebnisse bei den beiden anderen Neurotransmittern Dopamin und Noradrenalin. Zwar hat man auch hier einen Zusammenhang mit Aggressivität nachgewiesen, ohne dass eindeutig geklärt werden konnte, ob eine Überproduktion dieser Stoffe gewalttätiges Verhalten begünstigt.

In Tierversuchen konnte eindeutig bewiesen werden, dass es einen Zusammenhang zwischen dem männlichen Sexualhormon Testosteron und aggressivem Verhalten gibt. Wird dieses Hormon von außen verabreicht, so beißen, schlagen, kratzen oder stechen friedliche Kreaturen in einem nicht gekannten Ausmaß. Obwohl dieser Effekt beim Menschen nicht so stark ausgeprägt ist, belegen alle Untersuchungen klar, dass ein erhöhter Testosteronspiegel mit aggressivem Verhalten verbunden ist, umgekehrt aber Gewalttätigkeit auch unsere männlichen Hormone steigen lässt.

Die verhaltensgenetische Forschung konnte bislang keine Gene für Kriminalität oder Gewalt identifizieren. Zwillings- und Adoptionsstudien haben aber unbestritten nachgewiesen, dass kriminelles Verhalten Erwachsener zumindest teilweise genetischen Einflüssen unterliegt. Nach verschiedenen Großstudien mit adoptierten Kindern und deren Eltern, welche in den USA, Schweden und Dänemark durchgeführt wurden, zeigte der biologische Nachwuchs von Kriminellen eine deutlich erhöhte Tendenz zu Straffälligkeit, auch wenn die Nachkommen bei nicht kriminellen Adoptiveltern aufgewachsen sind. Alle bedeutenden Adoptionsstudien haben die höchste Quote an Kriminalität bei jenen Adoptivkindern gefunden, deren Adoptiv- und leiblichen Väter vorbestraft waren. Gesamthaft lässt sich folgern, dass der Einfluss der Erblichkeit bei nicht gewalttätiger Kriminalität am größten und bei Gewaltakten am niedrigsten ist. Die bekannte Genetikerin Laura Baker meint, dass günstige Umweltgegebenheiten eine Person grundsätzlich dazu befähigen können, negative genetische Vorprägungen zu überwinden. Gene können Kriminalität und Gewalt und damit auch das Böse nicht direkt kodieren, sagt sie. Ihrer Ansicht nach gilt es als unwahrscheinlich, dass jemals ein »Gen für Gewalt« entdeckt wird, und als noch unwahrscheinlicher, dass der Nachweis eines »Gens des Bösen« gelingt. Wohl aber werde man weitere Gene finden, welche eine Veranlagung zu Gewalttätigkeit bedingen, sei es über Störungen der Impulskontrolle oder erhöhte Aggressionsbereitschaft.

In den USA wurde gar darüber spekuliert, ob man das Böse gleichsam »essen« könne, das heißt, ob delinquente Entwicklungen und aggressive Verhaltensweisen durch falsche Ernährung mitverursacht sein könnten. Als gefährliche Stoffe wurden insbesondere Blei, Milch, Phosphate und Vitamin B1 vermutet. Die bisher vorliegenden Ergebnisse sind ebenso wenig eindeutig wie jene, die einen Zusammenhang zwischen bösem Verhalten und der Herzfrequenz annehmen. Manche Forscher meinen nämlich, dass die von vielen Straftätern als Ursache angeführten inneren Spannungen und das Gefühl der Leere auf eine durch langsamen Herzschlag bewirkte ungenügende Aktivierung des Erregungsniveaus der Hirnrinde zurückzuführen seien und Personen nach langsamer Herzaktivität ein besonderes Bedürfnis nach einem »Kick« haben. Diesen könnten sie durch eine unmotivierte Aggressionshandlung oder einen sexuellen Übergriff anstreben.

In Zusammenhang mit den Schul-Amokläufen der letzten Jahre wird die Bedeutung der Gene für aggressives Verhalten neuerdings wieder leidenschaftlich diskutiert. Die jugendlichen Täter stammen nämlich meist nicht aus sozial benachteiligten, verwahrlosten Verhältnissen, sondern aus Mittelschichtfamilien, und sind nicht in *delinquency areas* von Ballungsräumen, sondern in gutbürgerlichen Vorortbezirken aufgewachsen. Die Eltern des Oregon-Attentäters, des 15-jährigen Kipland Kinkel, waren beide Lehrer und vorbildlich um die Erziehung ihres Sohnes bemüht. Mit allen Mitteln hatten sie versucht, diesen von seiner Waffenbesessenheit abzubringen, wurden aber schließlich, ebenso wie neun seiner Klassenkameraden, Opfer von dessen Amoklauf. Auch die Gewalttäter des Highschool-Anschlags in Columbine im April 1999, die weißen Teenager Eric Harris und Dylan Klebold, stammen aus besten Verhältnissen. Die Macht der Gene müsse also, so wurde gefolgert, stärker sein als jene der Erziehungs- und Umwelteinflüsse. Die wissenschaftlichen Untersuchungen ergeben interessante Aspekte, aber keine klaren Antworten.

Nach heutigem Forschungsstand ist auszuschließen, dass Kriminalität durch unsere Erbmasse oder andere biologische Faktoren determiniert ist und der Sitz des Bösen in den Genen liegt. Unzweifelhaft haben aber genetisch bedingte Faktoren wie Körperbau, Intelligenz und Temperament einen gewissen Einfluss, was sich aus alltäglichen Beobachtungen ergibt. Ein umgänglicher, gemütlicher Pykniker wird, sofern er kriminell wird, am ehesten Betrügereien verüben. Ein durchtrainierter, weniger intelligenter Mann wird wahrscheinlich eher zu tätlichen Aggressionen neigen als ein blass-schwächlicher Hochintelligenzler, welcher vermutlich eher »Weiße-Kragen-Kriminalität« bevorzugen wird.

Tatsächlich haben sowohl Veranlagung als auch Umwelt Auswirkungen auf unser Verhalten, auch auf das aggressive und delinquente. Sowohl die Rolle der Gene als auch jene der Sozialisation sind in der Entstehung jeglicher Form antisozialen Verhaltens einschließlich

Gewalt und Aggression nicht zu unterschätzen. Nach heutigen Kenntnissen scheint die Kombination bestimmter Anlage- und Umweltfaktoren für die Neigung eines Individuums zu aggressivem Verhalten ausschlaggebend zu sein. Wie genetische und umweltbedingte Faktoren zusammenspielen, ist noch nicht genügend geklärt.

Kriminalität ist nicht allein eine Frage der Gene, sondern resultiert vielmehr aus einem Wechselspiel zwischen Genen und Umwelteinflüssen. Es gibt keine bösen Gene und die Ursache des Bösen schlummert nicht in unserer Erbmasse. Allenfalls können dort bestimmte Verhaltensweisen, die böses Handeln begünstigen, angelegt sein. Das Böse ist aber kein genetisches Problem, und das ist gut so. Würde man tatsächlich Mörder-, Räuber- und Vergewaltigungs-Chromosomen oder Diebstahls-, Betrüger- und Erpresser-Gene finden, wäre mit schwersten Diskriminierungsmaßnahmen zu rechnen. In der auf Sicherheit und Verbannung des Bösen bedachten Welt würden wahrscheinlich Screening-Untersuchungen durchgeführt, um die Träger eines kriminellen Gens zumindest zu identifizieren, auf verschiedene Weisen – viel effektiver als bei Orwell – zu überwachen, ja sogar zu eliminieren. Rehabilitationsmaßnahmen von Verbrechern mit derartigen Genen wären völlig unmöglich, weil dies – da man Gene nicht ändern kann – absolut aussichtslos wäre. Die Erkenntnis, dass das Böse nicht in den Genen angesiedelt ist, mag für Sie, verehrte Leser, unbefriedigend sein, irgendwie wirkt es aber doch sehr beruhigend, dass niemand als ein geborener Verbrecher auf die Welt kommt.

Ach ja, was ich Ihnen noch sagen wollte, auch Richard Speck hat, wie spätere Analysen belegten, ein ganz normales Chromosomenmuster gehabt. Das Mörder-Chromosom hat es bei ihm und auch bei anderen Gewalttätern nie gegeben, es war und ist ein Mythos.

Die bösen Hirnzellen

»Eine schlechte Handlungsweise kann man sein lassen, man kann sie bereuen, aber böse Gedanken gebären fortgesetzt böse Taten.«
                                                                Leo N. Tolstoi

Am 1. August 1966, einem heißen Sommertag, herrschte auf dem Campus der Universität Austin in Texas das übliche geschäftige Treiben. Studenten eilten zu ihren Vorlesungen, Professoren gingen zu ihren Instituten, Besucher schlenderten herum und zahlreiche Touristen wollten von der im 27. Stock des Universitätsturms errichteten Aussichtsplattform den Blick über das Gelände genießen.

Es war 11.48 Uhr, als Schüsse fielen. Von den Studenten und Campusbediensteten wurde dies gar nicht richtig registriert, sodass sie vorerst weder Schutz suchten noch die Flucht ergriffen. Dadurch hatte der Heckenschütze, welcher sich auf der Plattform mit einem Scharfschützengewehr, einer abgesägten Schrotflinte, diversen anderen Waffen und einem Koffer voller Munition verbarrikadiert hatte, ein leichtes Ziel. Er schoss auf alles, was sich auf dem Universitätsgelände und einer nahen Einkaufsstraße bewegte, traf mit hoher Präzision bis auf eine Entfernung von über 400 Metern, tötete insgesamt 17 Menschen und verletzte 66 weitere. Erst nach 66 Minuten konnte er durch den heldenhaften Einsatz von vier Polizeibeamten, die die nahezu uneinnehmbaren Barrikaden zur Plattform überwunden hatten, erschossen werden. Beim Toten, welcher als der am 24. Juni 1941 geborene Charles Joseph Whitman identifiziert werden konnte, wurde bei der Obduktion ein Hirntumor gefunden.

Unter den Opfern von Whitman befanden sich nicht nur zwei Familien, sondern auch ein ungeborenes Kind, das im Mutterleib am Kopf getroffen und tot geboren wurde. Das letzte Opfer starb im November 2001. Der zum Zeitpunkt des Anschlages 23-jährige David Gunby war mit einer Niere zur Welt gekommen und verlor durch Whitmans Schüsse nicht nur dieses Organ, sondern auch sein Augenlicht.

Der Turm der Universität zu Austin wurde für zwei Jahre gesperrt, dann für Besucher wieder geöffnet, ehe er wegen mehrerer Suizide im Jahr 1975 neuerlich geschlossen werden musste und bis 1989 unzugänglich blieb. Noch heute zeugen die vergipsten Einschusslöcher in den Wänden von der Tragödie des 1. August 1966.

Das Massaker von Austin steht am Beginn einer neuen kriminologischen Ära, jener der Schulmassaker und der unmotivierten Tötung vieler Unbeteiligter durch einen einzelnen Amokschützen. Aus der Krise in seinem Lebenslauf und dem medizinischen Befund des Charles Joseph Whitman kann das Zusammenspiel von zwei unabhängigen, in die Katastrophe mündenden Faktoren abgeleitet werden:

Whitman wuchs bei seinen Eltern unter vorerst guten familiären Verhältnissen auf, zeigte keine Entwicklungsverzögerungen und keine Verhaltensauffälligkeiten, galt in seiner katholischen Schule als Musterschüler und war im Baseball-Team sehr beliebt. Er hatte bei den Pfadfindern als »Eagle Scout« den höchstmöglichen Rang erreicht und beim United States Marine Corps vorbildlich gedient. Zu einem Knick in seiner Lebenslinie und zu deutlichen Verhaltensänderungen kam es in seinem 25. Lebensjahr, als ihn seine Eltern über ihren Plan, sich scheiden zu lassen, informierten. Whitman wurde nervös, litt unter Konzentrationsstörungen und Kopfschmerzen. Er suchte am 29. März 1966 den Psychiater Dr. Heathly auf, um mit ihm über seine psychischen Probleme zu sprechen. Dabei erzählte er ihm von seinen zwanghaften Gedanken, auf einen Turm zu steigen und mit einem Gewehr viele Menschen zu erschießen. Dr. Heathly notierte eine »gewisse Feindseligkeit«, unternahm aber keine weiteren Schritte, was ihm später den Vorwurf der Fahrlässigkeit und eine Menge rechtlicher Probleme einbringen sollte.

In den folgenden Wochen muss Whitman innerlich Furchtbares mitgemacht haben. Über seine inneren Gefühle, seine Gedankenwelt und seine immer zwanghafteren Denkinhalte gibt sein letztes Schreiben, das beim Leichnam seiner Frau gefunden wurde, eindrucksvollen Einblick. Im ersten Teil schildert er die offensichtlich durch den Hirntumor hervorgerufenen psychischen Veränderungen, die er selbst schmerzhaft spürte und als krank und fremd erlebte. Beinahe flehend hält er über die unerklärlichen Zwangsgedanken fest:

»Ich kann nicht verstehen, was es ist, das mich zwingt, diesen Brief zu schreiben. Vielleicht gibt es einen Grund für die Taten, die ich vor Kurzem begangen habe. In diesen Tagen kann ich mich nicht verstehen. Ich sollte ein durchschnittlicher, normaler und intelligenter junger Mann sein. Jedoch kürzlich (ich kann nicht mehr sagen, wann es begann) wurde ich ein Opfer vieler ungewöhnlicher und vernunftwidriger Gedanken. Diese Gedanken kehren ständig wieder und es erfordert eine enorme Bemühung, sich auf die nützlichen und progressiven Aufgaben zu konzentrieren. Im März, als bei meinen Eltern ein körperlicher Konflikt ausbrach, geriet ich unter großen Druck.

Ich konsultierte einen Dr. Cochrum am University Health Center und fragte ihn, ob er mir einen Spezialisten für Geisteskrankheiten empfehlen könne, die ich bei mir vermute. Ich sprach mit einem Arzt über zwei Stunden und versuchte ihm meine Ängste über meine wiederkehrenden aggressiven Gedanken zu schildern. Nach einer Sitzung sah ich den Doktor nie wieder und seither kämpfe ich allein gegen meine geistigen Probleme. Nach meinem Tod soll eine Autopsie an mir vorgenommen werden, ob da eine Geisteskrankheit vorliegt. Ich hatte schreckliche Kopfschmerzen in der Vergangenheit und brauchte zwei große Flaschen Excedrin in den letzten drei Monaten.

Nach etlichen solcher Gedanken entschloss ich mich, meine Frau Kathy zu töten, heute Nacht, nachdem ich sie von ihrer Arbeit bei der

Telefonfirma abgeholt habe. Ich liebe sie wirklich und sie war mir eine gute Frau, die sich jeder Mann nur wünschen kann. Ich kann keinen rationalen Grund dafür nennen. Vielleicht ist es Egoismus oder es liegt daran, dass ich sie mit meinen Taten nicht in Verlegenheit bringen möchte. Derzeit ist es der Grund, dass ich es nicht wert bin, in dieser Welt zu leben und ich sie nicht allein lassen möchte. Ich werde sie so schmerzlos wie möglich töten.

Ähnliche Gründe bewegen mich auch dazu, meiner Mutter das Leben zu nehmen. Ich denke nicht, dass die arme Frau das Leben so genossen hat, wie sie es verdient hat. Sie war eine einfache junge Frau, die einen besitzergreifenden und dominanten Mann geheiratet hat. Mein ganzes Leben als Junge, bis ich zum Marine Corps kam ...«

Hier hörte Whitman auf zu tippen und gab in handschriftlichen Notizen Einblick in seine Motivlage. Er schien durch die Auseinandersetzung seiner Eltern schwer irritiert, spürte einen steigenden Hass gegen seinen Vater und sah darin ein Motiv für das ihm selbst nicht verständliche Verbrechen, nämlich seinen Vater dadurch in Schande zu stürzen. Dazu schreibt er:

»Ich war Zeuge, wie er sie mindestens einen Monat lang schlug. Dann, als sie genug von ihm hatte, wollte mein Vater darum kämpfen, sie unter ihrem Lebensstandard zu halten. Ich kann mir vorstellen, dass es so scheint, dass ich meine Lieben brutal umgebracht habe. Aber ich will nur eine schnelle, sorgfältige Arbeit machen.

Wenn meine Lebensversicherungspolice noch gilt, sehen Sie bitte, dass alle ungedeckten Schecks, die ich dieses Wochenende schrieb, bezahlt werden. Zahlen Sie bitte meine Schulden. Ich bin 25 Jahre alt und bin finanziell unabhängig gewesen. Spenden Sie den Rest anonym einer Stiftung für Geisteskrankheiten. Möglicherweise kann die Forschung weitere Tragödien dieser Art verhindern. Charles J. Whitman«

Am 31. Juli 1966 fuhr Whitman zu seiner Mutter und erstach sie, danach tötete er seine schlafende Gattin. Am darauffolgenden Morgen mietete er einen Montagewagen, bekleidete sich mit einem Arbeitergewand, nahm den mit einem ganzen Waffenarsenal voll bepackten Koffer und fuhr zum Eingang der Universität. Mit der Behauptung, Material liefern zu müssen, erhielt er eine Fahrerlaubnis für das Campusgelände. Er parkte vor dem Hauptgebäude, dem Universitätsturm mit Aussichtsplattform, schleppte den Koffer mit den Waffen über die letzten zwei Stockwerke, erschoss im Stiegenhaus zwei Besucher und erschlug mit dem Gewehrkolben die an ihrem Schreibtisch vor der Plattform sitzende Rezeptionistin. Dann verbarrikadierte er sich auf der Plattform und begann zu schießen ...

*

Jener Hirntumor, der bei der gerichtsmedizinischen Obduktion von Whitmans Leiche gefunden wurde, befand sich im Bereich des rechten Linsenkerns, einer Region, die in den letzten Jahren bei der wissenschaftlichen Suche nach dem Sitz des Bösen in den Mittelpunkt des Interesses gerückt ist.

Das Putamen ist einer der geheimnisvollsten Teile unseres Gehirns. Ursprünglich glaubte man, dass dieser nur eine Funktion im Bereich der Bewegungsanbahnung habe. Durch moderne Untersuchungen mithilfe von Magnetresonanz-Tomografen konnte aber nachgewiesen werden, dass er auch bei verschiedenen Gefühlen, besonders Liebe und Hass, aktiv wird. Eine Gruppe von Neurowissenschaftlern vom University College London zeigte 17 Probanden Fotos von verhassten Menschen, gewöhnlich privaten oder beruflichen Nebenbuhlern. Zum Vergleich wurden ihnen Bilder neutraler Personen, zu denen die Probanden keine besondere Gefühlsbeziehung hatten, vorgehalten. Jeder Teilnehmer konnte die Intensität seines Hasses in einer Skala von 0 bis 72 Punkten einordnen. Die Scan-Untersuchungen zeigten dann ganz eindeutig, dass bei Personen mit Hassgefühlen das Putamen hochgradig aktiviert wurde, woraus sich schließen lässt, dass dieses kleine Hirnareal mit der Entstehung negativer Gefühle und Aggressionen in Verbindung steht.

Einzelne spektakuläre Fälle hatten das Interesse auf die bislang wenig erforschte Hirnregion, zu welcher auch das Putamen gehört, gelenkt: Bei einer Untersuchung des konservierten Gehirns, des schon an anderer Stelle erwähnten Massenmörders Wagner, wurde im Bereich des limbischen Systems ein etwa ein Zentimeter langer Riss gefunden. Somit war das Gehirn in einer Region geschädigt, die nach Meinung des untersuchenden Wissenschaftlers, des deutschen Neurologen Oskar Vogt, »für die adäquate emotionale Einstufung« und Realitätsbewertung der wahrgenommenen Umwelt von zentraler Bedeutung ist und an der gleichen Stelle liegt, bei der auch bei Patienten mit paranoid-halluzinatorischen Psychosen Struktur- und Funktionsdefizite nachgewiesen werden konnten.

Die Amygdala-Kerne gerieten endgültig in Verdacht, als bei der Untersuchung des Gehirns der toten Führerin der RAF (Rote-Armee-Fraktion), Ulrike Meinhof, in diesem Hirnbereich ein gutartiger, aber nicht operabler Blutgefäßtumor gefunden wurde. Dieser war an der Basis des Gehirns gelegen, hatte aber erhebliche Auswirkungen auf das limbische System, besonders die Amygdala-Kerne. Verschiedene Neurowissenschaftler glauben, dass die Wesensänderung, welche die ehemals hervorragende Kolumnistin zu einer aggressiven, fanatischem Gedankengut zuneigenden Person verwandelte und sie in den terroristischen Untergrund abgleiten ließ, Folge dieser Störung sei. Zeitzeugen schildern, dass Meinhof nach der erfolglosen Operation im Jahr 1962 gefühllos und emotional »wie abgeschnitten« geworden sei und einen Selbstentfremdungsprozess durchgemacht habe.

Seit Längerem bekannt und auch besser durchschaubar sind die Auswirkungen von Störungen des Frontalhirns auf aggressives und kriminelles Verhalten. Eine Schädigung des Frontalhirns durch Kopfverletzungen, Tumoren oder Entzündungen führt zu erhöhter Impulsivität und Aggressivität, zu rücksichtslosem Verhalten, zu erhöhter Risikobereitschaft, kurzum, zu einer Enthemmung von Trieben und Impulsen. Der Frontallappen, der für die normative Kontrolle des Verhaltens zuständig ist, ist eine höchst komplex organisierte Hirnregion, in der nicht nur viele motorische und vegetative, sondern auch kognitive und emotionale Funktionen organisiert sind. Diese sind zuständig für vorausschauendes Denken und Planen, für das Erkennen und Befolgen von Regeln, für die Abstraktionsfähigkeit und Konzeptbildung sowie für kontrollierendes Verhalten, somit für eine Reihe von Funktionen, welche in der Entstehung von Kriminaltaten eine Rolle spielen können.

Bei Schädigungen kommt es zur Verminderung des psychomotorischen Antriebs und zu affektiver Verflachung, darüber hinaus zu Enthemmung, zu gehobener Stimmungslage, zu Kritiklosigkeit und Witzelsucht, vor allem aber zu eingeschränkter emotionaler Schwingungsfähigkeit und dem Verlust von Wertvorstellungen. Häufig leiden die Betroffenen an einem »Gefühl der Gefühllosigkeit« sowie an stark reduzierter Impuls- und Triebkontrolle. Historisch berühmt geworden ist der Fall des Schienenarbeiters Phineas Gage, dessen Wesen sich nach einem Unfall, bei dem sein Stirnhirn von einer Eisenstange durchbohrt wurde, radikal änderte. Der früher verlässliche, verantwortungsbewusste, willensstarke Vorarbeiter wurde reizbar, launisch, jähzornig, triebhaft und ordinär, obwohl seine sprachlichen und motorischen Fähigkeiten nicht beeinträchtigt waren.

»Gage ist nicht mehr Gage«, sagten seine Mitarbeiter, und sein Hausarzt John Harlow schrieb markant: »Er ist jetzt ein Mensch mit den intellektuellen Fähigkeiten eines Kindes und den animalischen Leidenschaften eines starken Mannes«.

Prof. Adrian Raine, welcher als Neuropsychologe an der Universität von Pennsylvania forscht und lehrt, führte bei 41 Mördern, die im Affekt jemanden getötet hatten, Computertomografie-Untersuchungen der Gehirne durch. Er fand bemerkenswerte Störungen im Bereich des Frontalhirns, also jener Hirnregion, die für das Zustandekommen von Kontrolle, Hemmung, Verantwortlichkeit, Mitgefühl und Ethik zuständig ist und die aus dem limbischen System ankommende aggressive Impulse hemmen soll. Raine fand heraus, dass ein Großteil der untersuchten Mörder nicht nur einen sehr niedrigen Intelligenzquotienten hatte, sondern auch ein um bis zu 14 Prozent kleineres Volumen der Frontalhirnregion gegenüber nicht kriminellen Menschen aufwies.

Mehrere Untersuchungen an Menschen, die wegen eines Tötungsdeliktes verurteilt worden waren, konnten Störungen des Frontalhirns nachweisen. Ein amerikanisches Forscherteam untersuchte 18 jugendliche Mörder und fand in allen Fällen Anzeichen für Unterentwicklungen oder krankhafte Veränderungen in der Rinde des Frontalhirns. Mit einem anderen Untersuchungsansatz konnte gezeigt werden, dass Menschen mit dissozialen Verhaltensweisen sehr häufig Frontalhirnläsionen aufwiesen. Die dadurch ausgelöste Impuls- und Triebenthemmung könnte sich in einer Störung des »Sozialsinns«, der gefühlsbezogenen Übertragung zu anderen Menschen, bemerkbar machen. Auch Personen, welche sich in der frühen Kindheit durch eine Meningitis oder einen Unfall Schädigungen des Gehirns zugezogen hatten, wiesen gehäuft schwere Mängel im Sozialverhalten auf. Das Aufzählen solcher Studien ließe sich fortsetzen, bringt aber letztlich nur die Erkenntnis, dass Hirnschädigungen in bestimmten Regionen die Bereitschaft für aggressives, gewalttätiges und gemütsarmes Verhalten erhöhen.

Bei manchen Straftätern hat man herausgefunden, dass die beiden als Hippocampi oder Ammonshörner bezeichneten Hirnteile, welche für die Verarbeitung von Gefühlen zuständig sind, in beiden Hirnhälften unterschiedlich groß sind. Bei kriminellen Psychopathen ist der rechte Hippocampus größer als der linke, was dazu führt, dass sie gegenüber menschlichen Signalen unsensibler sind, keine Furcht entwickeln und ihre Emotionen nicht zügeln können.

Weiters scheinen bei Kriminellen die sogenannten Spiegelneuronen, welche für das Einfühlungsvermögen in andere – die Empathie – verantwortlich gemacht werden, nicht so richtig zu funktionieren, weshalb die Betroffenen den Ausdruck von Furcht, Angst und Schmerz im Gesicht ihrer Opfer nicht richtig entschlüsseln können.

Bei Pädophilen fand man signifikant mehr Unfälle mit Kopfverletzungen, was damit zusammenhängen könnte, dass ihre Schädelknochen, was ebenso überrascht, dünner sind als solche von sexuell normal veranlagten Menschen. Sie litten aber auch unter einer verminderten Hirndurchblutung und einer deutlichen Erweiterung der inneren Hohlräume des Gehirns, und sie waren, was als Zeichen einer atypischen Hirnentwicklung interpretiert werden könnte, viel häufiger Linkshänder. Nebenbei wurden bei pädophilen Tätern hormonelle Störungen und, allerdings nicht in allen Untersuchungen, eine gesamthaft verringerte Intelligenz festgestellt.

Ethische Entscheidungen spielen sich in mehreren Regionen des Gehirns ab, in denen der organische Ursprung kriminellen Verhaltens gesucht werden müsste. Der Sitz des Bösen könnte neben den genannten Amygdala-Kernen und dem Stirnhirn auch im Bereich des Schläfenlappens und weiteren Teilen des limbischen Systems liegen. Dazu werden uns in den nächsten Jahrzehnten neue Ergebnisse der Hirnforschung interessante Kenntnisse bringen oder uns auf der Suche nach den Wurzeln des Bösen weiter verunsichern.

Moderne Untersuchungen befassen sich aber nicht nur mit der Frage nach dem Ort des Bösen im Gehirn, sondern beziehen auch den Reifegrad des zentralen Nervensystems und funktionelle Besonderheiten in die Überlegungen mit ein. Vom Gedanken ausgehend, dass jene Hirnstrukturen, die für das Einfühlungsvermögen in andere und die Moralentwicklung verantwortlich sind, erst im dritten Lebensjahrzehnt fertig verkabelt sind, wurde nachgewiesen, dass dieser Vorgang im Gehirn vieler Krimineller auch später nicht abgeschlossen ist.

Es ist deshalb noch unreif und ähnelt gewissermaßen dem zentralen Nervensystem Heranwachsender.

Auf der Suche nach möglichen Ursachen der Schul-Amokläufe ist eine Studie berühmt geworden, in welcher man bei 15-jährigen Schülern neuropsychologische Hinweise auf spätere Kriminalität finden wollte. Es ließ sich zeigen, dass die potenziellen Gewalttäter auf Bilder von Unfall- und Mordopfern sowie auf Horrorszenen kaum reagierten, also kaum Empathie und Mitleid empfanden. Im Gegensatz zu den Normalpersonen erhöhten sich weder Pulsschlag noch Muskelaktivität, sie zeigten keine Stress- und keine Angstreaktion und blieben mehr oder minder unberührt.

*

Die Suche nach dem Sitz des Kriminellen im Gehirn ist nicht neu. Die Geschichte lehrt uns, wie fruchtbringend, aber auch wie gefährlich solch ausschließliche Betrachtungsweisen sein können. Seit Beginn der systematischen Hirnforschung im 19. Jahrhundert wurde die Frage gestellt, ob sich bei verbrecherischen Menschen Besonderheiten in Aufbau und Struktur dieses zentralen Organs ergeben, ob bestimmte Hirnregionen über- oder unterentwickelt sind und ob sich bei Verbrechern spezielle Hirnzellenschädigungen nachweisen lassen. Eine ganze Generation von Wissenschaftlern ging mit großem Eifer der Frage nach, wo der Quell des Bösen im Gehirn zu suchen sei und ob es tatsächlich spezielle Verbrechergehirne gebe.

Insbesondere die im 18. und 19. Jahrhundert recht bedeutende italienische kriminalpsychologische Schule hat sich sehr mit »Mörderschädeln« und »Verbrecherhirnen« beschäftigt. Deren berühmtester Vertreter, der Chirurg Cesare Lombroso, fasste seine Erkenntnisse, die er in anthropologischen Studien an Tausenden von Soldaten und Vermessungen der Schädel von unzähligen Gefängnisinsassen gewonnen hatte, in seinem berühmten Buch *L'Uomo delinquente* (1876) zusammen. In diesem auf Deutsch unter dem Titel *Der Verbrecher* erschienenen Bestseller beschrieb er den vermeintlichen Zusammenhang zwischen wohlgeformtem Körperbau und edler innerer Haltung und schlechtem Charakter oder übler Gesinnung und körperlichen Benachteiligungen. Er entwickelte die Theorie, dass Kriminalität einen Rückschritt in der menschlichen Entwicklung bedeute und kriminelle Personen Überlebende aus entwicklungsgeschichtlich primitiven Epochen darstellen. Der Verbrecher stehe auf der Leiter der Evolution viel niedriger als der gewöhnliche Mensch, werde von atavistischen Instinkten beherrscht und könne moderne Gesetz gar nicht befolgen.

Zu dieser Theorie wurde Lombroso bei der Leichenbeschau des berüchtigten Räubers Vilella, welcher über sagenhafte Kräfte verfügt haben soll, inspiriert. Beim Anblick von Vilellas Schädel, in dem sich ein Knochenhohlraum als anatomische Besonderheit fand, habe Lombroso eine Erkenntnis, ja geradezu eine »Offenbarung« gehabt:

»Plötzlich schien ich das Problem der kriminellen Natur, wie eine weite Ebene vom flammenden Himmel erleuchtet, vor Augen zu sehen – ein atavistisches Wesen, in dessen Person die grausamen Instinkte einer primitiven menschlichen Natur unter niederen Tieren wiederkehren. Dadurch erklären sich anatomisch die gewaltigen Kiefer, die hohen Wangenknochen, die vorstehenden Augenbrauenbögen, die Affenfalte in den Handflächen, die übergroßen Augenhöhlen, die abstehenden Ohren oder angewachsenen Ohrläppchen, die man bei Kriminellen, Wilden und Affen findet, ferner Schmerzunempfindlichkeit, besonders scharfes Sehvermögen, Tätowierungen, extreme Faulheit, Vorliebe für Orgien und das unwiderstehliche Verlangen nach dem Bösen um seiner selbst willen, der Wunsch, nicht nur das Leben des Opfers zu zerstören, sondern den Leichnam zu verstümmeln und sein Blut zu trinken«.

Wenn man überlegt, welch ideologische Folgen Lombrosos Eifer gehabt hat, scheint es sehr ratsam, in der in den letzten Jahren von Seiten mancher Hirnforscher initiierten Diskussion über die Willensfreiheit beziehungsweise die angebliche Unfreiheit des menschlichen Willens keine einseitigen Standpunkte zu vertreten.

Manche Besonderheiten im Aufbau bestimmter Hirnstrukturen können wahrscheinlich destruktive Gedanken auslösen und aggressive Impulse induzieren. Schädigungen in anderen Hirnregionen erschweren die Kontrolle über gewalttätige Impulse oder verhindern das Zurückhalten von Triebdurchbrüchen. Wieder andere Hirnanomalien schränken die Fähigkeit, sich in andere Menschen hineinzufühlen, entscheidend ein oder fördern negative Fantasien. Trotzdem lässt sich keinesfalls folgern, dass Besonderheiten im Hirnaufbau oder Schädigungen der Hirnmasse aus einem normalen Menschen einen Verbrecher machen oder der Sitz des Bösen im Gehirn geortet werden könnte. Hirnschädigungen erhöhen das Risiko für grenzüberschreitendes Verhalten oder verwerfliche Reaktionsmuster, führen aber niemals von sich aus zur bösen Tat. So wird uns die Hirnforschung in den nächsten Jahren viele wichtige Erkenntnisse bringen, wird uns die Entstehung der positiven und negativen Gefühle erklären und uns Einblick in die Entwicklung aggressiven Verhaltens liefern. Sie wird aber trotz immer modernerer Diagnoseinstrumente und perfekter werdender Untersuchungsmethoden zur Klärung der Hirnabläufe niemals den Sitz des Bösen oder dessen Entstehung im Gehirn allein zeigen können. Das Böse geht weit über das Organische hinaus. Wir können sicher sein, dass es keinen Ort im Gehirn gibt, wo das Böse gleichsam lauert.

Eine Reihe von Neurowissenschaftlern glaubt demgegenüber, dass der freie Wille eine bloße Illusion und das Böse ein biologisches Phänomen im Hirn sei. Der Mensch könne nicht frei entscheiden und habe folglich gar nicht die Möglichkeit, moralisch gut oder böse zu handeln. Aus dem antiken Griechenland wird dazu folgende Geschichte erzählt, welche die Unlösbarkeit der Willensfrei- und Schuldfrage aufzeigt und durch ihren verblüffenden Schluss ein wenig Heiterkeit in die düsteren Gedanken über das Böse bringen mag:

Ein Dieb steht vor dem Richter und verteidigt sich mit der Unfreiheit seines Willens. Das Schicksal habe vorherbestimmt, dass er stehlen müsse, er habe sich gar nicht anders entscheiden können und habe ausschließlich unter dem Einfluss höherer Mächte gehandelt. Daraufhin antwortet der Richter: »Das mag sein, aber vom Schicksal ist auch vorherbestimmt, dass Sie zur Strafe eine Tracht Prügel bekommen.«

Eine moderne, »neurobiologische« Version dieser Geschichte lautet folgendermaßen: Ein Mann steht wegen wiederholter Gewalttätigkeit vor Gericht. Er begründet seine Straftaten mit einer Störung in einer für unser Handeln sehr wichtigen Hirnregion, dem sogenannten präfrontalen Cortex. Durch dessen mutmaßliche Schädigung sei er Aggressionsimpulsen hilflos ausgesetzt und könne sich gegen den Drang zur Gewalttätigkeit nicht wehren. Schuld sei der nicht funktionierende Hirnteil. Der Richter nimmt dies zur Kenntnis und spricht folgendes Urteil: »Der für Ihr kriminelles Verhalten Ihres Gehirns verantwortliche Bereich, der präfrontaler Cortex genannt wird, wird wegen Körperverletzung und Sachbeschädigung in mehreren Fällen zu einer Gefängnisstrafe von drei Jahren verurteilt.«

Der Code des Bösen

»Warum die Hölle im Jenseits suchen?
Sie ist schon im Diesseits vorhanden,
im Herzen der Bösen.«

Jean-Jacques Rousseau

Da das Böse nur schwer beschrieben und nicht wirklich erfasst werden kann, wäre es vermessen, den Code des Bösen gleichsam entschlüsseln zu wollen. Dennoch können vonseiten der Kriminalpsychologie und -psychiatrie Verhaltensweisen, Bilder und Szenarien beschrieben werden, welche dem Bösen weitgehend entsprechen. Es muss sich dabei um Täterpersönlichkeiten und Taten handeln, die weit aus dem Normalen herausfallen, die Hemmschwelle für destruktives Verhalten auf einer sonst nicht gekannten Stufe überspringen und einen hohen Planungsgrad aufweisen. Dies setzt aufseiten der Täter einen psychopathischen Charakter mit fehlendem Einfühlungsvermögen und hochgradigem Sadismus sowie den Willen zur Beherrschung und Entmenschlichung anderer voraus. Es dürfen aber keine so schweren psychischen Störungen oder Erkrankungen vorliegen, als dass eine freie Willensbildung nicht mehr möglich wäre. Das heißt, Entschluss und Durchführung der bösen Tat müssen so gewollt sein und dürfen nicht auf krankhaften Beeinträchtigungen von Verstand und Willen beruhen. Aufseiten der Taten geht es um die Art der Aggression und die Schwere der Folgen für die Opfer. Aus kriminalpsychiatrischer Sicht sind in einer durch und durch bösen Tat folgende Elemente, die den Code des Bösen bilden könnten, enthalten:

- Fehlende Empathie
- Einseitige Machtverteilung
- Psychopathische Charakterstruktur (Sadismus, Maligner Narzissmus)
- Entwürdigung der Opfer
- Planungsgrad
- Schwere der Folgen für die Opfer
- Missachtung des Moralinstinktes

Basis aller menschlichen Destruktivität ist der Mangel an Empathie, an der Fähigkeit, sich in andere einzufühlen. Empathie bezeichnet das Vermögen, das Denken, Fühlen und Wollen anderer Personen zu erkennen, zu verstehen und darauf im wahrsten Sinn des Wortes mitleidend »zu reagieren«. Echtes Verständnis und nicht wertendes Eingehen auf die Mitmenschen in ihrer Gesamtheit, sensibilisiert sie für die Gefühlslage anderer. Die heutige Bedeutung hat der Empathiebegriff, der vom griechischen Wort für »Leidenschaft« oder »intensive Gefühlsregung« herstammt, im Wesentlichen durch Sigmund Freud (1856–1939) erhalten. Großen Aufschwung erhielt das Empathiekonzept durch den amerikanischen Psychotherapeuten Carl Rogers (1902–1987), welcher die humanische Psychologie begründete. Aber erst als der frühere US-Präsident Barack Obama 2006 in einer Rede von einem »Empathiedefizit unserer Gesellschaft« gesprochen hat, hat sich die Thematik in Pädagogik, Marketing, Management und auch in der Kriminologie etabliert. Mangelnde Empathiefähigkeit gilt als eine der wichtigsten Eigenschaften krimineller Menschen, wobei es allerdings um die »richtige« Empathie, das konstruktiv-positive Mitleiden, geht. Denn auch ein Sadist oder grausamer Mörder kann empathisch sein, wenn er z. B. nachfühlt, welche Qual ein Opfer am meisten trifft.

Die herausragende Bedeutung der Empathie für die Menschheit, auch außerhalb der Kriminologie, wird in jüngster Zeit von einer Seite betont, von der man dies nicht vermutet hätte. Der im März 2018 verstorbene berühmte britische Physiker und Kosmologe Stephen Hawking erwähnte in einem seiner letzten Interviews, dass nur die Empathie die Zukunft der Menschheit sichere. Denn das rechte Einfühlungsvermögen bringe die Menschen in einen ruhigen und friedlichen Zustand, somit in eine Verfassung, in der das Böse keinen Platz hat.

Gerade Menschen mit psychopathischem Charakter ist dies nicht möglich, da sie selbst keine warme Emotionalität haben. Sie haben in der Kindheit, in der sie selbst Opfer von Gewalt geworden sind, ihre Gefühlswelt abgetötet. Sonst hätten sie die Qualen nicht ertragen können. Später fehlt ihnen jegliche Empathie, sodass sie ihren Mitmenschen mit Gleichgültigkeit, Unverständnis und Rücksichtslosigkeit begegnen und sich diesen gegenüber unbarmherzig, ausbeuterisch, destruktiv und letztlich sadistisch zeigen. Wegen ihres emotionalen Analphabetismus' ertragen sie keine Nähe. Jegliches Gefühl der Geborgenheit und Intimität ist ihnen unvertraut und flößt ihnen Angst ein, weshalb sie darauf mit panischer Aggressivität reagieren.

Ein zweites, ganz wesentliches Element im Code des Bösen ist die einseitige Machtverteilung. Die Täterschaft befindet sich in einer unangreifbaren, narzisstischen Position, dominiert die Opfer vollkommen und bestimmt über deren Schicksal. Die Opfer hingegen haben alle Rechte und die menschliche Würde verloren, sie sind hilflos ausgeliefert und haben nicht die geringste Chance. In schrecklich, klassischer Form findet man diese Konstellation bei Massenhinrichtungen, Terroranschlägen, Bombenangriffen oder, zuletzt aktuell bei Enthauptungen von völlig unschuldigen Journalisten oder Sozialhelfern durch IS-Terroristen – dies vor laufender Kamera.

*

Fragen wir uns im nächsten Schritt, was jenseits der Normalität des Bösen eine destruktive Charakterstruktur ausmacht. Am ehesten ist dieser unter dem, was man als »Psychopathie« bezeichnet, zu finden.

Man meint damit extrem ausgeprägte Persönlichkeitszüge, unter denen der Betroffene oder seine Umgebung leidet. Der Psychopath hat wenig moralisches Verantwortungsgefühl, handelt gewissenlos, zeigt oft kein Einfühlungsvermögen und ist in seinem gesamten Fühlen extrem auf die eigene Person fixiert. Einige Psychopathieformen weisen eine starke Nahbeziehung zu delinquentem, verbrecherischem und damit auch bösem Verhalten auf, und zwar die asoziale, die impulsiv-aggressive, die fanatische und die extrem egozentrisch-narzisstische Form. Darüber hinaus gibt es eine Persönlichkeitsform, welche am ehesten geeignet ist, das »Böse« zu beschreiben. Diese wurde von dem aus Österreich stammenden, weltweit führenden Psychoanalytiker Prof. Otto F. Kernberg als »Maligner Narzissmus« bezeichnet. Er versteht darunter eine Kombination aus narzisstischer Persönlichkeitsstörung, antisozialem Verhalten, sadistischer Aggression sowie extrem misstrauischer Grundhaltung. Der durch die Beschreibung der Skala des Bösen bekannt gewordene Dr. Michael Stone kam nach langjährigen Forschungen und dem Studium aller verfügbaren Quellen über sadistische Sexualtäter zur Meinung, dass man bei vielen von ihnen diesen bösartigen Narzissmus nachweisen könne. Worin besteht nun diese gefährliche Abnormität? Aus welchen Elementen setzt sich der Code des bösen Charakters im Einzelnen zusammen?

Hauptelement dieses beklemmenden Persönlichkeitsbildes ist die starke Neigung zu sadistischen Aggressionen. Aggressionen gehören zu den Urtrieben des Lebens und stellen jene Kraft dar, die das Überleben sichert und Fortschritt bedeutet. Aggressionen zwischen den Menschen dürfen sich aber nicht in ihrer reinen, primitiven Urform entladen, sondern sollen sich in eine höhere, kultiviertere Form verwandeln lassen, etwa in Leistung und Wettbewerb, in Sport und Kreativität oder – pauschal ausgedrückt – in Zivilisation und Kultur. Bei bösen Taten erfolgt keine Veredelung und Sublimierung der Aggression mehr, sondern sie wird in ihrer ursprünglichen, destruktiven Form eingesetzt. Je unmittelbarer und direkter die Aggression, desto böser die Tat. Besonders verheerend ist aggressives Verhalten dann, wenn es beim Täter Lust erzeugt, also Lust durch das Quälen anderer Menschen. Der berühmte Sexualforscher Richard von Krafft-Ebing hat dafür den Begriff des »Sadismus« geprägt. Unter dieser nach Marquis de Sade benannten Störung versteht man die Tatsache, dass manche Menschen Befriedigung oder sexuelle Lust erleben, wenn sie andere Menschen demütigen, unterdrücken oder quälen. Beim bösen Charakter kommt es also nicht nur auf die Aggressivität allein, sondern auf deren lustvolle Ausführung an. Der Krieg, in welchem sich alle Psychopathen austoben, liefert unzählige Beispiele für Aggressivität in ihrer bösesten Form, so auch das dem Bericht des KZ-Insassen Heinz Heger entnommene:

Auf den berühmten »Bock« wurde das Opfer so gebunden, dass sich »das Gesäß als höchste Stellung emporwölbte«. Wurde ein Häftling zur Prügelstrafe verurteilt, die auf dem »Bock« durchgeführt wurde, so mussten alle Häftlinge des Blockes antreten und der Bestrafung zusehen. Wurde die Bestrafung auf dem Appellplatz durchgeführt, musste das ganze Häftlingslager dabei sein. Bei jedem Schlag hatte der Delinquent laut mitzuzählen und wenn er vor Schmerzen nicht rechtzeitig die Schlagzahl rief oder nicht laut genug, so zählte dieser Schlag nicht. Dadurch kam es oft vor, dass der Geprügelte fast die doppelten Schläge erhielt. Die Ausführenden bestimmte der Lagerführer, »doch fanden sich meist sadistisch veranlagte SS-Ober- und Hauptscharführer, die gerne freiwillig diese Arbeit übernahmen«, schreibt Heger, der, wie man erraten kann, sich homosexuell »veranlagt« fühlt:

»Indessen stand der SS-Lagerführer ganz in der Nähe des Blockes und schaute mehr als interessiert der Exekution zu. Bei jedem Schlag leuchteten seine Augen auf und schon nach wenigen Schlägen war sein ganzes Gesicht rot vor Aufregung und Wollust. Er hatte seine Hände in den Hosentaschen vergraben und man konnte mehr als deutlich erkennen, dass er während der Austeilung der Schläge onanierte, und dies völlig ungeniert vor uns Angetretenen. Nachdem er sich selbst ›fertig gemacht‹ und befriedigt hatte, verschwand das perverse Schwein plötzlich; er war an der weiteren Ausführung der Prügelexekution nicht mehr interessiert.

Ich habe mehr als dreißigmal selbst mitangesehen, wie der SS-Lagerführer bei Prügelexekutionen, die am Bock durchgeführt wurden, sich selbst befriedigte ...

Einmal schrie ein geschlagener Häftling nicht. Das brachte den SS-Lagerführer offensichtlich um einen Teil seiner perversen Freuden, also schrie er den Häftling an: ›Du schwules Dreckschwein, warum schreist du nicht? Wahrscheinlich hast du Arschficker noch einen Genuss dabei!‹«

Eindrücklicher ist die böse aggressive Lust, die nicht nur zur Qual, sondern zur völligen Entwürdigung anderer führt, nicht zu beschreiben.

Ein weiteres Element der bösartigsten Form eines menschlichen Charakters ist der Narzissmus. Gemeint ist damit nicht die uns allen gemeine Selbstverliebtheit oder das kecke Hervorheben der eigenen Bedeutsamkeit, sondern die umgekehrte, bösartige Form. Vereinfacht ausgedrückt könnte man sagen, dass sich der normale oder gutartige Narzisst selbst über andere erhöht. Er schöpft seinen Selbstwert aus seinem Gefühl der Überlegenheit seines Aussehens, seines Charmes und Esprits oder seines beruflich-wirtschaftlichen Erfolgs. Der negative Narzisst hingegen bleibt durchschnittlich, verschafft sich aber dadurch eine herausragende Position, dass er die anderen unterwirft. Je mehr er jemanden erniedrigt und entwürdigt, desto überlegener und grandioser fühlt er sich selbst. Ein unauffälliger Durchschnittsbürger, der ein Kind in seine Gewalt bringt und vergewaltigt, ist diesem hilflosen Wesen in seiner Schrecklichkeit überlegen. Der Sexualtäter hebt sich aus seinem langweiligen, höchst durchschnittlichen Leben weit heraus, wenn er zum gefürchteten Despoten, der über das Schicksal eines anderen Menschen bestimmt, emporgehoben wird. Machtausübung ist für ihn von zentraler Bedeutung und bedeutet höchste Befriedigung.

Der narzisstische Mensch versteht es aber, diese negativen Tendenzen zu überspielen und präsentiert sich nach außen als verständnisvoll, anpassungsfähig, kritisch und loyal. Bösartige Narzissten werden von der Umgebung nicht leicht erkannt. Im Gegenteil, sie gelten als sehr charmant. Wir Psychiater sprechen gern vom »Charme des Psychopathen«. Ted Bundy, welcher möglicherweise mehrere hundert junge Frauen brutal umgebracht hat, ist dafür ebenso ein Beispiel wie der österreichische Serienkiller Jack Unterweger, welcher weit über seinen Tod hinaus von vielen Frauen umschwärmt war.

Als Nächstes ist bei der Beschreibung des malignen Narzissmus die Neigung zu antisozialem Verhalten zu nennen. Dieses manifestiert sich schon in der Kindheit durch Weglaufen, Schulschwänzen, Tierquälen, Brandlegen oder frühen Missbrauch von Alkohol und Drogen. Antisoziale Menschen brechen die Berufsausbildung vorzeitig ab, wechseln den Arbeitsplatz sehr häufig oder gehen überhaupt keiner Beschäftigung nach, können keine partnerschaftlichen Beziehungen führen und werden bald straffällig. Zu unterscheiden sind zwei Formen des antisozialen Verhaltens: Die aggressive Form macht sich durch häufige Verurteilungen aufgrund von Körperverletzung, Sachbeschädigung, Raubüberfall oder gar von Tötungsdelikten bemerkbar. Bei der ausnützerisch-parasitären Form dominieren Lügen, Stehlen, Einbrechen, Fälschungen, Betrug und Prostitution.

Die besondere Gefährlichkeit der Täter mit der genannten Charakterstruktur resultiert aus ihrer misstrauischen Grundhaltung. Sie sehen in anderen Menschen Feinde oder Narren, fühlen sich von überall her beobachtet und rechnen ständig mit den unwahrscheinlichsten Situationen. Dadurch agieren sie mit höchster Vorsicht, begehen kaum Fehler und werden nur schwer erwischt. Die ihre Psyche beherrschende Kombination aus asozialer Grundhaltung, sadistischer Lust und höchst paranoidem Denken befähigt sie, detaillierte Pläne für böse Taten zu entwerfen, Pläne, die man tatsächlich als »teuflisch« bezeichnen kann.

Bei Betrachtung dieser Charakterzüge wundert es nicht, dass die Taten von Psychopathen nach allen wissenschaftlichen Untersuchungen viel brutaler und grausamer als jene von Nicht-Psychopathen sind. Psychopathen planen ihre Tat viel genauer, führen sie willkürlich durch und bringen sie eher durch die Tötung zu Ende. Sie neigen zu instrumenteller Gewalt und setzen diese bewusst zur Erreichung eines Zieles ein, sie werden auch schneller und häufiger rückfällig. Dies heißt aber nicht, dass nur Psychopathen oder bösartige Narzissten zu bösen Taten fähig sind, sondern lediglich, dass bei ihnen das Risiko viel höher ist als beim Durchschnittsmenschen. Aber auch unauffällige normale Persönlichkeiten können durchaus extrem Böses tun. Der Code des Bösen muss sich deshalb überwiegend auf die äußeren Kennzeichen einer Tat beziehen.

*

Die nächste Ziffer im Code des Bösen nach jener der psychopathischen Persönlichkeitsstruktur ist die Entwürdigung und Entmenschlichung anderer Personen oder Lebewesen. Der Sexualmörder sieht in seinem Opfer kein menschliches Wesen, sondern ein reines Lustobjekt. Der Killer zielt nicht auf Menschen aus Fleisch und Blut, sondern auf seelenlose Gebilde, die es genau zu treffen gilt. Den Höhepunkt – oder besser gesagt den Tiefpunkt – haben Entwürdigung und Entmenschlichung in den genau geplanten Deportationen und im Genozid sowie in jenen Maßnahmen, die man unter Vermeidung des wahren Ausdrucks als »Säuberung« bezeichnet. Der Genozid wird gegen eine vermeintlich »mindere Rasse«, die »Euthanasie« gegen angeblich »lebensunwertes Leben« geführt. Sadismus und Entwürdigung zeigen sich hier in ihrer schlimmsten Form, wie aus den Prozessprotokollen gegen einen NS-Verbrecher zu entnehmen ist:

»Noch bevor die Erschießungen begannen, hatte sich Oberleutnant Gnade etwa 20 bis 25 ältere Juden herausgesucht. Es waren ausschließlich Männer mit Vollbärten. Diese alten Männer ließ Gnade auf dem Platz vor der Grube robben. Bevor er ihnen den Befehl zum Robben gegeben hatte, mussten sie sich entkleiden. Während die Juden nun völlig nackt robbten, schrie Oberleutnant Gnade in die Gegend: ›Wo sind denn meine Unterführer, habt ihr noch keinen Knüppel?‹ Daraufhin sind dann die Unterführer an den Waldrand gegangen, haben sich Knüppel geholt und schlugen nun kräftig mit diesen Knüppeln auf die Juden ein.«

Es war den Nazi-Sadisten nicht genug, die unschuldigen alten Menschen hinzurichten, es musste auch noch auf eine besonders grausame Art geschehen.

Eine besondere Form der Entwürdigung der Opfer ist der Kannibalismus. Das Verzehren eines Menschen durch Menschen gilt als ultimativer Angriff auf dessen Person. Heute wird der Kannibalismus, welcher eine reiche geschichtliche Tradition hat, in allen Ländern und Völkern mit einem strengen Tabu belegt. Historische Hinweise belegen, dass im alten Rom frisches Gladiatorenblut gegen Epilepsie verabreicht wurde, dass die christlichen Kreuzritter nach dem Massaker von Maarat an-Numan im Jahr 1098 nach einer Hungersnot zum Leichenfleisch griffen oder dass sich in Dänemark noch 1896 psychisch Kranke bei einer Hinrichtung mit einer Tasse in der Hand um das Schafott drängten, um aus den zitternden Körpern quellendes Blut aufzufangen und zu trinken. Der medizinische Kannibalismus, durch welchen Leichenteile an das Volk verkauft und für Behandlungszwecke genutzt wurden, war ebenso verbreitet wie der rituelle Verzehr von Menschenfleisch, wodurch die Kräfte der Getöteten erlangt werden sollten. Bei religiösen Schlachtfesten der Azteken sollen bis zu 14 000 Opfer verspeist worden sein. In Extremsituationen, etwa während der von 1941 bis 1944 dauernden Leningrader Blockade oder nach einem Flugzeugabsturz in den chilenischen Anden, wurde Kannibalismus immer wieder praktiziert.

In der modernen Kriminalgeschichte spielt Kannibalismus eine zunehmende Rolle. Der durch den Film *Der Totmacher* mit Götz George bekannt gewordene Fall des Fritz Haarmann bezieht sich auf einen der berüchtigtsten Serienmörder des 20. Jahrhunderts, welcher zwischen 1918 und 1924 insgesamt 24 Jungen durch einen Biss in den Hals getötet, ihre Körper anschließend zerstückelt und die Leichenteile zu Wurst verarbeitet haben soll. Der 1992 wegen vielfachen Mordes hingerichtete Andrej Tschikatilo soll 52 Frauen und Kinder ermordet und ihre Leichen teilweise aufgegessen haben. Am meisten Aufsehen erregte der Fall des Armin Meiwes aus Rotenburg, welcher im Jahr 2001 über das Internet einen Mann aus Berlin fand, der sich als Opfer für ein kannibalisches Essen zur Verfügung stellte. Meiwes tötete den Mann vor laufender Kamera und aß Teile seines Körpers auf, wofür er im Revisionsverfahren zu lebenslanger Freiheitsstrafe verurteilt wurde. Im Jahr 2007 wurde der grauenhafte Fall eines zur Sekte der Gralsbewegung gehörenden Ehepaares aus Tschechien bekannt, welches die beiden Söhne im Keller folterte, eines der Kinder häutete und es dann teilweise verspeiste.

Manche mögen bei Überlegungen zur Entwürdigung und völligen Entwertung nicht nur an Menschen, sondern auch an die anderen Lebewesen denken, denen in der modernen Nahrungsmittelindustrie, in den Großschlächtereien und industriellen Tötungen jeder Rest des »Wesenhaften« genommen wird.

*

Der Schweregrad einer bösen Tat wird weiters, und dies ist eine weitere Ziffer des Codes, durch deren Planungsgrad bestimmt. Je unüberlegter und spontaner eine Handlung ausgeführt wird, je weniger der Ablauf überlegt und die Folgen bedacht werden, je mehr sie von heißen Emotionen als von kaltem Verstand gelenkt wird, desto geringer ist ihr Grad an Bösartigkeit. Umgekehrt zeichnet sich das Böse dadurch aus, dass der Planungsgrad eines Verbrechens sehr hoch und detailliert ist, die Folgen genau abgeschätzt werden und die Durchführung mit großer Selbstkontrolle erfolgt. Das kalte Planen und Handeln eines Profikillers ist viel böser als das Zuschlagen eines Berauschten in einer hitzigen Wirtshausschlägerei. Innerhalb der Aggressionen wird zwischen emotionaler und instrumenteller Gewalt unterschieden, das heißt, die Aggressionsausübung kann durch tatsächliche Tätlichkeiten oder durch Machtausübung über die Gefühlswelt erfolgen. Nach einer Faustregel neigen Männer eher zu tätlicher, Frauen zu emotionaler Gewalt. Oft wird darüber spekuliert, welche Form die schwereren Folgen hat und ob das subtile Böse, wie es zum Beispiel im Mobbing umgesetzt wird, nicht gravierendere Auswirkungen hat als die direkte, »ehrlichere« Aggressivität. Da die Entwicklung der Emotionalität aber in der Evolution höher anzusiedeln ist als die rohe Aggressionstat, kann man den Code des Bösen auch vom Instrumentalisierungsgrad der Gewaltausübung abhängig machen.

*

In unmittelbarem Zusammenhang damit stehen die Konsequenzen für die Opfer. Emotionale Gewalt kann sehr wohl zu schweren Beeinträchtigungen führen, insbesondere dann, wenn sie bereits auf einer frühen Entwicklungsstufe des Opfers eingesetzt wird, wenn sie die Prägung des Menschen maßgeblich bestimmt und wenn sie über einen langen Zeitraum dauert. Dann kann emotionale Gewalt zu Verunsicherung, Selbstwertzweifeln, Ängstlichkeit, mangelnder Lebensfreude und Erschütterung des Urvertrauens führen. Noch schwerwiegender sind aber die Folgen der instrumentellen Gewalt, welche in unendlicher Vielfältigkeit, mit immer neuen Raffinessen und immer schwerwiegenderen Auswirkungen zur Anwendung kommt. Gewalt durch Messer hat meist schwerere Folgen als jene durch Fäuste, Amokläufe ohne Schusswaffen und Terroranschläge ohne Bomben hätten keine so dramatischen Auswirkungen, Kriege ohne hochentwickeltes Instrumentarium hätten trotz aller Wunden und allen Leidens niemals diese verheerenden Folgen. Wenn man bedenkt, dass die Atombombenabwürfe über Hiroshima und Nagasaki neben den unmittelbar getöteten 230 000 Personen heute noch pro Jahr 2500 Menschenleben durch Spätfolgen fordern, kann man Heinrich Böll nur zustimmen: »Der Krieg wird niemals zu Ende sein, solange noch eine Wunde blutet, die er geschlagen hat.«

*

Schließlich setzt die Verwirklichung des Bösen die Missachtung des »Moralinstinkts« voraus. Man meint damit zunächst, dass jemand Taten begeht, die zu jeder Zeit und in jeder Kultur als moralisch untragbar und sündhaft gelten. Verbrechen wie Mord, Vergewaltigung oder Raub werden als *delicta mala per se* bezeichnet. Das heißt, sie gelten unabhängig von jeder rechtlichen, kulturellen und religiösen Wertung von sich aus als verwerflich, sie sind nach dem Gefühl jedes Menschen einfach böse. Der Moralinstinkt meint aber noch mehr, nämlich die Einhaltung von bestimmten sozialen Regeln, die für ein Zusammenleben von Menschen unabdingbar sind, ferner die Achtung der Rechte des anderen und die Eindämmung eigener egoistischer Ansprüche, vor allem aber die Verhinderung der Zerstörung menschlichen Lebens. Wissenschaftler aus den Bereichen Biologie, Psychologie und Philosophie, die sich mit der Frage eines angeborenen Moralinstinkts beschäftigen, kommen zu dem Schluss, dass die zentralen Maßstäbe der Moral und anderer Werte global vergleichbar und keine Frage der jeweiligen Kultur seien. Ob das Gewissen tatsächlich in den Genen steckt, ob wir mit einem Sinn für das Gerechte auf die Welt kommen und uns die Unterscheidung zwischen Gut und Böse in die Wiege gelegt wird und wie diese »Vernunft der Natur« angelegt ist, ist allerdings wie so vieles in der Forschung über das Böse noch nicht geklärt. Abermals können wir aus dem Mund eines Verbrechers viel treffender als aus einem Lehrbuch erfahren, wie sich das Übergehen des Moralsinns darstellt. Ted Bundy, einer der berüchtigtsten Serienkiller der Menschheit, antwortete auf die Frage, ob er so etwas wie Schuld oder Reue empfinde: »Schuldbewusstsein? Das ist der Mechanismus, mit dem Menschen gesteuert werden. Es ist eine Illusion. Es ist ein gesellschaftlicher Kontrollmechanismus – und er ist sehr ungesund.«

Die genannten Komponenten des Bösen werden durch Gruppeneffekte und massenpsychologische Abläufe potenziert. Es gehört zur Dynamik einer Gruppe, dass Meinungen primitivisiert, Emotionen hochgeschaukelt und destruktive Kräfte in elementarer Form freigesetzt werden. Unter dem Schutz der Gruppe traut sich plötzlich auch der Schüchternste, seinen »Mut« zu zeigen, fühlt sich der Schwache plötzlich stark und lässt der Kontrollierte seinen Aggressionen freien Lauf. Wolfgang Sofsky schrieb dazu den erschreckenden, aber wahren Satz: »Die Anführungskraft der Meute ist nicht zu unterschätzen. In ihrer Mitte darf noch der Kleinmütigste plötzlich alles.«

Die die Sprengkraft des Bösen verschlimmernden Effekte der Gruppe werden durch die Masse bis zur »Psychose« verstärkt. Nach Gustave Le Bon ist die »Psychologie der Massen« – wie der Titel seines berühmten Werkes lautet – durch Wegfall von Hemmungen, Erlöschen der Kritik, Nivellierung der seelischen Vollzüge, Hysterie und Entpersönlichung gekennzeichnet. Wir finden in der Masse also den Code des Bösen in Reinkultur.

*

Wenn wir uns fragen, wo dieser Code des Bösen, von der direkten Aggression und fehlenden Empathie bis zur Entwürdigung anderer und zum hohen Planungsgrad reichend, am unmittelbarsten angetroffen werden kann, landen wir unweigerlich beim Krieg. Der Krieg ist der Vater aller Dinge und die Zusammenballung, die Summe und Potenzierung des Bösen, die nicht einmal als Verbrechen, sondern als legitime Auseinandersetzung gesehen wird. Er ist jene Macht, die alle bösen Kräfte freisetzt, die schlimmsten Formen der Umsetzung ermöglicht und die folgenschwersten Auswirkungen hat. Der Krieg resultiert aus vorbestehenden Konflikten und aggressiven Reaktionsbereitschaften und nimmt durch eine böse Idee Gestalt an. Diese enthält eine vereinfachte, undifferenzierte Botschaft, begeistert die Eiferer und Fanatiker und spricht die primitiven Bedürfnisse der Massen an. Besonders Individuen mit geringem Selbstwertgefühl und starken Sicherheitsbedürfnissen lassen sich durch die Begeisterung und Kraft der Gruppen und Massen vereinnahmen und werden so Teil eines immer machtvolleren rücksichtslosen Systems. Neben den gruppen- und massenpsychologischen Kräften anderer Art sind die in der Vorbereitungsphase des Krieges aufflackernden Emotionen am gefährlichsten und am wenigsten berechenbar. Emotionen geraten leicht außer Kontrolle, können eine ganz andere Richtung als ursprünglich geplant einschlagen, kochen über und haben einen zerstörerischen Effekt. Sie sind gleichsam die Energie, der elektrische Strom, der das Räderwerk des Krieges antreibt.

Im Krieg wirkt somit die ganze Palette des Bösen zusammen: eine rücksichtslose, fanatische oder kranke Idee, die negative Identifizierung der Massen, die außer Kontrolle geratenen Kräfte der Gruppe, das unberechenbare Feuer der Emotionen und die Entbindung des Einzelnen von seiner Verantwortung. Dazu kommt ein weiterer, für die Entwicklung des Bösen wichtiger Faktor, und zwar die Autorisierung der Aggression: Das bedeutet, das gewalttätige Verhalten wird von oben, von einer höheren Macht, vorgegeben und gerechtfertigt. Der Krieg beschwört einen Zustand herauf, in dem sich der Mensch mit seinem Moralinstinkt nicht mehr auseinandersetzen muss. Unter Delegierung des Gewissens an eine Idee oder Obrigkeit kann er all das bislang gezähmte oder kultivierte Böse in seiner primitiven Form ausleben.

Kriege werden meist aus wirtschaftlichen und ideologischen Gründen geführt. Es geht um Nationalismus und ethnische Konflikte, um religiösen Fanatismus und kulturelle Konflikte, um wirtschaftliche Vorteile und Machtstreben, um Einfluss und sozialen Ausgleich. »Es ist die wachsende Masse der Nachbarn, der man im Kriege entgegentritt. Ihre Zunahme ist an sich beängstigend. Ihre Drohung, die im Wachstum allein schon enthalten ist, löst die eigene aggressive Masse aus, die zum Krieg drängt ... Man will die größere Masse von Lebenden sein. Auf der gegnerischen Seite aber sei der größere Haufen von Toten. In diesem Wettbewerb der wachsenden Massen liegt ein wesentlicher, man möchte sagen, der tiefste Grund zu Kriegen«, schreibt Elias Canetti in seinem bedeutsamsten Werk *Masse und Macht*.

Jeder Krieg ist mit Zerstörung, Leid und Tod verbunden, die natürliche Hemmschwelle geht ebenso wie der Moralinstinkt verloren. Der Krieg ist die Mutter der Misshandlung, der Folter, der Vergewaltigung, der Gräueltat und des Terrors. Der Krieg, von Staaten oder Volksgruppen geführt, ist eine Spielwiese für Freischärler, Partisanen, Guerillas oder Milizen. Der Krieg ist das absolut Böse, ein universelles Leid, hinter dem das Schicksal des Einzelnen niemanden interessiert.

Der Krieg ist nicht nur eine Verdichtung des Bösen, er lässt auch das Böse in all seinen Formen zu. Der Krieg setzt ungezügelte Aggressionen, mörderische Kräfte, eine durch und durch zerstörerische Energie, die wir im zivilen Alltag unterdrücken, frei.

Glauben wir ja nicht, dass das Zeitalter der Kriege seit Ende des Zweiten Weltkrieges vorbei ist. Allein in der Zeitspanne 1945 bis 2000 wurden weltweit etwa 200 Kriege geführt, bei denen zwölfeinhalb Millionen Menschen getötet worden sind. Nach einer im Fachmagazin *British Medical Journal* im Jahr 2008 veröffentlichten Studie von Ziad Obermeyer vom Institute for Health Metrics and Evaluation in Seattle seien in den Kriegen der letzten 50 Jahre drei Mal so viele Menschen ums Leben gekommen, wie bislang angenommen wurde. Allein der Vietnam-Krieg forderte drei Millionen Menschenleben. Die naive Meinung, dass technologisch »saubere« Kriege nur eine kleine Zahl ziviler Opfer forderten, ist nicht zu halten. Dem Menschengeschlecht ist es nie gelungen, kriegerische Auseinandersetzungen zu verhindern oder den Krieg zu ächten, er wird nicht einmal kriminalisiert.

Selbst die größten Denker der Menschheit finden keine befriedigende Antwort auf die Frage, wie man Krieg vermeiden und damit die schlimmste Verwirklichung des Bösen verhindern könnte. Auf Anregung des Internationalen Instituts für geistige Zusammenarbeit des Völkerbundes in Paris befassten sich im Jahr 1932 repräsentative Vertreter des Geisteslebens mit dem Thema »Warum Krieg?«.

Albert Einstein warf in einem Brief an Sigmund Freud die Frage auf: »Wie ist es möglich, dass sich die Masse durch die genannten Mittel bis zur Raserei und Selbstaufopferung entflammen lässt« und gibt die Antwort: »Im Menschen lebt ein Bedürfnis, zu hassen und zu vernichten. Diese Anlage ist in gewöhnlichen Zeiten latent vorhanden und tritt dann nur beim Abnormalen zutage«. Sie könne aber leicht geweckt und zur Massenpsychose gesteigert werden.

Aus der Antwort Freuds, welcher den allgemeinen Überlegungen Einsteins zustimmt, erfahren wir viel vom tiefenpsychologischen Verständnis des Bösen: »Interessenkonflikte unter den Menschen werden also prinzipiell durch die Anwendung von Gewalt entschieden. So ist es im ganzen Tierreich, von dem der Mensch sich nicht ausschließen sollte; für den Menschen kommen allerdings noch Meinungskonflikte hinzu, die bis zu den höchsten Höhen der Abstraktion reichen und eine andere Technik der Entscheidung zu fordern scheinen. Aber das ist eine spätere Komplikation. Anfänglich, in einer kleinen Menschenhorde, entschied die stärkere Muskelkraft darüber, wem etwas gehören oder wessen Wille zur Ausführung gebracht werden sollte. Muskelkraft verstärkt und ersetzt sich bald durch den Gebrauch von Werkzeugen; es siegt, wer die besseren Waffen hat oder sie geschickter verwendet. Mit der Einführung der Waffe beginnt bereits die geistige Überlegenheit, die Stelle der rohen Muskelkraft einzunehmen; die Endabsicht des Kampfes bleibt die nämliche, der eine Teil soll durch die Schädigung, die er erfährt, und durch die Lähmung seiner Kräfte gezwungen werden, seinen Anspruch oder Widerspruch aufzugeben. Dies wird am gründlichsten erreicht, wenn die Gewalt den Gegner dauernd beseitigt, also tötet. Es hat zwei Vorteile, dass er seine Gegnerschaft nicht ein andermal wieder aufnehmen kann und dass sein Schicksal andere abschreckt, seinem Beispiel zu folgen. Außerdem befriedigt die Tötung des Feindes eine triebhafte Neigung ...«

Als zentralen Grund des Bösen sieht Freud – ebenso wie Einstein – einen Trieb zum Hassen und Vernichten, den er »Destruktionstrieb« nennt. Freud führt aus, dass die Triebe des Menschen von zweierlei Art sind: »Entweder solche, die erhalten und vereinigen wollen, die erotischen, und andere, die zerstören und töten wollen, also die Aggressions- und Destruktionstriebe«. Beide Triebe seien unerlässlich, aus dem Zusammen- und Gegeneinanderwirken der beiden gehen die Erscheinungen des Lebens hervor. Selten kann sich ein Trieb bei einer Art isoliert betätigen, er ist immer mit einem gewissen Beitrag von der anderen Seite verbunden, der sein Ziel modifiziert oder ihm unter Umständen dessen Erreichung erst möglich macht. So sei zum Beispiel der Selbsterhaltungstrieb erotischer Natur, bedarf aber der Verfügung über die Aggression, wenn er seine Absicht durchsetzen soll.

Nach Freud arbeitet der Destruktionstrieb innerhalb jedes lebenden Wesens und hat das Bestreben, es zum Zerfall zu bringen, das Leben zum Zustand der unbelebten Materie zurückzuführen. Er verdiene deswegen den Namen eines Todestriebes, während die erotischen Triebe die Bestrebungen zum Leben repräsentieren. Der Todestrieb werde zum Destruktionstrieb, indem er mithilfe besonderer Organe nach außen gewendet werde. Das Lebewesen bewahrt sozusagen sein eigenes Leben dadurch, dass es Fremdes zerstört. Die Wendung der Aggression nach innen dürfe sich nicht in großem Ausmaß vollziehen, während die Wendung dieser Kräfte zur Destruktion in der Außenwelt das Lebewesen entlaste und dadurch wohltuend wirken müsse. In diesem Punkt stehen die Ansichten Freuds dem Gedankengut von Konrad Lorenz, wonach das sogenannte Böse nichts anderes als der das Überleben sichernde Aggressionstrieb der Arten und Rassen sei, sehr nahe.

Wenn Freud zur Erkenntnis kommt, dass das Böse nur durch die Kultur zurückgedrängt werden könne, drückt er genau das aus, was der chinesische Philosoph Hsün Dse schon im Jahr 220 v. Chr. gesagt hat: »Der Mensch ist von Natur aus böse; wenn er dennoch gut ist, so ist dies die Frucht der Kultur.«

Das Böse geht weiter

*»Vom Guten in euch kann ich sprechen, aber nicht vom Bösen.
Denn was ist das Böse anderes als das Gute,
von seinem eigenen Durst und Hunger gequält?«*

Khalil Gibran

Das Böse geht weiter, in unverminderter Härte, in vielfältiger Grausamkeit, in nicht enden wollendem Umfang. Werfen wir den Blick auf einige Pressemeldungen aus den letzten Monaten, in denen dieses Buch überarbeitet wurde:

19. Jänner 2019: Veröffentlichung des Abschlussberichtes zum Massenmord von Las Vegas:

Am 1. Oktober 2017 schoss der 64-jährige Stephen Paddock in Las Vegas von einem Hotelfenster aus auf die Besucher eines Country-Music-Festivals. Er tötete 58 Menschen im Alter von 20 bis 67 Jahren, verletzte über 800 Personen und erschoss sich anschließend selbst. Beim Einzeltäter handelte es sich um einen als wohlhabend geltenden pensionierten Buchhalter, der zwar spielsüchtig war – er bezeichnete sich selbst als »größten Videopoker-Spieler der Welt«, der täglich 14 Stunden spiele – und über ein großes Waffenarsenal verfügte, polizeilich aber noch nie in Erscheinung getreten war. Ein Motiv für den Massenmord konnte bei Padock, welcher laut seinen Aufzeichnungen Valium gegen Angstzustände genommen habe, nicht gefunden werden. Ein extremistischer Hintergrund und Verbindungen zu Terrornetzwerken ließen sich ausschließen.

29. Jänner 2019:
Auf einem Campingplatz in Lüdge in Nordrhein-Westfalen wurden laut Ermittlungsbehörden zwischen Anfang 2008 und Dezember 2018 zahlreiche Mädchen und Jungen im Alter von 4 bis 13 Jahren durch drei Männer und mehrere Mittäter in circa 1000 Einzeltaten sexuell schwer missbraucht. Im Lauf der Ermittlungen stieg die Opferzahl auf mindestens 40 Kinder und 12 weitere Verdachtsfälle.

17. Februar 2019:
Der 78-jährige Samuel Little, der 2014 wegen drei Morden in den 1980er-Jahren zu lebenslanger Haft ohne Aussicht auf Bewährung verurteilt wurde, hat zwischenzeitlich bei den 2019 noch immer laufenden Vernehmungen mehr als 90 Morde gestanden. Nach Meinung der Kriminalisten handelt es sich nicht um die Prahlerei eines verurteilten Psychopathen, sondern um das Geständnis des möglicherweise schlimmsten Serienmörders der Kriminalgeschichte.

01. März 2019:
Im Staatsgefängnis von McAlester (US-Staat Oklahoma) prügelte und würgte der wegen Mordes zu lebenslanger Haft verurteilte Raymond Pillado (35) in der gemeinsamen Zelle den verurteilten Kindermörder Anthony Palma (59) zu Tode, weil dieser in der »Knasthierarchie«, der Hackordnung in den Gefängnissen, als Kinderschänder ganz unten stand.

15. März 2019:
In der schwersten Tragödie der neuseeländischen Kriminalgeschichte seit dem Zweiten Weltkrieg erschoss der aus Australien stammende Brenton Tarrant, mit kugelsicherer Weste und militärischer Kleidung ausgestattet, in zwei Moscheen in Christchurch während des Freitagsgebetes insgesamt 51 Menschen im Alter von 3 bis 71 Jahren und verletzte weitere 50 schwer. Alle Opfer waren Angehörige der etwa 50 000

Personen zählenden muslimischen Minderheit Neuseelands. Der als Rechtsextremist bekannte Täter berief sich, ähnlich dem norwegischen Massenmörder Anders Behring Breivik, auf islamfeindliche und rechtsradikale Ideologien, insbesondere jener des »Großen Austauschs«. Bei seiner gerichtlichen Einvernahme plädierte er auf »unschuldig«.

21. April 2019:
Am Ostersonntag verübten in Sri Lanka mehrere Selbstmordattentäter, welche laut Behörden radikal islamistischen Gruppierungen und heimischen Dschihadisten angehörten, zeitnah eine Serie von Bombenanschlägen auf drei Kirchen und drei Hotels. Dabei kamen mindestens 253 Menschen ums Leben und 485 weitere Personen wurden verletzt. Zahlreiche Opfer hatten an den Ostergottesdiensten in römisch-katholischen Kirchen teilgenommen. In einer evangelikalen Freikirche wurden 27 Gläubige getötet. Unter den Opfern in den Hotels waren neben Mitarbeitern und Einheimischen mehrere indische Politiker, eine prominente TV-Köchin mit ihrer Tochter sowie drei Kinder eines dänischen Milliardärs zu beklagen.

30. Mai 2019:
Durchschnittlich 192 Personen sterben laut Weltdrogenbericht der UN in den USA täglich an einer Überdosis harter Drogen. Allein die als Schmerzmittel verordneten Fentanyle (Opioide) forderten zuletzt circa 30 000 Menschenleben pro Jahr. Der starke Anstieg bei den Drogentoten wird für die erstmals seit dem Zweiten Weltkrieg gesunkene durchschnittliche Lebenserwartung der Amerikaner verantwortlich gemacht. Weltweit kamen im Jahr 2017 bei hoher Dunkelziffer 585 000 Menschen durch Drogentod um ihr Leben.

06. Juni 2019:
Der Krankenpfleger Niels Högel wurde wegen Serienmordes in 85 Fällen zu lebenslanger Haft verurteilt. Er hatte von 1999 bis 2005 in seinem

Beruf in zwei norddeutschen Krankenhäusern die vermutlich größte Mordserie in der deutschen Kriminalgeschichte verübt. Der vorsitzende Richter, der jeden einzelnen der über 100 angeklagten Fälle genau zu prüfen hatte, kam sich nach eigenen Worten vor »wie ein Buchhalter des Todes«.

24. Juni 2019:
Ein 35-jähriger Hauptmann der zyprischen Nationalgarde wurde zu einer siebenfach lebenslänglichen Haftstrafe verurteilt, nachdem er die Ermordung von fünf Frauen und zwei Kindern gestanden hatte. Den ermittelnden Behörden wurden Schlamperei und Rassismus vorgeworfen, weil die Morde an sozial benachteiligten ausländischen Arbeitskräften lange Zeit trotz vieler Hinweise nicht geklärt wurden. Der Justizskandal führte zur Entlassung des Polizeichefs und zum Rücktritt des Justizministers.

Der als erschreckend normal geltende Täter hatte unter dem Spitznamen »Orestes« über Internet Kontakt mit seinen aus Rumänien, Nepal und den Philippinen stammenden späteren Opfern aufgenommen und sie entführt. Vor Gericht gestand er unter Tränen seine Taten und bat um Entschuldigung für seine »abscheulichen Verbrechen«. Ein Motiv oder einen Grund für seine sadistischen Verbrechen konnte er nicht nennen.

29. Juni 2019:
Im indischen Bundesstaat Jharkhand wurden eine Frau und ihre Tochter wegen angeblicher Hexerei zu Tode geschlagen. In Indien werden pro Jahr etwa 200 Frauen gelyncht, weil man sie der »Hexerei« verdächtigt. Im April 2016 schlossen etwa aufgebrachte Dorfbewohner eine ganze Familie in ihrem Haus ein und steckten es in Brand, drei Personen wurden dabei getötet. Um dieselbe Zeit herum entführten drei Männer ein vier Monate altes Mädchen und verkauften dieses für ein Opferritual an einen Hexer.

In Afrika, Südostasien und Lateinamerika sind seit 1960 vermutlich mehr Menschen wegen Hexerei ermordet worden als während der gesamten europäischen Verfolgung. Betroffen sind nach einem Report des UNHCR die sozial schwächsten Mitglieder der Gesellschaft, besonders Frauen, Kinder, Alte und Außenseiter wie HIV-Infizierte und Albinos.

Die letzte legale Hexenhinrichtung in Europa war übrigens jene der Anna Göldin, welche am 13. Juni 1782 im Schweizer Kanton Glarus durch das Schwert exekutiert wurde. Der Prozess rief europaweite Proteste hervor, der Begriff »Justizmord« wurde erstmals in diesem Zusammenhang verwendet.

16. Juli 2019:
In Virginia/USA wurde gegen einen bereits zu lebenslanger Haft verurteilten 22-jährigern Neonazi wegen 29 Hassverbrechen eine weitere Strafe von lebenslänglicher Haft plus 419 Jahren Gefängnis verhängt. Er war im August 2017 bei einer Neonazi-Demo in Charlottesville, bei der er sich an rassistischen, antisemitischen und homophoben Sprechchören beteiligt hatte, mit einem Auto in eine Gruppe von Gegendemonstranten gerast. Dabei tötete er eine Frau und verletzte 29 Menschen. Zuvor hatte der Täter Bilder, auf denen ein Auto in Demonstranten raste, auf Instagram hochgeladen. Der Fall sorgte u. a. weltweit für Schlagzeilen, weil US-Präsident Donald Trump danach von »Gewalt auf vielen Seiten« sprach und damit das Verhalten von Rassisten und Demonstranten gleichsetzte.

30. Juli 2019:
Ein als gut integriert geltender Eritreer stieß eine Frau und ihren Sohn vom Bahnsteig auf die Gleise vor einen einfahrenden Zug. Der achtjährige Junge wurde vom ICE erfasst und starb noch im Gleisbett.

Literatur

Arendt, Hannah: *Über das Böse. Eine Vorlesung zur Frage der Ethik*, Piper. München 2007.

Augstein, Renate: »Gewalt gegen Frauen. Von der Symptombekämpfung zur Prävention«. In: *liberal* 3/87.

Bild & Wissen: *Menschliche Monster. Serienmörder – Menschenfresser – Triebtäter*, hwk-Media Vision 2007.

Browning, Christopher R.: *Ganz normale Männer. Das Reserve-Polizeibataillon 101 und die »Endlösung« in Polen*, Rowohlt Taschenbuch. Reinbek bei Hamburg 2007.

Carrère, Emmanuel: *Amok*, Fischer. Frankfurt am Main 2001.

Conradi, Peter: *Der Todesengel von Rostow*, Lübbe. Bergisch Gladbach 1993.

Der Spiegel 31/2007: *Das Böse im Guten. Die Biologie von Moral und Unmoral*, S. 108–123.

Dunde, Siegfried Rudolf (Hrsg.): *Handbuch Sexualität*, Deutscher Studienverlag. Weinheim 1992.

Egginton, Joyce: *Es geschah nebenan. Die unfaßbare Geschichte einer Mutter*, Heyne. München 1992.

Elliott, Jane: *Ausgeliefert. Wie ich die Hölle meiner Kindheit überlebte*, Blanvalet. München 2005.

Faust, Volker: *Psychiatrie heute. Seelische Störungen erkennen, verstehen, verhindern, behandeln;* www.psychosoziale-gesundheit.net.

Finzen, Asmus: *Massenmord ohne Schuldgefühl. Die Tötung psychisch kranker Kinder und geistig Behinderter auf dem Dienstweg*, Psychiatrie-Verlag. Bonn 1996.

Franz, Dorothee: *Menschen töten*, Walter. Düsseldorf 2006.

Friedrichsen, Gisela: »*Ich bin doch kein Mörder*«. *Gerichtsreportagen 1989–2004*, Deutsche Verlags-Anstalt/Spiegel-Buchverlag, München/ Hamburg 2004.

Geiger, Ernst / Yvon, Paul: *Es gibt durchaus noch schöne Morde. Die spannendsten und skurrilsten Kriminalfälle der letzten 25 Jahre*, Kremayr & Scheriau / Orac. Wien 2005.

Greig, Charlotte: Serienmörder: *Die Faszination des Bösen*, Ueberreuter. Wien 2005.

Haller, Reinhard: *Das psychiatrische Gutachten*, Schriftenreihe Recht der Medizin, Manz. Wien 2008.

Haller, Reinhard: *Die Narzissmusfalle*, Ecowin. Salzburg 2013.

Haller, Reinhard: *Die Macht der Kränkung*, Ecowin. Salzburg 2015.

Harbort, Stephan: *Begegnung mit dem Serienmörder. Jetzt sprechen die Opfer*, Droste. Düsseldorf 2008.

Häusler, Karl: *Karussell der Toten. Authentische Kriminalfälle*, Militzke. Leipzig 2004.

Hengstschläger, Markus: *Die Macht der Gene. Schön wie Monroe, schlau wie Einstein*, Ecowin. Salzburg 2006.

Hinterhuber, Hartmann: »Die Psychiatrie und die Beurteilung der menschlichen Destruktivität. Zur Frage der Grenzziehung zwischen dem normalen Bösen und psychiatrischen Erkrankungen«. In: *Neuropsychiatrie* 22, Nr. 3/2008, S. 198–213.

Hirigoyen, Marie-France: *Die Masken der Niedertracht. Seelische Gewalt im Alltag und wie man sich dagegen wehren kann*, Deutscher Taschenbuch Verlag. München 2002.

Jones, Aphrodite: *… und alles nur aus Liebe. Das Ende einer Hörigkeit*, Lübbe. Bergisch Gladbach 1994.

Kompisch, Kathrin: *Furchtbar feminin. Berüchtigte Mörderinnen des 20. Jahrhunderts*, Militzke. Leipzig 2006.

Kröber, Hans-Ludwig et al. (Hrsg.): *Handbuch der forensischen Psychiatrie. Bd. 4: Kriminologie und forensische Psychiatrie*, Steinkopff. Darmstadt 2009.

Lorenz, Konrad: *Das sogenannte Böse. Zur Naturgeschichte der Aggression*, Deutscher Taschenbuch Verlag. München 1974.

Lorenz, Maren: *Kriminelle Körper – gestörte Gemüter. Die Normierung des Individuums in Gerichtsmedizin und Psychiatrie der Aufklärung*, Hamburger Edition HIS VerlagsgesmbH. Hamburg 1999.

Markowitsch, Hans J. Siefer, Werner: *Tatort Gehirn – Auf der Suche nach dem Ursprung des Verbrechens*, Campus. Frankfurt am Main 2007.

Marneros, Andreas: *Sexualmörder. Eine erklärende Erzählung*, Psychiatrie-Verlag. Bonn 2000.

Mitterer, Felix: *Der Patriot. Ein-Mann-Stück*, Haymo, Innsbruck 2008.

Müller, Thomas: *Bestie Mensch – Tarnung. Lüge. Strategie*, Ecowin. Salzburg 2004.

Müller, Thomas: *Gierige Bestie – Erfolg. Demütigung. Rache*, Ecowin. Salzburg 2006.

Murakami, Peter & Julia: *Lexikon der Serienmörder. 450 Fallstudien einer pathologischen Tötungsart*, Ullstein Taschenbuch. München 2002.

Neiman, Susan: *Das Böse denken. Eine andere Geschichte der Philosophie*, Suhrkamp. Frankfurt am Main 2006.

Neuzner, Bernd / Brandstätter, Horst: *Wagner. Lehrer. Dichter. Massenmörder*, Eichborn. Frankfurt am Main 1996.

Payk, Theo R.: *Das Böse in uns. Über die Ursachen von Mord, Terror und Gewalt*, Patmos. Düsseldorf 2008.

Rasch, Wilfried: Tötung des Intimpartners, Enke, Stuttgart 1964.

Rhodes, Richard: *Die deutschen Mörder. Die SS-Einsatzgruppen und der Holocaust*, Lübbe. Bergisch Gladbach 2004.

Safranski, Rüdiger: *Das Böse oder Das Drama der Freiheit*, Fischer. Frankfurt am Main 1999.

Salter, Anna: *Dunkle Triebe. Wie Sexualtäter denken und ihre Taten planen*, Goldmann. München 2006.

Steinfest, Heinrich: *Die feine Nase der Lilli Steinbeck*. Kriminalroman, Piper. München 2007.

Theweleit, Klaus: *Männerphantasien 1+2, Klaus Theweleit und Stroemfeld*. Frankfurt am Main / Basel 2000.

Tozzer, Kurt /Kallinger, Günther: *Tat-Sachen. Die spektakulärsten Kriminalfälle Österreichs*, Ueberreuter. Wien 2005.

Wehner, Alexandra: *Mörder unter uns. Ungeklärte Verbrechen in Österreich*, Ueberreuter. Wien 2007.

Welzer, Harald: *Täter. Wie aus ganz normalen Menschen Massenmörder werden*, Fischer Taschenbuch. Frankfurt am Main 2007.

Zimbardo, Philip G.: *Der Luzifer-Effekt. Die Macht der Umstände und die Psychologie des Bösen*, Spektrum Akademischer Verlag. Heidelberg 2008.